MAOS DEUTSCHER TOPAGENT

Bernd Ziesemer, Wirtschaftspublizist, arbeitet als fester Kolumnist für *Capital*, schreibt für die Zeitschrift *Internationale Politik*, die *Financial Times*, das *Handelsblatt*, den *Stern* und weitere Magazine. Nach seiner Korrespondentenzeit in Asien und Russland war er lange Jahre Chefredakteur des *Handelsblatts*. Seit 1982 bereiste er China regelmäßig, 1988 studierte er an der Universität Chongqing. Sein erstes China-Buch – *Auf dem Rücken des Drachen* – erschien 1989. Im Jahr 2012 veröffentlichte er *Ein Gefreiter gegen Hitler. Auf der Suche nach meinem Vater*, im Jahr 2013 *Karl Marx. Der erste Denker der Globalisierung*.

https://www.bernd-ziesemer.com/

Bernd Ziesemer

MAOS DEUTSCHER TOPAGENT

Wie China die Bundesrepublik eroberte

Campus Verlag
Frankfurt/New York

ISBN 978-3-593-51795-7 Print
ISBN 978-3-593-45546-4 E-Book (PDF)
ISBN 978-3-593-45545-7 E-Book (EPUB)

Umschlaggestaltung: Guido Klütsch, Köln
Satz: DeinSatz Marburg | mg
Gesetzt aus: Sabon LT Pro und Futura
Druck und Bindung: Beltz Grafische Betriebe GmbH, Bad Langensalza
Beltz Grafische Betriebe ist ein klimaneutrales Unternehmen (ID 15985-2104-1001).
Printed in Germany

www.campus.de

INHALT

PROLOG

Von Einflussagenten, treuen Weggefährten und alten Freunden

Anfang der siebziger Jahre begann ich mich als Jugendlicher wie viele meiner Generation für die Kulturrevolution in China zu begeistern. Ich schwenkte selbst die Mao-Bibel und ließ mir jede Woche die *Peking Rundschau* auf Dünndruckpapier direkt aus der chinesischen Hauptstadt per Luftpost nach Hause schicken – für lächerliche 12 Mark pro Jahr. Tausende organisierten sich damals wie ich in den maoistischen K-Gruppen und träumten von der Weltrevolution.

Als die große Welle der Begeisterung nach ein paar Jahren wieder abebbte, beschäftigten sich nur noch die wenigsten der ehemaligen Mao-Anhänger weiter mit China. Im Gegensatz dazu wollte ich aber nun wissen, was im Reich der Mitte in diesen Jahren wirklich passiert war und dort weiter vor sich ging. 1982 reiste ich zum ersten Mal quer durch das damals noch sehr arme Land, das gerade erst wieder westliche Einzelreisende akzeptierte, sie aber nur in wenige ausgesuchte Städte hereinließ. Drei Jahre zuvor hatte der neue starke Mann Deng Xiaoping die Öffnung der Volksrepublik und den Beginn von Wirtschaftsreformen durchgesetzt.

Seit meinem ersten Besuch ließ mich das Interesse niemals wieder los. 1988 studierte ich ein paar Wochen an der Fremdsprachenhochschule in Chongqing Chinesisch und kam auf dem Campus mit vielen chinesischen Studenten in Kontakt. Im Sommer 1989 schlug das chinesische Militär bei dem Blutbad in Beijing (»Massaker auf dem Tiananmen-Platz«) gewaltsam Proteste der Bevölkerung nieder. Trotz des folgenden Einreiseverbots für Journalisten gelangte ich noch unerkannt ins Land, um über die harte Repressionswelle gegen Studenten und Intellektuelle zu berichten. Als Asien-Korrespondent deutscher Medien in Tokio flog ich später immer wieder in die Volksrepublik, aber auch in die Staaten an der Peripherie – zum Beispiel nach Taiwan. Ich erfuhr dabei mehr über die Schattenseite eines Regimes, das seit Anfang des neuen Jahrtausends von den meisten deutschen Medien nur noch als »Wirtschaftswunderland« dargestellt wurde.

Diese Lesart der jüngeren Geschichte ist nicht falsch, aber viel zu einseitig. China hatte sich unter der Führung Deng Xiaopings tatsächlich schnell aus der bitteren Armut der Nachkriegsjahre befreit. Landwirtschaft, Industrie, Wissenschaft und Landesverteidigung erlebten einen qualitativen Sprung nach vorn, eine große historische Leistung der Kommunistischen Partei Chinas. Deng Xiaoping hatte diese »vier Modernisierungen« 1978 als Hauptaufgabe festgelegt. Aber diejenigen, die damals eine »fünfte Modernisierung« – die Einführung von demokratischen Rechten – forderten, verschwanden auch unter ihm genauso wie vorher unter Mao ohne fairen Prozess für viele Jahre im Straflager. Diese Brutalität der chinesischen Führung verdrängte die deutsche Wirtschaft. Und sie verdrängt sie größtenteils bis heute.

Als Chefredakteur des *Handelsblatts* begegnete ich in den Jahren nach der Jahrtausendwende auf dem Höhepunkt des China-Hypes vielen Industriellen, die sich anhörten wie Botschafter des Regimes. Der Vorstandsvorsitzende eines großen deutschen Konzerns sagte mir, wir sollten uns China »zum Vorbild nehmen«, schließlich komme das Land wirtschaftlich schneller voran als Deutschland. Ich schrieb deshalb für meine Zeitung 2005 einen Essay mit dem Titel »Das hässliche China«, der sich mit den zahllosen fatalen Fehlentscheidungen und Verbrechen der kommunistischen Führer beschäftigte. Der Artikel wurde mit dem ersten Preis der Internationalen Gesellschaft für Menschenrechte ausgezeichnet.

Warum reden viele Leute aus der Wirtschaft bis heute über China fast so begeistert wie wir Maoisten in meiner Jugend, obwohl sie anders als wir damals gewiss nicht von der kommunistischen Gesellschaft träumen? Wie konnte sich eine so einseitige Sichtweise auf ein Land durchsetzen, das Millionen von Opfern weitgehend ausklammert? Wie gelingt es totalitären Staaten überhaupt, demokratische Gesellschaften für sich einzunehmen? Wie erobern sie die öffentliche Meinung? Diese Fragen stellte ich mir damals und ich stelle sie mir immer noch. Propaganda wirkt, aber niemals allein und schon gar nicht allein aus der Ferne. Wollen Diktaturen Menschen in anderen Ländern für sich gewinnen und für ihre Zwecke einspannen, dann müssen sie vor Ort, in ihren

Zielländern, Netzwerke knüpfen. Und sie müssen dabei die Interessen derer aufgreifen, die sie zu Anwälten ihrer Sache machen wollen.

Vor allem zwei Staaten stechen hervor, wenn es um langfristige Strategien zur Eroberung der öffentlichen Meinung geht: Russland (samt seines Vorgängerstaats, der Sowjetunion) und China. Ihre Netzwerke ziehen sich bis heute rund um den ganzen Globus. Und sie ähneln sich: Man arbeitet zielgerichtet mit Einflussagenten und naiven Mitläufern, mit pensionierten Politikern und alten Freunden, mit eitlen Publizisten und rücksichtslosen Unternehmern, die man bevorzugt bedient, um sie an sich zu binden und von sich abhängig zu machen. Oft bilden sich über Jahre große Einflusskreise um einzelne Personen herum, die man in der breiten Öffentlichkeit nicht kennt, weil sie lieber im Halbschatten arbeiten.

So kann man Wladimir Putins Versuch, Deutschland vor dem Ukraine-Krieg 2022 in die Energieabhängigkeit zu treiben, gut an einer einzigen Person und ihrem Netzwerk erzählen: Matthias Warnig. Ein ehemaliger Stasi-Major und alter Freund Putins aus dessen KGB-Zeit, nach dem Zerfall der Sowjetunion Statthalter für die Dresdner Bank in Sankt Petersburg, ein Vertrauter von Altbundeskanzler Gerhard Schröder und mehreren SPD-Politikern, eng verbunden mit vielen Spitzenleuten der deutschen Energiekonzerne, Angestellter von Gazprom und als Geschäftsführer des Pipeline-Betreibers Nord Stream AG schließlich der entscheidende Mann für die Pläne des russischen Diktators, ganz Westeuropa in den ökonomischen Würgegriff zu nehmen.

Nicht anders China. Die Volksrepublik betreibt seit ihrer Gründung 1949 im Ausland das, was sie selbst »internationale Einheitsfrontarbeit« nennt. Und sie war über weite Strecken ganz besonders erfolgreich damit. Schon In den fünfziger Jahren knüpfte sie mitten im Kalten Krieg ein großes Netzwerk von »China-Freunden« in ganz Europa. Seit den frühen sechziger Jahren baute sie maoistische Parteien in fast allen kapitalistischen Ländern Europas auf (sogar im Zwergstaat San Marino), die ihre Ideologie unter die Jugend und in die ganze Gesellschaft tragen sollten. In den siebziger Jahren gelang es ihr, einzelne konservative Spitzenpolitiker wie Henry Kissinger oder Jacques Chirac fest an sich zu binden, die sich zunächst vor allem ein Gegengewicht gegen die Sowjetunion versprachen, allmählich aber die Weltsicht Beijings übernahmen und die brutale Unterdrückung der chinesischen Bevölkerung durch die

Diktatur völlig ausblendeten. So konnte sich die KP Chinas auf sie als Kronzeugen berufen.

Ich war als Journalist dabei, als der CSU-Vorsitzende Franz Josef Strauß 1987 in der Großen Halle des Volkes in Beijing von Deng Xiaoping mit feierlicher Geste und den Worten »Lao Pengyou« (alter Freund) empfangen wurde. In den achtziger Jahren zog China eine Gruppe von Industriellen heran, die auf das große China-Geschäft setzten und sich im Gegenzug als Bewunderer des autoritären Entwicklungsmodells im Reich der Mitte in der europäischen Öffentlichkeit positionierten. Eine Hand wusch die andere. Die Männer (und wenigen Frauen) in der zweiten Reihe, die diese engen Verbindungen für prominente Unternehmer pflegten, blieben dabei in der Regel in der Öffentlichkeit völlig unbekannt. Bis heute.

Dieses Buch handelt von diesen erfolgreichen Versuchen der Kommunistischen Partei Chinas seit den fünfziger Jahren, die öffentliche Meinung in der Bundesrepublik zu erobern: mit Lobby-Gruppen und Freundschaftsgesellschaften, mit maoistischen Mini-Parteien und einigen Großindustriellen, mit ausgesuchten Intellektuellen und Publizisten, die sich nach ihren zahlreichen Einladungsreisen in die Volksrepublik China als Experten gaben, obwohl sie nichts vom wirklichen Leben im Land gesehen und schon gar nicht verstanden hatten.

Ich erzähle von diesen Versuchen am Beispiel eines Mannes, den bis heute nur wenige Eingeweihte kennen, obwohl sich seine Lebenslinie mit vielen Schlüsselfiguren der deutschen Nachkriegspolitik und -wirtschaft kreuzte: Gerhard Ludwig Flatow (1910–80). Er führte ein schillerndes Leben, das 50 Jahre lang auf das Engste mit China verbunden war. Ein erfolgreicher Millionär und Stahlgroßhändler, ein Spion und Einflussagent, ein Lobbyist und Gründer der ersten deutschen Mao-Partei, ein Hasardeur und Strippenzieher, der streckenweise zum wichtigsten Helfer der Chinesen in Deutschland und zu einer Schlüsselfigur in Europa wurde.

Flatow verkehrte mit so unterschiedlichen Menschen wie den beiden deutschen Industriellen Otto Wolff von Amerongen und Berthold Beitz, mit dem Bankier Hermann Josef Abs und Hitlers Wirtschaftsminister Hjalmar Schacht, mit dem langjährigen deutschen Außenminister Hans-Dietrich Genscher und dem Studentenführer Rudi Dutschke. Schon in seinem frühen Leben in China begegnete er legendären Spionen wie dem

Deutschen Richard Sorge, der Stalin vergeblich vor Hitlers Angriff auf die Sowjetunion warnte, oder dem nationalchinesischen Geheimdienstchef Dai Li. Und er lernte schließlich selbst das Handwerk der Spionage.

Seit den fünfziger Jahren trat Flatow in der deutschen Öffentlichkeit in Erscheinung, baute in den Sechzigern ein großes China-Netzwerk auf, sprach in den siebziger Jahren gleichzeitig als China-Experte vor konservativen Wirtschaftsvereinigungen und als Maoist auf Ferienlagern junger Kommunisten. Aber niemand enttarnte sein Doppelleben und niemand konnte die Fäden miteinander verknüpfen, die über viele Jahre parallel zueinander verliefen. Und wahrscheinlich konnte ihm auch nur jemand wie ich auf die Spur kommen, der beide so gegensätzliche Welten von innen kennt: den deutschen Maoismus der späten sechziger Jahre und die deutschen China-Geschäfte der letzten Jahrzehnte.

Ich hatte Flatows Namen in den siebziger Jahren einmal in einem maoistischen Blatt gelesen, war ihm jedoch niemals begegnet und wusste auch nichts über seinen Hintergrund. Als ich 40 Jahre später einen Artikel über den Pionier des deutschen Osthandels, den Industriellen Otto Wolff von Amerongen, recherchierte, begegnete ich dem Namen Gerhard Flatow erneut. Dieses Mal als Direktor und Chef des China-Büros des großen Otto-Wolff-Konzerns, der in den fünfziger Jahren 30 000 Mitarbeiter beschäftigte und zu den drei führenden Konzernen der Schwerindustrie zählte. Konnte es sein, dass der Maoist und der Direktor dieselbe Person waren?

Ich begann ein wenig zu forschen und stellte schnell fest: Ja, so war es tatsächlich. Damit begann ein Recherchemarathon über gut sechs Jahre, der mich in deutsche Wirtschaftsarchive führte und auf die Seiten des MAO-Projekts im Internet, das die radikalen Bewegungen der sechziger und siebziger Jahre akribisch dokumentiert. Die Suche nach Gerhard Flatow brachte mich zum amerikanischen Geheimdienst CIA, wo ich zwei Jahre auf eine Antwort auf meine Anfrage warten musste, in die Tiefen des Bundesarchivs oder des Dortmunder Stadtarchivs, des Personalarchivs der Frankfurter Universität oder der Universitätsbibliothek Hamburg.

Eine junge amerikanische Historikerin durchforstete für mich Papiere im Bestand der Hoover Institution in Kalifornien – der wohl besten Fundgrube in der westlichen Welt, wenn es um China geht. Einiges fand sich auch in den National Archives in Großbritannien und den

Vereinigten Staaten. Sogar bei den Einwanderungsbehörden in Australien kam ich an Informationen, in den Akten des Roten Kreuzes in Genf und des Internationalen Zentrums für die Verfolgten der Nazi-Diktatur im hessischen Bad Arolsen.

Und wo immer ich den Deckel einer einschlägigen Akte hob, stieß ich sofort auf den Namen Flatow, eine Unmenge an noch nie erschlossenem Material. Trotzdem wäre daraus vielleicht kein Buch geworden, wenn ich nicht auch Nachkommen meines Protagonisten aufgetan und zu früheren Weggenossen Flatows aus den siebziger Jahren Kontakt aufgenommen hätte. Die unveröffentlichten Memoiren seiner ersten Ehefrau Wu Mei ließ ich aus dem Chinesischen übersetzen, auf verschlungenen Wegen kam ich auch an die unveröffentlichten Erinnerungen seines Freundes und langjährigen Mitarbeiters im China-Geschäft Manfred Wilhelm – und schließlich auch an wirre und undatierte Fragmente von Erinnerungen, aus denen Flatow wohl selbst ein Buch machen wollte, es aber niemals schrieb.

Ich konnte so nicht nur ein abenteuerliches, einmaliges, ja irres Leben der Vergessenheit entreißen, sondern erstmals in Deutschland den Prototyp des »alten China-Freundes« porträtieren. In der angelsächsischen Welt spricht man vom *fellow traveller* – ein in der frühen Sowjetunion erfundener und ursprünglich positiv gemeinter Begriff für die Verbündeten der Kommunisten. Später setzte sich der Ausdruck im Westen als Bezeichnung für die Mitläufer der Sowjetunion (und später Chinas) durch, die sich fest an die kommunistischen Staaten banden, ohne selbst jemals Mitglied deren herrschender Apparate zu werden. Der Typus des treuen bürgerlichen Sympathisanten, der sich als Bündnispartner präsentieren lässt und dessen besonderer Wert für das jeweilige Regime gerade in seiner vermeintlichen Parteilosigkeit und Unabhängigkeit liegt. Eine Figur, die zwischen dem naiven Propagandisten und dem bewussten Einflussagenten changiert und bei der eine Rolle in die andere übergeht. Flatow war für die Chinesen einer der wichtigsten dieser *fellow traveller*. Und seine Biografie spiegelt zugleich die Arbeit der gesamten deutschen China-Lobby über viele Jahrzehnte hinweg wider und beleuchtet sie in all ihren merkwürdigen personellen Verknüpfungen.

»Das Ende der Naivität« – so überschrieb das *Handelsblatt* im Frühjahr 2022 einen Artikel über die Volksrepublik China. Spätestens seit der brutalen Null-Covid-Politik der chinesischen Führung, die ein ganzes Land mit Polizeigewalt in die Quarantäne zwang, und der Unterstützung Putins im Ukraine-Krieg setzt sich im Westen eine kritischere Sichtweise durch und das frühere positive Bild der Volksrepublik wandelt sich. Viele nehmen zum ersten Mal wahr, wie stark wir von China abhängig sind. Und durch Putin haben wir Deutschen gelernt, dass ein totalitärer Staat Wirtschaft bedenkenlos als Waffe einsetzt, wenn es seinen eigenen Interessen dient. Die immer aggressiveren Manöver der chinesischen Außenpolitik, die uneingeschränkte Macht des Partei- und Staatschefs Xi Jinping und die Kriegsdrohungen gegen die Inselrepublik Taiwan zwingen uns dazu, endlich genauer hinzuschauen.

Ins Blickfeld rücken damit auch der riesige globale Propaganda-Apparat der chinesischen Kommunisten und ihre Unterwanderungspolitik, mit der sie die öffentliche Meinung in aller Welt manipulieren – bis heute auch bei uns. Anders als in den sechziger und siebziger Jahren, als die westlichen Maoisten der allerersten Stunde auf eine spontane Jugendrevolte und Protestkultur stießen und sich mit ihr verbanden, geht es China heute um die viel mühsamere Eroberung des Mainstreams: mit Konfuzius-Instituten an deutschen Universitäten, mit bürgerlichen China-Vereinigungen und wirtschaftlichen Lobby-Gruppen, mit deutschsprachigen Propaganda-Websites und einem Heer von »Wolfsdiplomaten« (so der chinesische Ausdruck), die über die sozialen Medien die Politik der KP Chinas verbreiten und Kritiker des Regimes angreifen.

Dieses Buch führt mit Gerhard Flatow zurück zu den abenteuerlichen Anfängen dieser Politik, weil man den heutigen Einfluss Chinas in Deutschland und Westeuropa nur verstehen kann, wenn man die Geschichte seiner Entstehung kennt. Eine Geschichte, die von Männern wie ihm mitgeschrieben wurde und über die außerhalb von sinologischen Fachkreisen bis heute so gut wie niemand etwas Genaues weiß. Und wie jede gute Geschichte muss man sie ganz von vorn erzählen.

KAPITEL 1

Wie ein junger Kommunist aus sehr gutem Hause in China landet

1910–33

Zu Fuß oder auf Fahrrädern, in kleineren Gruppen und in größeren Marschkolonnen, mit roten Fahnen und Transparenten strömen am 1. Mai 1932 einige Tausend in Frankfurt zum Opernplatz. Man sieht Arbeiter in schäbigen Anzügen, Jugendliche in Knickerbockern, Frauen in dünnen Sommermänteln. Bei dem warmen Frühlingswetter legen viele Männer ihre Jacken ab und krempeln die Ärmel hoch. Die meisten Frauen verzichten auf einen Hut und zeigen ihre frechen Bubiköpfe. »Straße frei am 1. Mai«, fordern die Demonstranten: »Kämpft mit dem internationalen Proletariat für soziale und nationale Befreiung«. Am Straßenrand zurren die Beamten der uniformierten Schutzpolizei die Kinnriemen ihrer Tschakos fest, verteilen sich auf den Bürgersteigen und verschränken die Arme vor der Brust. Die 23-jährige Soziologie-Studentin Gisèle Freund, die später eine berühmte Fotografin werden sollte, nimmt die Menschen an diesem Tag mit ihrer kleinen Leica-Kamera auf.[1]

Über die Eschersheimer Landstraße ziehen in Fünferreihen die Mitglieder der »Roten Studentengruppe«. Viele lachen, man schaut in fröhliche Gesichter. An der Spitze läuft in einem Zweireiher und mit Krawatte Josef Dünner – ein stattlicher Bursche mit dicken schwarzen Haaren und buschigen Augenbrauen. Der charismatische Kommunist studiert seit zwei Jahren Volkswirtschaft an der Goethe-Universität und organisiert unter seinen Kommilitonen unermüdlich Widerstandsaktionen gegen die Nazis. Während seine KPD immer noch vom »Hauptschlag« gegen die »Sozialfaschisten der SPD« redet, bringt der 24-Jährige linke Studenten unterschiedlicher Richtungen in seiner überparteilichen Gruppe zusammen. Die »rote Gräfin« Marion Dönhoff, in ihrem späteren Leben Herausgeberin der *Zeit*, gehört dazu. Auch der 35-jährige Karl August Wittfogel macht in der Gruppe mit, einer der glänzendsten marxistischen Intellektuellen seiner Generation und seit einigen Jahren eine der jungen Koryphäen am berühmten Frankfurter Institut für Sozialforschung.

Am 1. Mai 1932 fühlen sich die Kommunisten in Frankfurt so stark wie nie. Den Arbeiterparteien und ihren Organisationen gehört an diesem Tag die Innenstadt. Die Nazis lassen sich dort nicht blicken. Und doch sollte der Demonstrationszug, der vom Opernplatz durch das Zentrum in die Altstadt zum Römerberg führt, für 14 lange Jahre der letzte kommunistische Aufmarsch zum »Kampftag der Arbeiterklasse« bleiben. Nur ein Jahr später, nach der »Machtergreifung« der Nationalsozialisten im Januar 1933, zerbrechen die Parteiorganisationen in kürzester Zeit. Und auch die »Rote Studentengruppe« zerstreut sich in alle Winde: Dünner flüchtet in die USA, Wittfogel landet nach seiner Verhaftung für einige Monate in einem Konzentrationslager im Emsland und verlässt danach Deutschland, Gräfin Dönhoff wechselt vorsichtshalber an die Universität Basel, um ihr Studium in der neutralen Schweiz fortzusetzen.

Keinen der Frankfurter Freunde aber verschlägt es nach dem 1. Mai 1932 für so viele Jahre in so weite Ferne wie den Jura-Studenten Gerhard Ludwig Flatow, von dem dieses Buch handelt. Mit Hilfe seiner Familie gelangt der junge Kommunist erst nach Italien und dann 1934 nach China, macht dort Millionenprofite für deutsche Konzerne wie Daimler und Otto Wolff, verstrickt sich immer tiefer in die Welt der Geheimdienste, erlebt 1949 in Shanghai die Ausrufung der Volksrepublik durch Mao Zedong, wandert unter den chinesischen Kommunisten für fünf Jahre ins Gefängnis, nur um anschließend noch überzeugter ihre politische Geschäfte in der Bundesrepublik zu betreiben und am Ende sogar die erste maoistische Partei Westdeutschlands zu gründen.

Eine Karriere zwischen Kommunismus und Kapitalismus wie keine zweite in Deutschland. Und zugleich die Geschichte eines Mannes, der in den späten fünfziger und frühen sechziger Jahren zeitweilig zu den wichtigsten Einflussagenten der Volksrepublik China im freien Westen zählt. Ohne jemanden wie Flatow wären die Wirtschaftsbeziehungen mit China nicht so schnell in Gang gekommen, wären die deutschen Intellektuellen nicht so einfach in den Bannkreis der kommunistischen Heilslehre aus Fernost geraten, die ersten Mao-Bibeln nicht so früh in großer Zahl nach Deutschland gelangt und die Studenten 1968 vielleicht nicht so völlig bedenkenlos mit den Bildern des Großen Vorsitzenden durch Berlin und Hamburg gezogen.

Vor seiner Flucht aus Deutschland gehört der 21-jährige Anfang der dreißiger Jahre zu den eifrigsten Aktivisten der »Roten Studentengruppe«: »Bei allen Aktionen war ich dabei, es musste etwas geschehen«, schreibt Flatow später über die Zeit an seiner Alma Mater in Frankfurt.[2] Was ihm nach eigenen Worten an politischem Durchblick fehlt, macht er durch seine Militanz wett. Bei den Schlägereien mit den Nazis mischt der schmächtige Student in vorderster Reihe mit, auch wenn ihm die Statur eines Josef Dünner fehlt. Flatow ist gerade einmal 1,60 Meter groß und nicht besonders kräftig gebaut. Das Foto seiner Frankfurter Studentenakte zeigt einen jungen Mann mit zurückgekämmten schwarzen Haaren und schmalen Lippen, der mit seinem Sakko aus kariertem Harris-Tweed wie ein englischer Gentleman wirken möchte.[3]

Flatow stammt aus einem großbürgerlichen Haus. Sein Großvater, der Geheime Medizinalrat Louis Flatow (1834–98), und sein Vater Dr. Robert Flatow (1869–1924) praktizierten beide als niedergelassene Ärzte in Berlin. Unter den Vorfahren seines Vaters finden sich Rabbiner und Gelehrte. Robert Flatow heiratete 1905 die Witwe seines Arztkollegen Karl Gebhardt, die selbstbewusste Emmy. Die 1875 geborene Tochter des hessischen Justizministers Emil Gerhard Dittmar (1842–1906) musste die Verbindung mit dem jüdischen Arzt gegen die ausdrücklichen Bedenken ihrer Eltern durchsetzen.[4]

Die 30-Jährige bringt ihre Tochter Gabriele mit in ihre zweite Ehe – und hält in den nächsten Jahrzehnten die schnell wachsende Familie mit ihrem eisenharten Willen und ausgeprägter Lebenstüchtigkeit zusammen. Alle nennen sie nur Muscho. »Sie war das«, schreibt später einer ihrer Bekannten über sie, »was man eine große und starke Persönlichkeit nannte.«[5] Eine gebildete Intellektuelle und studierte Lehrerin, die mehrere Fremdsprachen spricht, mit Schriftstellern und Malern korrespondiert und Bücher sammelt. Zugleich aber eine zupackende Geschäftsfrau und umtriebige Mutter mit großem Organisationstalent und unermüdlicher Energie.

1906 kommt die Tochter Liselotte auf die Welt, ein Jahr später folgt Dorothea (genannt Dojo). Am 1. Dezember 1910 freut sich die Familie über den ersten Jungen, Gerhard Ludwig, 1916 schließlich über das Nesthäkchen Joachim Dietrich (genannt Dieter). Die Kinder wachsen in besten Verhältnissen auf, aber ohne die strenge Erziehung, wie sie in diesen Kreisen eigentlich üblich ist. Die Flatows scheren sich wenig um die nationalkonservative Stimmung in der gehobenen Gesellschaft. Es herrscht ein offener Umgangston, politisch denkt man linksliberal und liest Kurt Tucholskys Zeitschrift *Die Weltbühne*. Der jüdische Glaube spielt im Alltag der Familie keine Rolle, obwohl Vater Robert eine große Sammlung seltener Judaica besitzt. Als Kinder einer nicht-jüdischen Mutter gehören die Geschwister ohnehin nicht zur Synagogen-Gemeinde, Muscho lässt sie evangelisch taufen. Erst die Nazis erklären sie später zu »Halbjuden«.

Dr. Robert Flatow betreibt in diesen Jahren eine große Privatklinik an der Kronprinzenallee 18–22 im feinen Stadtteil Dahlem. Die Familie wohnt selbst auf dem Gelände.[6] Zahlreiche junge Mediziner absolvieren bei dem begabten Arzt ihre Fachausbildung.[7] Sein Königin-Augusta-Sanatorium spezialisiert sich auf Magen-, Darm- und Stoffwechselerkrankungen und zieht viele reiche Patienten an. Der Kölner Industrielle Otto Wolff (1881–1940), ein Dauerpatient mit vielen Leiden, bewohnt auf dem Klinikgelände an der heutigen Clayallee immer wieder wochenlang ein eigenes Haus, das nur ihm zur Verfügung steht. Auch Künstler und Intellektuelle lassen sich bei Dr. Flatow gern behandeln. Der Theaterkritiker und Schriftsteller Joseph Chapiro hält sich tagsüber im Sanatorium auf und besucht abends die Premieren in der Stadt, wie er dem bekannten Dramatiker Gerhart Hauptmann berichtet.[8]

Die Flatows gehören in den frühen zwanziger Jahren zu den vielen sehr wohlhabenden Familien, die diesen Berliner Stadtteil prägen. Man leistet sich genügend Hauspersonal, gediegene Kleidung und gutes Essen. Die Familie fährt regelmäßig an die Ostsee in Urlaub. Man genießt die dörfliche Ruhe in Dahlem, aber auch das großstädtische Treiben in der Reichshauptstadt. Gerhards bildhübsche Halbschwester Gabriele, von allen nur Dada genannt, heiratet in dieser Zeit in eine der reichsten Berliner Familien ein: Ihr Mann Eduard Hans Steinthal erbt von seinem Vater Max, dem Mitbegründer und langjährigen Aufsichtsratsvorsitzenden der Deutschen Bank, ein großes Vermögen und tritt in den Stahlkonzern Mannesmann ein.[9] Ein paar Jahre später volontiert Dieter Flatow im Hannoveraner Werk des Unternehmens.

All das prägt Gerhards Charakter schon früh: der enge Zusammenhalt in einer großen Familie, die Begegnungen mit großen Persönlichkeiten, der selbstverständliche Umgang mit Vermögen und Geld, das typische Selbstbewusstsein der großbürgerlichen Stände, aber auch eine

Erziehung zur Empathie mit den Armen und Geschlagenen dieser Welt, wie sie so typisch ist für viele Arztfamilien.

Als Robert Flatow am 11. Oktober 1924 mit nur 55 Jahren »aus voller Tätigkeit heraus, am Herzschlag«[10] stirbt, übernimmt Muscho gemeinsam mit dem Leitenden Arzt Dr. Paul E. Beeck das Sanatorium. Im späteren Leben Gerhard Flatows wird der Arzt eine große Rolle spielen – allerdings ganz anders, als man zunächst vermuten sollte. Mit einem Inserat in der *Weltbühne* kündigt Muscho die Fortführung des Klinikbetriebs an. Die Kinder gewöhnen sich schnell an die neue Rolle ihrer Mutter als kaufmännische Geschäftsführerin der Klinik, die Großen kümmern sich um die Kleinen. Gerhard übernimmt die Verantwortung für seinen sechs Jahre jüngeren Bruder Dieter – und legt diese Rolle mit ihrer Mischung aus echter Fürsorge und fortlaufender Bevormundung auch in späteren Jahren nicht ganz ab.

Seit sie Witwe ist, erzieht Muscho ihre Söhne und Töchter zu noch mehr Selbstständigkeit als früher, es geht nun erst recht sehr viel unkonventioneller zu als in den meisten anderen Familien der Oberschicht. Ein Foto von 1926 zeigt den zehnjährigen Dieter beim Boxunterricht – ungewöhnlich in diesen Kreisen.[11] Am 5. Juli 1928 reist der 17-jährige Gerhard ganz allein mit seinem kleinen Bruder in die Ferien nach Großbritannien, der Dampfer »Stuttgart« bringt sie von Bremerhaven nach Southampton.[12] Eine gewisse Weltläufigkeit und Abenteuerlust gehört in dieser Familie zur geistigen Grundausstattung und zum guten Ton. Diese Kindheitserfahrungen helfen später sehr, als sich die Geschwister über den ganzen Erdball zerstreuen und sich in fremden Ländern bewähren müssen.

Gerhard geht in diesen Jahren auf das elitäre Arndt-Gymnasium. Die ärmeren Berliner verulken die feudalen Absolventen der Lehranstalt als »FeuDahlemer«. Nur sehr wenige Familien in der Stadt können sich das teure Schulgeld leisten. Die Direktoren wollen aus ihrer Schule ein »deutsches Oxford« machen. Bildungsideal ist nicht der vergeistigte Intellektuelle, sondern der gebildete Mann der Tat. Am Arndt-Gymnasium treibt man viel Sport, es gibt eine Schwimmhalle und die Schüler rudern regelmäßig mit ihren Achtern auf den Wannsee hinaus.[13]

Einige Lehrer Gerhard Flatows verstehen sich selbst ausdrücklich als Reformpädagogen, die mit dem elenden Untertanengeist der alten preußischen Schule brechen wollen. Zahlreiche künftige Offiziere und

Diplomaten, aber auch viele Abenteurer und Unternehmer gehen aus dem Arndt-Gymnasium hervor. Ostern 1929 legt Gerhard Flatow dort seine Reifeprüfung ab. Einer seiner Mitschüler verfasst kurz vorher in der Schulzeitung, den *Dahlemer Blättern*, einen für die damalige Zeit bemerkenswert kritischen Aufsatz mit der Überschrift »Vor dem Abiturium«. Eine der Kernpassagen: »Gerade durch den von ihr unabtrennlich scheinenden Geist des Zwanges erzieht die Schule zur Freiheit«. Der Sinn des Lebens sei schließlich »das, was man daraus macht«.[14]

Der junge Flatow entschließt sich zunächst, eine ganz normale bürgerliche Karriere daraus zu machen. Am 7. Mai 1929 schreibt sich Gerhard an der Universität Hamburg für Jura ein. Als »erstrebten Lebensberuf« gibt der neue Student den »Staatsdienst« an. Nach nur einem (ohne Seminarbesuch verbummelten) Semester wechselt Gerhard an die Ludwig-Maximilians-Universität in München, wo nun das gehörige Pensum von 33 Wochenstunden auf seinem Studienzettel steht.

In seinen beiden Semestern in München hört Gerhard unter anderem Allgemeine Staatslehre bei dem hoch angesehenen Ordinarius Hans Nawiasky, der wegen seiner jüdischen Herkunft und seiner konservativ-katholischen Ansichten schon sehr früh in das Fadenkreuz der Nationalsozialisten gerät und Deutschland 1933 schließlich verlassen muss. Zum Wintersemester 1930 kehrt Gerhard nach Berlin zurück, um an der Friedrich-Wilhelms-Universität (der heutigen Humboldt-Universität) zwei weitere Semester zu studieren.

Sein Strafrechtspraktikum absolviert Gerhard bei dem liberalen und polyglotten Professor James Goldschmidt, der bei seinen Studenten durch seine wohlvorbereiteten und sehr fordernden, zugleich aber humorvollen Vorlesungen so etwas wie Kultstatus genießt. Auch er zieht sich den Hass der Hitler-Anhänger zu und geht bald darauf ins Exil. Neben seinen Jura-Studien beschäftigt sich Gerhard in Berlin auch mit anderen Fächern wie Volkswirtschaft. Bei Emil Dovifat, dem berühmten Begründer der neuen Wissenschaft Publizistik, absolviert er ein Seminar.[15]

Insgesamt gibt Gerhard in seinen beiden ersten Studienjahren 1929/30 das Bild eines ganz normalen Studenten ab, der sich nach einigen Anlaufschwierigkeiten auf seine Arbeit an der Universität konzentriert und sich allenfalls durch die dezidierte Auswahl liberaler Professoren von der rechten Mehrheit unter seinen Kommilitonen absetzt, die schon bald in großen Scharen ins Lager der Nazis wechseln, wenn sie sich dort nicht ohnehin bereits engagieren.

Doch 1931 verändert sich schlagartig sein ganzes Leben. Seine Mutter kann das Sanatorium in Berlin nach dem großen Bankenkrach im Deutschen Reich finanziell nicht mehr halten, die Familie verliert ihre bisherige Existenzgrundlage. Am 13. Juli 1931 schließt überraschend die bankrotte Danat-Bank, damals das zweitgrößte deutsche Kreditinstitut. In Berlin bilden sich am Nachmittag lange Schlangen vor den anderen Bankhäusern. Jeder versucht, so schnell wie möglich sein Geld abzuheben. Die Regierung unter dem glücklosen Reichskanzler Heinrich Brüning kann die Panik nicht stoppen.

In den nächsten Wochen gehen im ganzen Deutschen Reich Tausende von kleinen Unternehmen pleite. Bis zum Jahresende steigt die offizielle Arbeitslosigkeit unter den Industriearbeitern auf 40 Prozent. Die Kommunisten interpretieren die große Krise als Vorbotin der Revolution, die Nazis nutzen sie für ihre Propaganda gegen »jüdische Plutokraten«. »Unsere Stunde kommt mit unheimlicher Gewissheit«, schreibt Josef Goebbels (damals Gauleiter der NSDAP in Berlin) in sein Tagebuch.[16]

Die Flatows sorgen sich über den schnellen Vormarsch der Nazis und über den immer stärkeren Antisemitismus in Deutschland – früh sensibilisiert durch die Erzählungen ihres Vaters Robert[17] über den Judenhass in der Geschichte. Wirtschaftlicher Druck und das Gefühl der persönlichen Bedrohung verbinden sich. Der Bruch, der mit dem Verlust finanzieller Sicherheit und eines unbeschwerten bürgerlichen Lebens einhergeht, treibt Gerhard Flatow mit schnellen Schritten nach ganz links. Am Ende dieser Entwicklung tritt der Bürgersohn in den Jugendverband der KPD ein.

Muscho und die beiden Schwestern Liselotte und Dojo beschließen 1931, sich in Süditalien ein neues Leben aufzubauen. Benito Mussolinis Machart des italienischen Faschismus kommt ohne das innere Feindbild vom »jüdischen Volksschädling« aus – und deutsche Juden haben dort zunächst nichts zu befürchten. Im Juli 1932 gibt die Familie ihre letzte Berliner Wohnung Unter den Linden 44 auf, ein Brief der Frankfurter Universität an Gerhard kommt mit dem Vermerk »Unbekannt verzogen« zurück.[18]

Die beiden Brüder bleiben in Deutschland: Dieter kommt bei seiner Großmutter Lina Dittmar in Darmstadt unter, um seine Schule zu beenden. Gerhard schreibt sich am 9. November 1931 an der Goethe-Universität in Frankfurt ein und wohnt bei seinem Onkel Gustav Dittmar in Offenbach, dem Bruder seiner Mutter. Der Polizeidirektor versteht sich politisch als rechter Sozialdemokrat und legt sich verschiedentlich mit den Nazis an, kann aber auch nicht die Begeisterung seines Neffen für die KPD verstehen. Der angesehene Beamte gehört zu den wenigen, die die Weimarer Republik gegen die extreme Rechte wie gegen die extreme Linke verteidigen. Nach der Machtergreifung im Januar 1933 entfernen die Nazis den 49-jährigen sofort aus seinem letzten Amt als Polizeichef in Darmstadt.[19]

In Frankfurt gerät Gerhard Flatow Ende 1931 von der ersten Woche an in die politischen Kämpfe der Zeit. Anders als an den meisten anderen deutschen Hochschulen bleiben die Nazi-Studenten an der Goethe-Universität in diesen Monaten noch in der Defensive. Die »Rote Studentengruppe« und andere linke Vereinigungen verteidigen ihr Terrain. Viele Frankfurter Professoren liebäugeln in der einen oder anderen Weise mit dem Marxismus oder anderen sozialistischen Theorien. Max Horkheimer, Theodor W. Adorno, Karl Mannheim, Paul Tillich prägen die besondere Debattenkultur an der Goethe-Universität. Viele linke Studenten ziehen von einem ihrer Seminare zum nächsten. »An sich war die ganze Atmosphäre, man könnte sagen, auf eine neue Gesellschaft hin gerichtet«, erinnert sich die damalige Studentin und spätere Emigrantin Toni Oelsner.[20] Auch sie macht in der »Roten Studentengruppe« mit.

Doch je mehr sich die Stimmung radikalisiert, umso weniger lassen sich die führenden Mitglieder der »Roten Studentengruppe« in den Seminaren und Vorlesungen blicken. Josef Dünner leitet die Marxistische Arbeiterschule (MASch) in Frankfurt und bringt jungen Arbeiterinnen und Arbeitern in Abendkursen die Theorien der sozialistischen Klassiker bei. Andere Studenten wie Gerhard Flatow unterstützen die kommunistische Agitation in den Betrieben oder gehen ganz in der Parteiarbeit auf. Die Gewaltbereitschaft unter ihnen wächst, man glaubt an eine baldige bewaffnete Revolution in Deutschland. Einige Mitglieder der »Roten Studentengruppe« nehmen deshalb sogar Schießunterricht bei einem ungarischen Kommilitonen.[21]

Auch Gerhard Flatow legt sein Jura-Studium ad acta und stürzt sich mitten ins Getummel außerhalb der Universität. Am 25. April 1932 leiht der Student sein Reifezeugnis im Sekretariat der Universität aus, um sich in einem Betrieb zu bewerben.[22] Im Juni findet man den 21-Jährigen noch einmal kurz an der Goethe-Universität, als sich kommunistische und nationalsozialistische Studenten eine große Schlägerei im Lichthof des Hauptgebäudes liefern. Von der Balustrade werfen die Linken den Nazis, die in SA-Uniformen aufmarschieren, Blumenkübel auf die Köpfe und vertreiben sie aus der Universität. Anschließend geht die Polizei mit gezogenem Gummiknüppel gegen die kommunistischen Studenten vor. Viele von ihnen tragen heftige Verletzungen davon, fühlen sich aber ein letztes Mal als Sieger an ihrer Hochschule.[23]

Gerhard Flatows Vorbild Dünner handelt sich als Rädelsführer einen strengen Verweis des Rektors ein, der einige Wochen später zu seiner Zwangsexmatrikulation führt, blickt aber sein Leben lang stolz auf die große Schlacht zurück. Die Frankfurter Universität sei eine der wenigen deutschen Hochschulen gewesen, schreibt Dünner später in seinen Erinnerungen, »in denen die Nazis sich blutige Köpfe holten«.[24] Flatows Strafe fällt prosaischer aus als die seines Genossen: Die Universität streicht den Jura-Studenten am 11. Juli 1932 nach Paragraf 13 der Studienordnung aus ihrem offiziellen Verzeichnis, weil Flatow die Bezahlung der Studiengebühren versäumt und sich für keine Vorlesungen eingetragen habe. Die weitere Benutzung der universitären Einrichtungen sei »nicht statthaft« und werde »als Straftat verfolgt«, heißt es im Schreiben des Rektorats.[25]

Im Sommer und Herbst 1932 kommt Gerhard Flatow auf den kommunistischen Kundgebungen und Versammlungen in Frankfurt und Offenbach zum ersten Mal mit einem Thema in Berührung, das sein ganzes weiteres Leben bestimmen sollte: China. Die KPD und Flatows Jugendverband KJVD organisieren in diesen Monaten eine zweite große Kampagne unter der Parole »Hände weg von China!«. Schon 1925 hatte die KPD unter diesem Motto Geld für die chinesischen Genossen gesammelt, reichsweit Flugblätter und Broschüren zu ihrer Unterstützung verbreitet.

Jetzt geht es in der KPD-Agitation vor allem gegen die Japaner, die nach der Besetzung der nordostchinesischen Mandschurei am 1. März 1932 einen Vasallenstaat ausrufen und später den 1912 gestürzten letzten chinesischen Kaiser Pu Yi als Herrscher von ihren Gnaden einsetzen. Die Kommunisten sehen darin einen Schritt zur Einkreisung ihres sozialistischen Vaterlands Sowjetunion, dessen Verteidigung sie für ihre wichtigste politische Aufgabe halten. Der offene Krieg »der japanischen Bourgeoisie gegen die werktätige Bevölkerung Chinas« beweise schlagend die unmittelbare »Gefahr des imperialistischen Kriegs gegen die Sowjetunion«, heißt es damals in einem Aufruf des KJVD.[26]

Auch in Frankfurt beschwören die Kommunisten auf Flugblättern und Plakaten nun den »heldenmütigen Widerstand« gegen die Japaner. Flatows Bekannter Karl August Wittfogel, der seit der Veröffentlichung seiner fulminanten wissenschaftlichen Abhandlung über die »Wirtschaft und Gesellschaft Chinas« im Jahr 1931 als Asien-Experte der KPD gilt, hält Vorträge über die politischen Kämpfe im Reich der Mitte. Als Mitherausgeber der Zeitschrift *The Anti-Imperialist Review* veröffentlicht der kommunistische Wissenschaftler mehrere Beiträge zum Thema. Die unbedingte Unterstützung der chinesischen Revolution sei jetzt, so schreibt er dort, »zwingendes Gebot des proletarischen Internationalismus«.

Rund um das 1925 gegründete China-Institut der Goethe-Universität, zur Zeit Flatows die führende sinologische Forschungseinrichtung im Deutschen Reich, bilden sich Diskussionszirkel zur Unterstützung Chinas. Einige linke Chinesen studieren in Frankfurt und kommen bei den Solidaritätsaktionen in Kontakt mit ihren deutschen Kommilitonen. Die beiden Kommunisten Du Renzhi und Liu Simu, die später für den sowjetischen Spion Richard Sorge in Shanghai arbeiten, hören 1932 Vorlesungen bei Max Horkheimer und Karl Mannheim am Frankfurter Institut für Sozialforschung und knüpfen eifrig Verbindungen für die 1921 gegründete KP Chinas.[27]

Viele Linke wie Flatow lesen in diesen Monaten begeistert den Roman *Die Gefährten* der kommunistischen Schriftstellerin Anna Seghers und die ersten China-Reportagen ihres Genossen Egon Erwin Kisch, die 1932 erscheinen und die chinesischen Revolutionäre als Helden verklären. Kisch versammelt seine Zeitungsstücke in seinem Buch *China geheim*, das im Januar 1933 herauskommt und zum Bestseller wird, bevor die Nazis es verbieten.

Bekannte Schriftsteller wie Friedrich Wolf, Ludwig Renn, Lion Feuchtwanger und andere linke Intellektuelle unterschreiben 1932 einen Appell zur Unterstützung der »chinesischen Massen«.[28] Die Anhänger der KPD träumen sich den baldigen Sieg der Kommunisten in China zurecht, das nach ihren Vorstellungen zum zweiten Bollwerk der

Weltrevolution neben Stalins UdSSR werden soll. Auch Bertolt Brecht beginnt in dieser Zeit, sich mit China zu befassen.

Eine romantische Verklärung der chinesischen Revolution setzt sich durch, die auch Gerhard Flatow berührt. Auf das Reich der Mitte mit seiner so unterschiedlichen Kultur und seinen so ganz anderen Geistestraditionen lassen sich alle möglichen exotischen Vorstellungen projizieren. Die KP Chinas erscheint aus der Ferne viel mächtiger, als sie es zu diesem Zeitpunkt nach ihren vielen Niederlagen wirklich ist.

Maos Name taucht in diesen Monaten zum ersten Mal häufiger in der deutschen KPD-Presse auf, die sich auf zahlreiche Artikel in den offiziellen Organen der Moskauer Kommunistischen Internationale stützen kann. Die populäre *Arbeiter-Illustrierte-Zeitung* des »roten Pressezaren« Willi Münzenberg berichtet mit großen Bilderstrecken über das Elend in China und die Kämpfe gegen die Japaner. Das Thema China ist so wichtig für die extreme Linke geworden, dass sich der KPD-Vorsitzende Ernst Thälmann in einer Broschüre zur Reichstagswahl 1932 ausdrücklich als »Bundesgenosse« der chinesischen Revolution präsentiert.

Flatow kann allerdings Ende 1932 noch nicht ahnen, wie schnell aus seiner eigenen jugendlichen Begeisterung für China eine lebenslange Verbindung mit dem Riesenreich werden sollte. Doch die Ereignisse in Frankfurt überschlagen sich – wie in ganz Deutschland. Aus der Reichstagswahl am 6. November 1932 geht die NSDAP auch in Hessen mit 41,5 Prozent der Stimmen als stärkste Partei hervor. Die Ernennung Adolf Hitlers zum Reichskanzler löst am 30. Januar 1933 keine großen Proteste in Hessen aus. Einen Tag später demonstrieren in Frankfurt immerhin 2000 Kommunisten und Sozialdemokraten zum ersten (und letzten) Mal gemeinsam gegen die Nazis.

Am 4. Februar 1933, einem Samstag, erlässt Hitler schließlich in Berlin die »Notverordnung zum Schutz des Deutschen Volkes«. Nun rollt in Frankfurt eine breite Verhaftungswelle gegen alle Nazi-Gegner an.[29] Mehrere Mitglieder der »Roten Studentengruppe« gehören zu den Verfolgten. Karl August Wittfogel flüchtet aus der Stadt, doch die Geheime Staatspolizei nimmt ihn am 13. März 1933 in Konstanz unter dem Verdacht fest, »unter dem Deckmantel der Wissenschaft aktive kommunistische Propaganda getrieben zu haben«[30].

Auch Gerhard Flatow kann sich einer Festnahme nicht entziehen. Der genaue Zeitpunkt, die Umstände und Dauer seiner Verhaftung bleiben allerdings im Dunkeln. Er selbst macht in seinen Aufzeichnungen keine klaren Angaben. Seine erste chinesische Ehefrau Wu Mei schildert die Ereignisse viele Jahrzehnte später lediglich so: Gemeinsam mit anderen Studenten habe Gerhard versucht, die Arbeiter eines Frankfurter Betriebs zum Streik aufzurufen. Daraufhin sei es zu seiner Verhaftung gekommen. »Glücklicherweise« sei ein Onkel Flatows ein »hoher Nazi-Beamter« gewesen, der seine Freilassung durchgesetzt habe.[31] Gemeint ist damit wohl der Bruder seiner Mutter, der jedoch alles andere als ein Nazi war. Als hoher Polizeibeamter verfügte Flatows Onkel aber tatsächlich über gute Beziehungen zur Frankfurter Polizei und zur Justiz der Stadt. Er konnte sie damals vermutlich auch noch einsetzen, um seinen Neffen freizubekommen.

Die Familie überzeugt den 22-Jährigen, seinen Schwestern nach Italien zu folgen. Das Klippendorf Positano südlich des Vesuvs an der Amalfiküste – damals ein bitterarmes Fischerörtchen, das in den fünfziger Jahren zum Traumziel des internationalen Jetsets avancierte – wird für einige Monate seine Zwischenstation auf dem Weg nach China. Seine Mutter und die Schwestern betreiben seit 1932 das »Café Gloia« in Positano, das zum Mittelpunkt einer zunächst kleinen, aber in den nächsten Jahren stetig wachsenden deutschen Exilgemeinde wird.[32]

In den dicht aneinandergedrängten Häusern, die sich auf mehreren Terrassen vom Strand bis fast zum Gipfel des Bergs hinaufschlängeln, stehen damals zahlreiche einfache Wohnungen ohne Wasserleitung und elektrisches Licht leer, die billig zu mieten sind. Viele Italiener haben Positano verlassen, um anderswo Geld zu verdienen. Deutsche Künstler und Intellektuelle, die vor Hitler und den Gefahren in ihrer Heimat flüchten, aber auch einige Abenteurer und »weltquere Käuze«[33] ziehen in ihre Quartiere ein.

Intellektuelle wie die Schriftsteller Walter Meckauer und Armin T. Wegner oder Künstler wie Kurt Craemer und Karli Sohn-Rethel, die meisten von ihnen Juden, finden dort vorübergehend Unterschlupf. Und je mehr Emigranten nach Positano kommen, desto wichtiger wird die Rolle der Flatows in der kleinen deutschen Exilgemeinde. Dojo versorgt die Ärmsten unter den armen Emigranten regelmäßig mit einer billigen Portion Spaghetti, etwas Brot und Obst.

Muscho richtet gleichzeitig eine Teestube samt kleiner Galerie ein, in der die Exilanten stundenlang debattieren und streiten. Sie verkauft dort auch deutsche Zeitschriften, auf die sich alle stürzen. Später führt sie mit ihren Töchtern die größere Pension »San Matteo« – eine Herberge in einer beeindruckenden Villa mit Kuppelgewölben, gemauerten Rundbögen und Nischen im maurischen Stil mit einem herrlichen Blick über das Meer.[34]

Dojo heiratet den Italiener Giulio Rispoli und betreibt mit ihm das florierende Restaurant Buca di Bacco am Strand, das heute noch existiert und im Besitz der Rispolis geblieben ist. Als die italienischen Faschisten auf Druck der Nazis 1942 gegen die deutschen Juden im Land vorgehen, geraten auch die beiden Flatow-Schwestern ins Visier. Am Ende aber gehören sie zu den sieben deutschen und österreichischen Juden (von insgesamt 25), die in Positano bleiben dürfen. Lediglich ihren Exilanten-Club müssen sie auf Befehl der italienischen Polizei schließen.[35] Nach dem Ende des Zweiten Weltkriegs bleibt Dojo allein in Italien zurück. Ihr Haus aber erweist sich für die ganze Familie bis zu ihrem Tod (und sogar darüber hinaus) als Fixpunkt und Sehnsuchtsort.[36]

Gerhard Flatow hätte sicherlich wie seine Mutter und seine Schwestern in Positano überwintern können. Doch die Enge des italienischen Örtchens und die Öde eines isolierten Emigrantenlebens mit seinen ewigen Streitereien und steten Eifersüchteleien ist nichts für einen jungen Mann, der sich in der Welt beweisen will. An eine vernünftige Arbeit ist dort nicht zu denken, an kommunistisches Engagement schon gar nicht. Gerhard verschnauft deshalb nur ein paar Monate in Positano, mehr nicht.

Es ist ein ganz alter Freund und Kollege seines verstorbenen Vaters, der Gerhard aus der erzwungenen Untätigkeit und Langeweile rettet: Dr. Paul Beeck. Der frühere Leibarzt des Industriellen Otto Wolff im Berliner Sanatorium der Flatows arbeitet seit einigen Monaten im Konzern seines reichen Freundes und Patienten mit. Der schwer kranke Stahlmagnat will ihn sogar zum Teilhaber seiner Unternehmensgruppe machen und als Nachfolger aufbauen. Doch zunächst soll der Arzt eine Art Gesellenstück abliefern: Beecks Aufgabe ist es, in China ein »lebensfähiges Unternehmen« aufzubauen, um danach mit »dem Glanz, dem Wissen und dem Erfolg eines großen Auslandspioniers« in die oberste Führungsebene des Konzerns einzutreten, wie Otto Wolff 1936 in einem Brief an seinen Vertrauten bekräftigt.[37]

Der Unternehmer besitzt Beteiligungen an 30 großen deutschen Firmen, die insgesamt eine Million Menschen beschäftigen,[38] und setzt seit Ende der zwanziger Jahre auf die Eroberung des chinesischen Marktes. Schon 1931 hatte Otto Wolff im Reichsverband der Deutschen Industrie die Gründung einer China-Studiengesellschaft durchgedrückt und die ersten eigenen Großgeschäfte eingefädelt. Keine andere deutsche Industriefirma konnte Anfang der dreißiger Jahre bereits so große Erfolge in China vorweisen wie Otto Wolffs Konzern – und niemand sonst glaubt danach trotz Krieg und Bürgerkrieg so fest wie er an weitere Geschäftschancen in bislang unerreichten Größenordnungen.

Ausgerechnet der Neuling Beeck, der weder China noch die fernöstliche Geschäftswelt kennt, soll diesen Traum verwirklichen. Und ausgerechnet ein Studienabbrecher und Kommunist soll ihm dabei zur Hand gehen: Gerhard Flatow.

Im Sommer 1934 packt der mittlerweile 23-Jährige in Positano seine Koffer. Zum Abschied wandert Flatow einen ganzen Tag und eine ganze Nacht lang mit der hübschen Ursula Kluth, einer Freundin seiner Schwester Dojo, über den Monte Sant'Angelo a Tre Pizzi bis zum Golf von Neapel.[39] Erst zwölf Jahre später, nach dem Ende des Zweiten Weltkriegs, sollte Gerhard Flatow Europa wiedersehen.

KAPITEL 2

Wie man das nützliche Handwerk geheimer Geschäfte lernt

1934–39

Als Paul Beeck im August 1934 in Shanghai eintrifft, reißt sich die große deutsche Gemeinde in der Stadt um den neuen Generalvertreter des Otto-Wolff-Konzerns. Zu dieser Zeit leben einige Hundert Geschäftsleute aus dem Deutschen Reich mit ihren Familien in der chinesischen Stadt. Es gibt eine deutsche Schule mit weit über 200 Schülern, einen deutschen Klub, eine deutsche evangelische Kirche, deutsche Restaurants und Cafés, ein deutsches Hospital, ein deutsches Theater, zwei deutsche Tageszeitungen und eine starke Ortsgruppe der NSDAP, die nach und nach alle Einrichtungen übernimmt. In der Freizeit bleibt man in der Regel unter sich. Die meisten »Shanghailander«, wie sie sich selber nennen, denken betont national und bekennen sich zur »Pflege des Deutschtums«.

Am 8. September findet man Beeck als Ehrengast bei einem deutschen Empfang im noblen Astor House an der Shanghaier Promenade, dem sogenannten Bund. Am 26. September sieht man den zurückhaltenden Doktor, der eigentlich viel lieber in seiner eigens aus Deutschland mitgebrachten Sammlung seltener Erstausgaben stöbert, bei einem »Herrenessen« im Gartenklub, dem beliebtesten deutschen Treffpunkt in Shanghai.[1] Auf die meisten Deutschen wirkt der mittelgroße Mann mit den zurückgekämmten Haaren, der zu seinen englischen Maßanzügen meist eine gebundene Fliege und ein Einstecktuch trägt,[2] eher wie ein melancholischer Intellektueller.

Die deutschen Geschäftsleute interessieren sich so stark für den 41-Jährigen, weil sie seit einigen Wochen über die nächsten Schachzüge seines Unternehmens in China rätseln. Der alte Otto Wolff gibt sich nicht mit dem Eisenbahngeschäft zufrieden, das gerade anläuft. So viel ist allen klar. Man tuschelt über künftige Flugzeug- und Automobilimporte aus Deutschland. Die Vertreter der vielen alteingesessenen China-

Handelshäuser fürchten, die neue kapitalstarke Konkurrenz könnte sie um ihr angestammtes Geschäft bringen. Paul Beeck schlägt deshalb viel Neugierde entgegen, wenn er sich unter deutschen Kaufleuten blicken lässt.

Sein junger Mitarbeiter Gerhard Flatow hält sich dagegen von der deutschen Gemeinde in Shanghai so weit wie möglich fern. Mit einem Schiff des Lloyd Trentino ist er nach einer langen Reise von 21 Tagen aus dem italienischen Brindisi endlich in der Stadt angekommen – nur um nach einem kurzen Aufenthalt gleich weiterzureisen, ins Hinterland Shanghais.

Als jüngster Angestellter der neu gegründeten Otto Wolff Far Eastern Branch bekommt Flatow zwar bereits ein ziemlich »fürstliches Gehalt« von 250 Silberdollar,[3] muss aber auch den unangenehmsten Job übernehmen: den Bau der Eisenbahnstrecke zwischen Hangzhou (einer Großstadt etwa 190 Kilometer südwestlich von Shanghai) und Nanchang (der Hauptstadt der benachbarten Provinz Jiangxi) vor Ort zu überwachen. Die »Arbeit entlang der über 600 Kilometer langen Trasse« in einem schlichten Bahnwaggon, der über Wochen sowohl als Herberge als auch als Büro dient, stürzt Flatow Hals über Kopf in eine chinesische Wirklichkeit, die viele deutsche Kaufleute in der Metropole Shanghai mit ihren westlichen Annehmlichkeiten so gut wie gar nicht kennen.[4]

Anders als die allermeisten Deutschen, die zum ersten Mal im Fernen Osten aufschlagen, schaut Flatow nicht auf die Chinesen hinab. Er begegnet den ungewohnten Lebensverhältnissen mit Neugierde und nicht mit einem kolonialen Blick. Sein Interesse für die alte Kultur des Landes bleibt zwar eher begrenzt. Flatow sucht keine Exotik, wie so viele andere Europäer, die chinesische Geschichte interessiert ihn nur mäßig. Es geht darum, das widersprüchliche Hier und Jetzt einer ganz anderen Welt zu begreifen. Und dabei vielleicht auch die Utopie des revolutionären China zu entdecken.

Die Fotos aus dieser Zeit zeigen einen jungen Mann mit buschigen Augenbrauen und schütteren Haaren, der deutlich älter aussieht, als er in Wirklichkeit ist. Bei der Arbeit stets korrekt gekleidet mit dunklem Anzug und Krawatte, ein wacher und neugieriger Blick in die Fotokamera. Am Schreibtisch mit den Leitzordnern im Rücken und Blumenschmuck vor sich könnte man Flatow für einen ganz normalen deutschen Angestellten halten, der sich ohne Blick nach links oder rechts über die Zahlenkolonnen beugt. Doch der Eindruck täuscht.

Das große Elend, das Flatow auf dem Lande erlebt, bestätigt seinen Zorn über die Ungerechtigkeiten dieser Welt. Dem jungen Deutschen fällt es leicht, sich mit »denen da unten« zu identifizieren. Die bitterarmen Bauern und Kulis, wie man die Tagelöhner nennt, erscheinen Flatow als geborene Anhänger der chinesischen Kommunisten, auch wenn sie selbst nichts davon wissen.

Zugleich will der neue Angestellte seinem väterlichen Förderer Beeck und dem ganzen Unternehmen aber auch beweisen, was alles in ihm steckt. Schon in den ersten Jahren in China erwacht außerdem seine unbändige Lust an Geschäften und die unverhohlene Freude an einem so gar nicht kommunistischen Luxusleben mit »reizvollen Dancing-Girls«, regelmäßigen Besuchen in den mondänen Bars in Shanghai und in den traditionellen chinesischen Reisweinschenken, am »Opiumrauchen«, an wechselnden Liebschaften mit chinesischen Frauen und einem kolonialen Lebensstil.[5]

In Shanghai verwandelt sich der verarmte kommunistische Emigrant völlig übergangslos in den gut situierten kapitalistischen Kaufmann, der seine politischen Überzeugungen zwar keineswegs aufgibt, aber immer wieder bei Bedarf beiseitelegt. Flatow entwickelt einen Pragmatismus, der ihn bei all den politischen Abenteuern seines späteren Lebens nie wieder ganz verlässt. Ein Macher, der auch bei schwierigen Entscheidungen nicht lange fackelt.

Der junge Angestellte begreift in China sehr schnell: Otto Wolff ist mit dem Eisenbahnvertrag ein großes Risiko eingegangen. Das Konsortium des Konzernherrn, zu dem sich später die deutschen Konkurrenten Krupp AG und Ferrostaal gesellen, liefert nicht nur die Schienen, Brücken, Züge und die Signaltechnik nach China, sondern übernimmt auch das gesamte Baumanagement selbst.

Riskanter noch: Otto Wolff finanziert das Millionenprojekt mit einer Anleihe chinesischer Banken, für die sein deutsches Unternehmen bürgt. Mit seinen Lieferungen aus Deutschland geht der Unternehmer in Vorleistung. Die Eisenbahngesellschaft will die Anleihe zweimal pro Jahr mit dem Geld bedienen, das sie mit der fertigen Strecke verdient. Die staatliche Bank of China garantiert die große Transaktion. Das wäre schon unter normalen Bedingungen ein äußerst wackliges Geschäft.

Mitte der dreißiger Jahre aber herrscht in China zudem noch politisches Chaos: Die Nationalregierung unter General Chiang Kai-shek kontrolliert praktisch nur einen kleinen Teil des Riesenreichs. Kriegsherren mit eigenen Armeen beherrschen mehrere Provinzen, die Japaner bedrohen aus der von ihnen besetzten Mandschurei nun ganz Nordchina – und Maos kommunistische Volksbefreiungsarmee errichtet in Südchina »Sowjetgebiete« mit einer eigenen Verwaltung.

Der deutsche Gesandte Oskar Trautmann warnt in einem Fernschreiben an das Auswärtige Amt deshalb ausdrücklich vor den »vielen Risiken«, die Otto Wolff im Gegensatz zu den »bewährten Prinzipien« des bisherigen China-Geschäfts eingehe.[6] »Finanziell war die Vereinbarung ein Kartenhaus«, schreibt der China-Wissenschaftler William C. Kirby Jahrzehnte später in seinem Standardwerk über die deutschen Wirtschaftsbeziehungen im China der dreißiger Jahre.[7] Dass es nicht zusammenbricht, dafür soll nicht zuletzt Gerhard Flatow sorgen, der das Risiko liebt. Die Kölner Geschäftsleitung des Konzerns beauftragt ihn persönlich, vor Ort den Eingang der Zahlungen für den Eisenbahnbau möglichst akribisch zu überwachen.

Der Unternehmer Otto Wolff spielt jetzt eine zentrale Rolle in der chinesischen Wirtschaft. Am 10. Februar 1935 kommt der Konzernherr mit dem Dampfer »Citral« in Shanghai an, verhandelt danach mit dem Waffenamt der Regierung und mehreren Ministerien. Am 22. Februar empfängt Chiang Kai-shek den Deutschen zu einer einstündigen Audienz – eine seltene Ehre für einen ausländischen Geschäftsmann.[8] Das ganze Eisenbahngeschäft gilt als so spektakulär, dass sich die britischen und amerikanischen Konkurrenten lebhaft für den Vertrag mit den Chinesen interessieren. In den Akten des amerikanischen Finanzministers Henry Morgenthau findet sich später eine englische Übersetzung der geheimen deutsch-chinesischen Absichtserklärung über den Bau der Strecke.[9] Und schon im November 1935 schreibt der China-Korrespondent der Londoner *Times* unter Berufung auf die Großgeschäfte Otto Wolffs, die Beziehungen Chinas zu Deutschland seien »so eng wie zu keiner anderen ausländischen Macht«.[10]

Der Konzernchef, der trotz seiner schweren Krankheit 1937 noch einmal die Mühen einer Reise nach China auf sich nehmen sollte, glaubt an die gewaltigen Entwicklungsmöglichkeiten des Landes. Das Hauptproblem ist aus seiner Sicht die schlechte Infrastruktur. Deshalb sei der

Bau von Eisenbahnen der Schlüssel, um das Reich der Mitte in eine Exportnation zu verwandeln: »Wo man in China mit der Bahn hineinsticht, quillt die Ware heraus.«[11] So könne sich jedes Projekt letztlich selbst finanzieren.

Wolff glaubt auch fest an einen Sieg Chiang Kai-sheks, sowohl gegen die Kommunisten als auch später gegen die Japaner. Er ist in den dreißiger Jahren der einzige europäische Unternehmer, der eine persönliche Beziehung zu dem Führer der Nationalpartei (chinesisch: Kuomintang) aufbauen kann – und von Anfang an auf weitere staatliche Großaufträge setzt statt auf das traditionelle Klein-Klein des privaten China-Handels. So lernt auch Gerhard Flatow in China, Geschäfte von Anfang an immer groß zu denken, und wird dadurch in den nächsten Jahren sehr reich. Einen Teil des vielen Geldes, das er verdient, investiert er in Goldbarren.

Der Bau von Eisenbahnlinien – Otto Wolff stellt mit seinen Partnern in den dreißiger Jahren insgesamt drei Streckenabschnitte fertig – soll nur der Anfang sein. Man verhandelt über Flugzeuge, Militärkraftwagen und sogar über Kanonen. Was der deutsche Industrielle und seine Mitarbeiter schnell begreifen: Chiang geht es im Bürgerkrieg nicht um die wirtschaftliche Entwicklung des Landes, sondern um die Aufrüstung seiner Armeen und die Verbesserung der militärischen Transportwege. So will er den kommunistischen Sowjetgebieten im Landesinneren mit »Einkreisungsfeldzügen« endlich den Garaus machen.

Gerhard Flatow sieht an der Trasse der neuen Eisenbahnlinie mit eigenen Augen, dass sich Chiang nicht um das »Volkswohl« schert, das seine Partei in ihrem Programm beschwört. Er beschafft sich ein Pferd und reitet in entlegenere Dörfer, in denen hungernde und zerlumpte Kleinbauern buchstäblich um ihr nacktes Überleben kämpfen. Nicht besser geht es den Arbeitern an der Strecke: »Mich hieb es um, dass man einen Maulesel besser behandelte als einen Kuli. Wenn ein Kuli krank wurde, verlor er seinen Job, bekam einen Tritt in den Arsch und wurde hinausgeworfen. Weggeworfen wie ein Stück Schrott. Ich war jung, zart besaitet und aus gutem Hause und hatte so etwas noch nie gesehen«, heißt es in den Erinnerungsfragmenten Flatows.[12]

Im Bezirk Yushan – etwa auf der Mitte der 600 Kilometer langen Bahnstrecke – bricht in diesen Monaten eine Diphterie-Epidemie aus, die Tausende von Menschenleben fordert. Flatow setzt ein Telegramm nach Shanghai ab und bittet um die schnelle Entsendung von Ärzten und Medikamenten. Doch nichts geschieht. Ein Vorgesetzter erteilt ihm den Rat: »Lass den Blödsinn, das ist nicht dein Bier.« Nur der Superintendent der regionalen Eisenbahngesellschaft, ein Chinese, mit dem sich Flatow angefreundet hat, schafft aus Shanghai ein paar Kartons mit Arzneimitteln herbei.

Gerhard Flatow pflegt schon bald mehr Umgang mit Chinesen als mit seinen Landsleuten. Sein Chef Beeck habe ihn ausdrücklich gebeten, seine Kontakte mit Deutschen lieber »auf Sparflamme zu halten«, um sich nach seinem kommunistischen Vorleben nicht in Gefahr zu bringen, schreibt er selbst. Aber auch sonst kann er nicht viel mit den leitenden Angestellten von Otto Wolff in China anfangen, die von ihrem Alter und Habitus her so gar nichts mit seinen eigenen Vorstellungen vom Leben gemeinsam haben. Während sie am liebsten im Büro in Shanghai hocken und in der Freizeit unter sich bleiben, treibt es Flatow hinaus, um sich »in den chinesischen Lebens- und Kulturkreis hineinzuversetzen, hineinzuwühlen, hineinzubohren.«[13]

Bei seinen Besuchen in Shanghai, wo Flatow seit 1935 über ein eigenes Apartment mit der Zimmernummer 514 im Hamilton House an der belebten Seymour Road verfügt, lernt er Chen Show-yen (»S. Y.«) kennen und schließt eine Freundschaft, die bis zu seinem Tod hält.[14] Die beiden jungen Männer ziehen gemeinsam durch die Bars der Stadt und treiben sich mit »Singsong-Girls« herum. Doch Chen bringt Flatow auch mit chinesischen Intellektuellen und »vielen ernsthaften Leuten« zusammen. Der Jüngste in der Otto Wolff Far Eastern Branch versteht durch diese Kontakte bald mehr von China als alle anderen Angestellten im Büro an der Yuan Ming Yuan Road – und spricht im Gegensatz zu ihnen als einziger deutscher Mitarbeiter schon nach einem guten Jahr fließend Chinesisch. Später beherrscht Flatow sogar mehrere chinesische Dialekte, die sich stark voneinander unterscheiden. Nur die fremde Welt der Schriftzeichen erschließt sich ihm nicht: Lesen kann der Deutsche nur wenig, schreiben gar nicht.

Gerhard Flatow lernt in dieser Phase seines Lebens nur einen einzigen Deutschen in Shanghai näher kennen und bleibt mit ihm ähnlich wie mit S. Y. Chen über die nächsten Jahrzehnte in Kontakt: Otto Hamburger. Der 1907 in Niederschlesien geborene Diplom-Ingenieur, Sprössling einer alteingesessenen Industriellenfamilie, kommt wie Flatow im Sommer 1934 nach China, um sich eine neue Existenz aufzubauen. Schon bald macht sich der hagere Mann mit der hohen Stirn durch seine Arbeit für angelsächsische Firmen wie den Büromaschinenhersteller Remington Rand oder für das China-Handelshaus Jardine einen Namen in der Geschäftswelt.[15]

Seine Erfolge ermöglichen Hamburger schon nach kurzer Zeit, in Shanghai ein gut situiertes Leben mit einem »wunderschönen Haus, mit einem Houseboy und einer Amah«, der Kinderfrau.[16] Auch Gerhard Flatow träumt von diesem Lebensstil und sollte ihn durch sein üppiges Einkommen wenig später auch selbst erreichen können. Von ihrer Herkunft und ihrer Weltsicht her, aber auch durch ihren ausgeprägten Humor und eine nie versiegende Spottlust ähneln sich Otto Hamburger und Gerhard Flatow stark. Sie können viel miteinander anfangen und pflegen ihre Freundschaft, auch wenn sie sich zwischendurch immer mal wieder aus den Augen verlieren. Anfang 1936 etwa geht Otto Hamburger für 16 Monate nach Chongqing in die Provinz Sichuan ganz im Westen Chinas,[17] doch nach seiner Rückkehr nach Shanghai im Mai 1937 ist das Leben der beiden wieder eng miteinander verknüpft – nicht zuletzt durch eine Reihe von dramatischen Ereignissen. Bis zum Tod Gerhard Flatows bleiben sie gute Freunde.

Ähnlich wie Otto Hamburger steigt auch Gerhard Flatow auf der Karriereleiter schnell auf. Sein Chef Beeck erkennt das kaufmännische Talent seines jungen Mitarbeiters und fördert sein Fortkommen. Nur einmal geraten die beiden in den frühen China-Jahren aneinander: Die neuen Gesetze im Dritten Reich machen alle erwachsenen Staatsbürger zu Zwangsmitgliedern der Deutschen Arbeitsfront (DAF), auch die Deutschen im Ausland. Flatow weigert sich jedoch, der Nazi-Organisation beizutreten und einen Mitgliedsbeitrag zu zahlen. Nicht das erste (und auch nicht das letzte) Zeichen der inneren Zerrissenheit Flatows: Der junge Angestellte mit kommunistischer Vergangenheit wickelt bereits die ersten Geheimgeschäfte mit Nazi-Stellen ab, führt aber in dieser Sache seine »innersten Überzeugungen« ins Feld. Wie gut für ihn, dass der Pragmatiker Beeck einen akzeptablen Kompromiss findet: Das China-Büro führt stillschweigend auch für Flatow Beiträge ab, zieht sie ihm jedoch nicht von seinem Gehalt ab. Eine indirekte Lohnerhöhung, um Flatows Gewissen zu beruhigen und Beeck selbst Ärger mit der mächtigen NSDAP-Auslandsorganisation in Shanghai zu ersparen.[18]

Die nächste Aufgabe, die Beeck seinem jungen Schützling überträgt, sorgt für noch mehr Aufsehen unter den deutschen Kaufleuten. Seit dem Besuch Otto Wolffs 1935 arbeitet die Far Eastern Branch in Shanghai mit Volldampf am Projekt einer Daimler-Benz-Montage in China. Es geht um Lastkraftwagen, die Chiang Kai-shek dringend für seine Streitkräfte braucht. Die Fahrgestelle mit den Motoren und allen technischen Ausrüstungen will Otto Wolff komplett aus dem Deutschen Reich importieren, die Aufbauten sollen die Chinesen selbst übernehmen. Wie wichtig das Projekt auch für die Reichsregierung ist, zeigt das Drängen des deutschen Militärberaters in China, die Sache möglichst schnell »in Schwung« zu bringen.[19]

Ende 1936 erfolgt die offizielle Gründung der staatlichen China Automobile Manufacturing Company in der damaligen chinesischen Hauptstadt Nanjing, die über ein solides Grundkapital von sechs Millionen chinesischen Silberdollar verfügt.[20] Flatow soll sich um den Import der Lkw-Chassis kümmern und sorgt dafür, chinesische Amtsträger mit kleineren und größeren Geschenken bei guter Laune zu halten, damit alles reibungslos läuft. Chiang Kai-shek selbst erhält im Juli 1936 als Geschenk im Auftrag Otto Wolffs eine Mercedes-Limousine für seinen privaten Gebrauch.[21] Später übernimmt Flatow die Verantwortung für das gesamte Auto-Geschäft Otto Wolffs in China.

Die Far Eastern Branch schlägt mit ihrem Deal den alteingesessenen Handelshäusern ein Schnippchen. Der damalige Vertreter der deutsch-dänischen Importfirma Jebsen & Jessen in Shanghai schreibt Jahrzehnte später noch mit großem Zorn, »durch das Dazwischentreten« von Otto Wolff sei sein Unternehmen »um die Früchte der Pionierarbeit gebracht« worden.[22] Seit 1934 hatte sich das Handelshaus selbst um den Verkauf von Daimler-Lastkraftwagen an das chinesische Militär bemüht und ein »aufblühendes Geschäft« in Gang gebracht. Doch Otto Wolff trickst Jebsen & Jessen aus. Der Industrielle hält damals 26 Prozent der Daimler-Aktien und setzt beim Vorstand des Stuttgarter Autoherstellers durch, dass alle Regierungsgeschäfte in China künftig nur noch über seine Far Eastern Branch laufen sollen. Später verdrängt der Otto-Wolff-Konzern die Konkurrenz auch noch als Exklusivimporteur für Daimler-Limousinen.

Gerhard Flatow lernt aus dem skrupellosen Verhalten seiner Firma viel für die illegalen Geschäfte, die sehr viel später auf seine eigene

Rechnung laufen. Der junge Mann gewöhnt sich eine draufgängerische Härte an, die damals typisch für viele erfolgreiche Geschäftsleute in China ist. Der deutsche Beobachter Erwin Wickert schreibt später mit einer gehörigen Portion Bewunderung für die sozialdarwinistische Einstellung vieler Selfmade-Männer, das Shanghai der dreißiger Jahre sei die Metropole der »aktiven, flexiblen, optimistischen, zupackenden, in ihren Methoden oft bedenkenlosen Menschen« gewesen, »die nichts anderes wollten, als Geld machen«.[23]

In gewissem Sinne gehört Flatow nun zu ihnen, auch wenn er sich innerlich selbst nicht dazu zählt. Anders als viele andere Deutsche, die in China üppige Gewinne mit Schattengeschäften einstreichen, verachtet er die Korruptheit und Rücksichtslosigkeit der herrschenden nationalchinesischen Offiziers- und Beamtenkaste, die allein an ihrem persönlichen Profit interessiert ist. Aber er macht trotzdem mit.

Die Gewinne, die Otto Wolff mit dem Lkw-Geschäft in China erzielt, sind für die damalige Zeit beträchtlich. Im März 1938 rollt der 2000. Lastwagen vom Typ L2000, der für China bestimmt ist, im Daimler-Werk Gaggenau vom Band. Ein Werksfoto zeigt das mit Tannenzweigen festlich umkränzte Fahrgestell mit einem großen Schild, das der Firma Otto Wolff, Köln, für den Großauftrag »zur Ablieferung nach China« dankt.[24] Der Lkw sollte nicht der letzte sein, der mit Hilfe Flatows an die chinesische Armee geht. Damit wächst allerdings auch das Risiko für den deutschen Konzern, denn die Zahlungsmoral der chinesischen Regierung lässt zu wünschen übrig. Otto Wolff »legt seine Eier alle in einen Korb (nämlich die Regierungsclique Chiang Kai-shek)«, schreibt der Vertreter des deutschen Chemietrusts IG Farben damals: »Stürzt diese, sieht es für O.W. trübe aus«[25].

Was die neidischen Konkurrenten dabei zunächst noch gar nicht wissen: Der Konzern will bei seinen weiteren Geschäften in China nicht mehr auf Barzahlungen beharren, wie es üblich ist, sondern seine Forderungen durch Importe von Mangan und Wolfram begleichen lassen. Die Fachleute nennen es Bartergeschäft. Damit steigen die Risiken weiter. Im März 1936 haben sich die Deutschen im Vertrag mit der China Automobile Manufacturing Company unter Ziffer VI verpflichtet, die Chinesen könnten »wenigstens 50 %« ihrer Verpflichtungen mit Waren aus ihrem Land abdecken. Welche Waren? Das bestimmt allerdings allein der Otto-Wolff-Konzern.[26]

Durch diese Vereinbarung verwandelt sich die Partnerschaft zwischen Otto Wolff und der Kuomintang in den nächsten Jahren schnell in ein großes gegenseitiges Rüstungsgeschäft: Die Deutschen liefern militärische Ausrüstungen, die Chinesen im Gegenzug den begehrten Rohstoff Wolfram. Ohne immer mehr Waffen kann Chiang seine Widersacher nicht besiegen – und ohne das seltene Schwermetall kann Hitler keine modernen Panzer bauen. Alles unterliegt auf beiden Seiten höchster Geheimhaltung. Flatow lernt in dieser Zeit das nützliche Handwerk dunkler Geschäfte aus dem Effeff.

Treibende Kraft für die geheime Einfuhr ist in Köln nicht der alte Otto Wolff selbst, sondern sein neuer Generalbevollmächtigter Rudolf Siedersleben, ein Vertrauensmann der Nazis, der 1934 auf Druck der neuen Machthaber an die Spitze des Konzerns gerückt ist. Der forsche Manager schreibt am 4. September 1936 an die Far Eastern Branch und betont sein »großes Interesse« am Import von seltenen Metallen aus China: »Wir werden uns auf solche Geschäfte künftig einstellen müssen.«[27]

Kurz darauf verhandeln die Abgesandten des Konzerns bereits mit der staatlichen Überwachungsstelle für Devisen in Berlin, die solchen Kompensationsgeschäften zustimmen muss.[28] Mehrere verschlüsselte Telegramme jagen zwischen Köln und Shanghai hin und her, um das Geschäft in Gang zu bringen. Am 22. Oktober 1936 berichtet Beeck über die ersten deutschen Wolfram-Einfuhren aus China – »ein erster Posten von 700 Tonnen«. Siedersleben benötigt das chinesische Metall vor allem für die eigenen Stahlwerke, die sich zunehmend auf die Kriegsproduktion umstellen und gehärteten Panzerstahl an Hitlers Wehrmacht liefern.

Die neuen Geschäfte laufen genauso gut an wie die alten – und Gerhard Flatow profitiert davon. Sein Gehalt steigt. Der inzwischen 25-Jährige zieht mit einer Chinesin, die fünf Kinder mitbringt, in eine Kolonialvilla in Shanghai. Flatow spricht an einer einzigen Stelle in seinen hinterlassenen Selbstzeugnissen von einer Ehe mit dieser »sehr netten Frau«, deren Namen er jedoch nirgends nennt. Für eine offizielle Heirat lassen sich auch sonst keine Belege finden, das deutsche Stammbuch Gerhard Flatows beginnt erst mit der späteren Ehe mit der Chinesin Wu Mei.[29] Wahrscheinlich waren die beiden nur eine Verbindung ohne Trauschein eingegangen, wie sie zwischen ausländischen Männern und chinesischen Frauen damals häufig vorkam.

Auf jeden Fall betreibt Flatow nun zum ersten Mal einen größeren eigenen Haushalt. Dort ist auch genügend Platz für seinen 21-jährigen Bruder Dieter, der sich am 13. März 1937 in Neapel nach Shanghai einschifft[30] und nach einem mehrmonatigen Zwischenaufenthalt in Hongkong in die Villa seines Bruders einzieht. Der schüchterne Kaufmann arbeitet nun für das große deutsche Handelshaus Carlowitz & Co. in Shanghai und schließt sich seinem großen Bruder ansonsten in allem eng an. Dieter Flatow wollte durch die schnelle Abreise aus dem Reich vor allem dem drohenden Einberufungsbefehl zur Wehrmacht entgehen.[31] Genau wie Gerhard geht er aber auch davon aus, sich in China leichter eine gesicherte Existenz aufbauen zu können als bei seinen Schwestern in Positano.

Doch dann ändert sich mit einem Schlag die gesamte Lage. Am 7. Juli 1937 inszenieren die Japaner südwestlich von Beijing einen bewaffneten Zusammenstoß mit chinesischen Soldaten, um sich einen Vorwand für eine breite Invasion an der ganzen ostchinesischen Küste zu verschaffen. Gerhard Flatow erlebt den Vorstoß der japanischen Armee auf Shanghai auf dem Hochhausdach des Hamilton House und verfolgt mit einem Fernglas die Angriffswellen auf die Stadt.

Japanische Marineflieger in ihren Eindecker-Jagdflugzeugen vom Typ A5M mit dem Emblem der aufgehenden Sonne auf ihren Flügeln – der offiziellen Kriegsflagge des Tennos – bombardieren stundenlang die unglückliche Stadt. Ganze Wohnviertel gehen in Flammen auf, schwarzer Rauch zieht über die Häuser. Auf dem breiten Fluss Huangpu Jiang, der sich mitten durch Shanghai schlängelt, versenken die japanischen Elitepiloten ein Kriegsschiff.

Gerhard Flatow beobachtet das Geschehen vom Dach aus nicht allein, sondern zusammen mit einem stämmigen Mann mit sauber gescheiteltem schütterem Haar. Der frühere Polizei-Hauptmann an seiner Seite gehört zu den schillerndsten und einflussreichsten Deutschen im China der dreißiger Jahre: Walther Stennes, der Chef der Leibgarde Chiang Kai-sheks, der ehemalige Führer der Nazi-Schlägertruppe SA in ganz Ostdeutschland und gescheiterte Drahtzieher eines Putschversuchs gegen Hitler. Der junge Flatow schließt damals in Shanghai Freundschaft mit dem 15 Jahre älteren Stennes, der nach einer zwischenzeitlichen Inhaftierung bereits 1933 nach China emigriert war und der sich vom Bewunderer Hitlers in einen seiner ärgsten Gegner verwandelt hatte.[32]

Die beiden Deutschen fühlen sich während des Angriffs relativ sicher, wie die anderen Ausländer im sogenannten International Settlement und in der französischen Konzession auch. Diese Stadtteile stehen seit Jahrzehnten unter exterritorialer Verwaltung. Die Japaner achten deshalb im Sommer 1937 bei ihrem Flugzeugangriff peinlich darauf, keine Bomben auf die ausländischen Quartiere zu werfen und damit eine internationale Kettenreaktion auszulösen. Und ihre Soldaten dringen später auch nicht in die beiden Bezirke ein, als sie Shanghai am 13. November 1937 nach schweren Kämpfen endgültig besetzen.

Ähnlich verhalten sich die japanischen Truppen wenig später in Nanjing, wo sie zwar Tausende von Chinesen massakrieren, aber die offizielle Schutzzone um das Wohnhaus des deutschen Siemens-Vertreters John Rabe respektieren. Die Geschichte des »guten Nazis von Nanjing«, der Tausende Chinesen mit einer vier mal sechs Meter großen Hakenkreuzfahne vor den japanischen Bombern schützt, liefert viele Jahre später den Stoff für mehrere Bücher und Filme.[33]

Obwohl sich die beiden Flatow-Brüder also vorläufig noch sicher fühlen können, melden sie sich spontan beim Shanghai Volunteers Corps, einer paramilitärischen Einheit unter britischem Befehl, die vorsichtshalber an den Eingängen der Ausländerbezirke in Stellung geht. Sie hätten sich gemeinsam mit anderen Freiwilligen aus verschiedenen Ländern sofort »Colts umgehängt« und seien »mit Stahlhelmen ausgerüstet« worden, heißt es später etwas großsprecherisch in Flatows Selbstzeugnissen.

Ihr Zorn auf die Japaner sei so heftig gewesen, dass sie damals zu allem bereit gewesen wären. Einige wenige andere Deutsche schließen sich den beiden an und treten ebenfalls in das internationale Korps ein. Das Geschäft rückt vorübergehend in den Hintergrund. Gerhard Flatow beginnt in diesen Monaten erstmals, sich ernsthaft mit den Broschüren der Kommunistischen Partei Chinas zu beschäftigen, die nun auch auf Englisch erscheinen. Mao ruft Chiang Kai-shek darin zu einer »antijapanischen Einheitsfront« auf, »um China zu retten«.

Die deutschen Kaufleute und Diplomaten in Shanghai geraten durch den plötzlichen Ausbruch des Kriegs in eine Zwickmühle: Das Deutsche Reich gilt seit 1936 als offizieller Verbündeter Japans. Beide Staaten haben sich in dem sogenannten Anti-Komintern-Pakt zwar nicht zu gegenseitiger militärischer Hilfe verpflichtet, wohl aber zu einer engen Zusammenarbeit gegen den gemeinsamen Feind Sowjetunion. Emotional stehen die meisten Deutschen in China jedoch auf der Seite Chiang Kai-sheks. Und auch wirtschaftlich versprechen sie sich mehr vom China-Geschäft als von gemeinsamen Projekten mit den Japanern.

Auch die diplomatischen Vertreter des Deutschen Reichs in China betreiben seit Monaten eine Art Schaukelpolitik – und vermeiden zunächst eine klare Parteinahme für Japan. Der deutsche Botschafter spricht von »Pendelschlägen mal nach der chinesischen, mal nach der japanischen Seite« ohne klaren »Generalnenner«.[34] Doch den meisten Deutschen, die schon länger in China leben, schwant seit dem Angriff der Japaner auf Shanghai: Diese Position wird sich politisch nicht mehr lange durchhalten lassen. Das Deutsche Reich muss sich entscheiden.

Für Gerhard Flatow beseitigt die neue Lage einen inneren Konflikt: Jedes Geschäft mit Chiang Kai-shek geht in seinem Kopf nun als patriotische Tat für China durch. Und ganz China steht aus seiner Sicht jetzt auf der richtigen Seite: Wer gegen die Japaner kämpft, kämpft auch gegen ihren europäischen Verbündeten Hitler. Das Weltbild des erklärten Antifaschisten Flatow ist wieder geradegerückt – jedenfalls fürs Erste.

Mit dem weiteren Vordringen des japanischen Militärs in den nächsten Wochen geht allerdings auch in der Far Eastern Branch des Otto-Wolff-Konzerns die Panik um. Schon am 5. August warnen Beeck und seine wichtigsten Mitarbeiter in Shanghai in einem gemeinsamen Brief an die Zentrale vor »tiefgreifenden Wirkungen auf unser China-Geschäft«. Flatow unterschreibt nicht. Vorsichtshalber weist der wankelmütige China-Chef, der bei den neuen starken Männern in der Konzernspitze um Rudolf Siedersleben keinen guten Ruf genießt, in seinem Brief schon einmal alle Schuld für mögliche Verluste von sich: Die Far Eastern Branch habe »ohne Unterlass auf die gefährliche Lage im Norden hingewiesen und betont, dass das politische Risiko auf kräftigere Schultern abgewälzt werden müsse, da eine rein kaufmännische Basis für unser Geschäft nicht zu finden sei«.[35] Am 21. August 1937 kabelt Beeck aufgeregt nach Köln: »Jegliche Verbindung« ins Innere Chinas sei durch die Kriegswirren unterbrochen. Shanghai selbst sei inzwischen »schwerst bedroht und lebensgefährlich«.[36]

Einige Mitarbeiter der Far Eastern Branch setzen sich schnell nach Manila auf den Philippinen ab – und auch Beeck möchte am liebsten weg. Doch der alte Otto Wolff will davon nichts wissen und besteht auf seinem Bleiben. Einige Monate später ordnet er in einem kühlen

Brief an seinen bisherigen Vertrauten an, Japan werde seiner »primitiven Meinung nach« die Belastung eines Kriegs in China auf Dauer nicht aushalten. Beeck solle daher mit einem kleinen Stab weiterhin im Lande bleiben, »damit wir rechtzeitig wissen, was gespielt wird und ob es zu einer Verständigung (zwischen China und Japan) kommt«.[37]

Für Gerhard Flatow, der wegen seiner drohenden Verhaftung als Kommunist und »Halbjude« ohnehin nicht nach Deutschland zurückkehren kann, kommt die Entscheidung Otto Wolffs gerade recht. Auch sieht er eine Chance gekommen: Je ängstlicher der Pessimist Beeck auf die Gefahren reagiert, desto mehr schiebt sich in Shanghai sein aufstrebender Angestellter, mittlerweile 26, in den Vordergrund. Flatow traut sich nach den Lehrjahren in Shanghai jetzt alles zu.

Der alte Otto Wolff holt sich auch bei den Reichsbehörden in Berlin ein Plazet für seine Durchhaltetaktik in China. Der »Reichs- und preußische Wirtschaftsminister« bescheinigt dem Konzern am 22. September 1937 auf Anfrage schriftlich, man habe »keine handelspolitischen Bedenken« gegen die Fortsetzung seines bisherigen China-Geschäfts.[38] Sein Generalbevollmächtigter Siedersleben zerstreut gleichzeitig auch die Sorge der deutschen Banken, der Konzern könne sich in China finanziell verheben. Die Lkw-Lieferungen nach China würden »trotz der Kriegswirren fortgesetzt«, eine Garantie der Bank of China für die Bestellung von weiteren 1 000 Fahrgestellen liege bereits in Köln vor.[39]

Gerhard Flatow soll sich darum kümmern, dass sie auch ankommen. Während sich andere deutsche Konzerne bereits aus China zurückziehen, hält Otto Wolff treu zu Chiang Kai-shek. Der Staatschef dankt es ihm mit einem »hohen Orden«, wie der Industrielle von einem seiner Mitarbeiter erfährt: dem »Großkreuz des Jadeordens mit blauem Band«.[40] Für ein paar Monate sieht es so aus, als ob das Dritte Reich im Krieg zwischen Japanern und Chinesen eine neutrale Position bezieht.

Mit der Besetzung der ganzen Küstenregion – dem wirtschaftlichen Herz Chinas – lösen die Japaner eine große Fluchtbewegung in Richtung Westen aus. Die Truppen Chiang Kai-sheks weichen immer weiter ins Innere des Landes zurück, sein Regierungsapparat flüchtet nach Hankou, dem heutigen Wuhan, sechshundert Kilometer westlich der bisherigen Hauptstadt Nanjing.

Viele reiche Chinesen setzten sich ebenfalls in die Gebiete ab, die noch nicht unter japanischer Herrschaft stehen. Zu ihnen gehört auch die 22-jährige Wu Mei, eine zierliche Studentin aus der Nähe von Suzhou, der vielleicht schönsten Stadt Chinas. Eigentlich wollte die junge Chinesin aus einer begüterten Familie (ihr Vater arbeitet als Direktor der chinesischen Postbank)[41] ihr Studium in den USA fortsetzen. Nun gibt sie diese Pläne vorerst auf.

Erst verschlägt es sie zum provisorischen Regierungssitz nach Hankou, dann kauft sie eine Eisenbahnfahrkarte nach Südchina. Von Kanton (Guangzhou) aus will sie zu ihrer Schwester in das benachbarte Hongkong weiter – um Schutz in der britischen Kronkolonie zu suchen. Im Zug nach Kanton begegnet sie einem jungen Mann, der sie von der ersten Minute an ungestüm umwirbt: Gerhard Flatow. Für ihn ist es Liebe auf den ersten Blick, während sie zunächst kühl reagiert. Immerhin lässt sich Wu Mei seine Visitenkarte aushändigen. Es ist der Beginn einer stürmischen Beziehung mit vielen Höhen und Tiefen, die fast zehn Jahre halten sollte. In Hongkong sehen sich die beiden 1938 wieder. Gerhard Flatow ist aus dem japanisch besetzten Shanghai mit dem gesamten Otto-Wolff-Büro in die britische Kronkolonie umgezogen, um die Geschäfte mit Chiang Kai-shek von dort aus sicher weiterzubetreiben. Auch sein Bruder Dieter wohnt nun in der Stadt.

Gerhard verdient jetzt genügend Geld, um die umschwärmte Mei jedes Wochenende auszuführen. Man geht tanzen, in teure Restaurants, in die vielen Kinos der Stadt – und fährt bei gutem Wetter zum Schwimmen in die Buchten des kleinen Küstendorfs Stanley im Süden der eigentlichen Insel Hongkong.[42] Ein Foto aus dieser Zeit zeigt Gerhard und Mei mit seinem nagelneuen Ford Roadster auf der Straße nach Stanley, ein anderes das junge Paar vor dem Aufbruch in eines der zahlreichen Ausflugslokale: Sie im traditionellen bodenlangen, seitlich geschlitzten Qipao-Kleid mit Blumenmuster, er im blütenweißen Anzug eines begüterten europäischen Kolonialherren.[43] Gerhard blickt auf dem Foto sichtlich stolz auf die klassische chinesische Schönheit an seinem Arm mit ihrem hochgesteckten Haar und ihren großen, dunklen Augen.

Am 1. Juni 1939 heiraten die beiden und beziehen ein Haus in Kowloon – dem Chinesenviertel der Kronkolonie auf dem Festland, das mit der Insel Hongkong durch die kurze Fahrt mit der Star Ferry verbunden ist. In den nächsten Jahren führen Gerhard und Mei eine Ehe, die gleich mehrfach vor dem Scheitern steht. Der junge Ehemann erweist sich in den Augen Wu Meis schon bald als notorischer Schürzenjäger, der ständig anderen Frauen nachsteigt und nichts von geruhsamer Zweisamkeit in einem traditionellen chinesischen Haushalt wissen will, wie sie seine Frau ersehnt.

Gerhard zieht es weiter hinaus ins Vergnügen, in Bars und Tanzhallen, wo europäische Männer mit jungen Chinesinnen flirten. »Es war fast wie eine Krankheit«, schreibt Wu Mei später: »Wer weiß, mit wie vielen Frauen Gerhard in seinem Leben geschlafen hat.« Die Geburt des Sohns Michael am 26. Mai 1943, Gerhards einzigen Kinds, sollte das Paar noch einmal für einige Zeit zusammenschweißen. Doch im Herbst 1948 trennen sie sich endgültig – und Mei heiratet kurz darauf in einer seltsamen Wendung ihres Lebenswegs Gerhards Bruder Dieter.[44]

Einigkeit herrscht zwischen Gerhard und Mei schon am Anfang ihrer Beziehung nicht. Mei möchte sich nach der Hochzeit am liebsten für längere Zeit in Hongkong einrichten, doch Gerhard denkt bereits an die Übersiedlung nach Chongqing. Das politische Geschehen verschiebt sich immer mehr in die Großstadt am Zusammenfluss von Jangtse und Jialing tief im Innern Chinas, die als unerreichbar für die Bodentruppen der Japaner gilt. Chiang Kai-shek hat bereits damit begonnen, seinen gesamten Regierungsapparat Stück für Stück nach Chongqing zu verlagern, nachdem Nanjing und danach Hankou den japanischen Truppen nicht mehr standhalten konnten. Und auch Maos wichtigster Mitarbeiter, der spätere Ministerpräsident Zhou Enlai, bezieht als offizieller Vertreter der Kommunisten dort bereits im Dezember 1938 Quartier. Die am 12. August 1938 offiziell besiegelte Einheitsfront der Kuomintang und der KP gegen die Japaner bündelt ihre Kräfte.

Auch das Waffenamt Chiang Kai-sheks – für die Geschäfte des Otto-Wolff-Konzerns in China inzwischen der wichtigste Ansprechpartner – zieht mit Sack und Pack nach Chongqing um. Flatow pendelt deshalb in diesen Monaten ständig zwischen Hongkong und Chongqing hin und her. Am 15. April 1939 verhandelt er dort mit General Yang, der seit seinem Ingenieurstudium an der TU Berlin auf deutsche Technik schwört, über die Lieferung von 300 weiteren Diesellastern nach China.[45] Bei seinen Aufenthalten in der Stadt bemüht sich Flatow gleichzeitig aber auch um einen direkten Kontakt zur KP Chinas – zunächst allerdings vergeblich.[46]

Statt sich in Hongkong einzuleben und um seine junge Frau kümmern zu können, liegen vor Gerhard Flatow Monate hektischer Betriebsamkeit. Ganz oben auf der Liste der Otto Wolff Far Eastern Branch steht weiter die Beschaffung von chinesischem Wolfram und anderen Rohstoffen, die für die deutsche Rüstungsindustrie wichtig sind. Aktivitäten, die ins Fadenkreuz des japanischen Geheimdienstes geraten: Am 6. Mai 1939 versucht ein Direktor Kitamura von der Yokohama Specie Bank in der Berliner Geschäftsstelle von Otto Wolff Erkundigungen einzuholen, bekommt aber eine Abfuhr. Die Informationen über derartige Geschäfte seien »unter allen Umständen falsch«, erklärt man dem Japaner.[47]

In Wahrheit bemüht sich der Konzern jedoch um weitere geheime Lieferungen aus China – in direkter Absprache mit Reichsmarschall Hermann Göring, der sich als »Beauftragter für den Vierjahresplan« um die finanzielle Absicherung und die Devisenbeschaffung für kriegswichtige Importe kümmert. Bei diesen streng geheimen Transaktionen Görings mit Wertpapieren aller Art bereichern sich auch Siedersleben und der ganze Konzern an den Provisionen, die bei der Verschiebung jüdischer Devisenguthaben aus neutralen Staaten wie der Schweiz und Schweden ins Deutsche Reich anfallen.[48] Gleichzeitig nehmen die Verhandlungen über weitere Lastkraftwagen für China Fahrt auf. Gerhard Flatow erhält dafür von seinem Chef Beeck Prokura – und zeichnet nun im offiziellen Schriftverkehr des Konzerns erstmals persönlich. Und in der Korrespondenz mit der Firmenzentrale in Köln nun auch mit der vorgeschriebenen Grußformel »Heil Hitler!«.[49]

Das Geschäft gilt als so wichtig, dass die Durchschriften aller Briefe Flatows sowohl an Otto Wolff selbst als auch an seinen Generalbevollmächtigten Siedersleben gehen. Fast jede Woche treffen neue Anfragen und Bestellungen chinesischer Generäle bei Flatow ein.[50] Nach einem gemeinsamen Besuch mit seinem Chef Beeck meldet Flatow am 13. Juli 1939 nach Köln, der neue Großauftrag für Daimler-Fahrgestelle könne nun »als uns fest erteilt angesehen« werden.[51] Und nur vier Tage später stellt der umtriebige Angestellte eine größere Bestellung von Lkw-Ersatzteilen für Nordchina in Aussicht.[52]

Die Geschäfte laufen wie geschmiert, weil Flatow mittlerweile auch die Kunst beherrscht, die richtigen Leute im chinesischen Militär und in der Regierung zu bestechen. Ohne den sogenannten Squeeze – einen prozentualen Aufschlag für Vermittler und höhere Beamte – läuft unter der korrupten Kuomintang-Herrschaft nämlich gar nichts. In einem Brief an die Zentrale in Köln fragt der eifrige junge Mann am 25. Juli

1939 offiziell nach einem »Gratiswagen« für »Herrn General Wang«, der sich noch vor kurzem »sehr gegen die Anschaffung von Daimler-Benz-Dieselwagen gewehrt« habe. Durch die Überlassung eines Fahrzeugs könne man ihn sich aber sicherlich »zum Freund machen«.[53]

Alles hätte so weitergehen können, doch die Weltlage dreht sich erneut: Am 24. August 1939 schließt Hitler nach kurzen Geheimverhandlungen einen Nichtangriffspakt mit Stalin – und mit einem Überraschungsangriff auf Polen beginnt am 1. September der Zweite Weltkrieg. Großbritannien erklärt im Gegenzug Hitler den Krieg. In der britischen Kronkolonie Hongkong gilt Flatow damit nun als feindlicher Ausländer und muss mit seiner sofortigen Internierung rechnen.

Hals über Kopf setzen sich Mei und Gerhard ins benachbarte Macao ab, das unter der Verwaltung Portugals steht und sich daher neutral verhält. Dieter Flatow und sein Freund Karl Heinz Markus schließen sich den beiden an. Zu viert geht es auf abenteuerlichen Wegen weiter in Richtung Chongqing. Mei beschreibt die unbequeme Reise in ihren Erinnerungen als eine einzige Tortur und spart dabei nicht mit beleidigten Seitenhieben auf ihren damals frisch angetrauten Ehemann.

Per Luftlinie liegen nur gut 1000 Kilometer zwischen Macao und Chongqing, aber die vier brauchen drei Monate. Mit öffentlichen Bussen, Lastern, Fähren, Ruderbooten und sogar Sänften geht es unter großen Strapazen durch drei Provinzen und viele fast menschenleere Landkreise, über zahlreiche Flüsse und schließlich die hohen Berge, die Chongqing hufeneisenförmig vom Rest Chinas abschließen. Gerhard lacht Mei aus, weil ausgerechnet sie als Chinesin nicht weiß, wie man sich richtig in eine Sänfte setzt. Als sich ihr Rücken vom langen Sitzen in der schaukelnden Trage entzündet, zeigt ihr Ehemann angeblich kein großes Mitleid, nur sein Bruder hilft.[54] Nach fast fünf Jahren in China – die er teils unter einfachsten Bedingungen in einem Eisenbahnwaggon verbracht hatte – ignoriert Gerhard den allgegenwärtigen Schmutz und Gestank, die fettigen Mahlzeiten, die primitiven Herbergen und unzumutbaren Straßen unterwegs, die seine Frau und sein Bruder Dieter aus tiefstem Herzen hassen.

In der zweiten Dezemberhälfte 1939 kommt die kleine Reisegesellschaft endlich in Chongqing an.

KAPITEL 3

Wie sich ein Kaufmann in einen Spion verwandelt und wieder zurück

1940–45

Chongqing, das Zentrum der Provinz Sichuan, eine Stadt wie ein Faustkeil zwischen den mächtigen Jangtse und seinen nördlichen Nebenfluss Jialing geschlagen, nimmt in diesen Wochen viele neue Menschen auf. Ende der dreißiger Jahre leben in zwei große Stadtgebieten 250 000 Einwohner, deren Zahl sich innerhalb kürzester Zeit verdoppelt. Die Oberstadt im Norden und die Unterstadt im Süden sind beide nur mit Booten und Fähren über die beiden Flüsse hinweg von der bergigen Umgebung aus erreichbar. Eine Ansammlung von Treppen, unzähligen krummen Gassen und nur wenigen Straßen, durch deren dauerndes Gewimmel sich die grünen Lastwagen der Kuomintang-Armee quälen, Tausende von Rikschas und Zehntausende von Tagelöhnern mit Kartons, Bastkörben und lebenden Schweinen an ihren traditionellen Tragestangen. Die Stadt mit den schwülheißen Sommern und nasskalten Wintern, des Dauerregens und der tagelangen Nebeldecken, wo die Hunde bellen, wie die Chinesen sagen, wenn sie ausnahmsweise einmal die Sonne erblicken. Hier leben Menschen, deren Dialekt der Rest des Landes kaum versteht und deren höllenscharfe Gerichte kaum ein anderer Chinese verträgt.

Die Stadt ist der Ausgangs- und Endpunkt der großen Dampferlinien nach Shanghai, die sich mit ihren Schiffen durch die gefährlichen engen Drei Schluchten manövrieren, bevor sie das große, flache Becken des chinesischen Kernlands erreichen. Durch seine besondere Lage bereits ein wichtiger Handelsplatz, verwandelt sich Chongqing durch den Umzug der Regierung und die Verlagerung von demontierten Fabrikanlagen aus dem Osten Chinas innerhalb weniger Monate in eine Industriestadt. Das Hauptquartier Chiang Kai-sheks und wenig später sogar die geschäftige Hauptstadt Chinas, in die auf der Flucht vor den Japanern Tausende von Generälen, Beamten, ausländischen

Journalisten und Geheimagenten einfallen. Die Stadt der ständigen Intrigen, der geheimen Gesprächsrunden, des verdeckten Machtkampfs zwischen Kommunisten und Kuomintang, die offiziell gemeinsam gegen die japanischen Feinde Krieg führen, aber vor allem auf den Entscheidungskampf gegeneinander lauern. Ein Ort der Schrecken, wo immer wieder über Nacht Menschen in den Kellern der Geheimpolizei verschwinden und die Leichenträger jeden Morgen Tote auf den Straßen aufsammeln.

Als die beiden Flatow-Brüder, Wu Mei und ihr gemeinsamer Freund Karl Heinz Markus in Chongqing eintreffen, hängen die Wolken tief über der Stadt. An solchen Tagen kommen die japanischen Bomber nicht nach Sichuan durch. Sobald es aber aufklart, vor allem im Sommer, geht in Chongqing die Angst um. Gegen die neuen japanischen Kampfflugzeuge vom Typ Zero kommt Chiang Kai-sheks Flugabwehr nicht an. Und die Elitepiloten des Tennos nutzen ihre völlige Luftüberlegenheit, um die Stadt nach und nach in Schutt und Asche zu legen. 268 Angriffe fliegen die Japaner zwischen 1939 und 1943, insgesamt 11 500 Bomben fallen auf Chongqing, Tausende von Chinesen sterben. Erst die tiefen Luftschutztunnel, mit denen chinesische Arbeiter nach und nach die Felsen der Stadt durchziehen wie einen Ameisenhügel, geben etwas Sicherheit.

Gerade erst nach den großen Strapazen ihrer langen Reise glücklich in Chongqing angekommen, debattieren die vier wenig später bereits wieder über den Absprung. Dieter Flatow und Karl Heinz Markus machen sich schon Ende Januar 1940 auf den schwierigen Weg zurück nach Shanghai – niedergeschlagen von den Zerstörungen und der allgemeinen Verzweiflung, aber auch, weil sie in Chongqing keine Arbeit finden.[1] Wu Mei und Gerhard aber richten sich provisorisch ein.

Unter den Expatriates in der Stadt bestimmen eindeutig die Briten den »Charakter des privaten Lebens«, wie Flatows Freund Otto Hamburger bereits einige Jahre vorher bemerkt hatte.[2] Sie bemühen sich um die üblichen Annehmlichkeiten ihres kolonialen Lebensstils, obwohl sie im wilden Westen Chinas eigentlich Tag und Nacht von der »Rückkehr in die Zivilisation« Shanghais träumen.[3] Allmählich kommen auch immer mehr Amerikaner nach Chongqing. Anders als in Shanghai halten sich dort nur wenige deutsche Geschäftsleute, Diplomaten, Militärberater und Zeitungsleute auf. Das deutsche Konsulat betreut offiziell nur

50 Bürger in seinem ganzen Einzugsbereich, der bis in die Nachbarprovinz Yunnan nach Kunming reicht.[4]

Gerhard Flatow spricht später von einer »sehr kleinen verschworenen Gemeinschaft«, die ihn freundlich aufgenommen habe, obwohl er in ihren Augen »gleich dreifach vernagelt« gewesen sei: »Erstens als Halbjude und zweitens mit einer Chinesin verheiratet und auch politisch abseitig«.[5] Obwohl in Europa zwischen dem Deutschen Reich und England Krieg herrscht, pflegt man in der internationalen Community weiterhin Umgang miteinander. Insgesamt haben dort zu dieser Zeit nur rund 200 westliche Ausländer ihren ständigen Lebensmittelpunkt.[6]

Im beliebten »Chungking Club«, dem täglichen Treffpunkt ausländischer Geschäftsleute, einigt man sich darauf, sowohl die Bilder der englischen Königsfamilie als auch das Foto Adolf Hitlers abzuhängen, um keinen Dauerstreit zu provozieren. Gerhard Flatow verkehrt dort auch mit Presseleuten wie dem Amerikaner Tillman Durdin, dem Vertreter der *New York Times*, und dem umtriebigen Russen Wladimir Rogow, der offiziell als Korrespondent der sowjetischen Nachrichtenagentur Tass in der Stadt arbeitet, in Wahrheit aber als Major des Militärgeheimdienstes GRU ein großes Agentennetz in ganz China führt.

Fotos aus dieser Zeit zeigen Gerhard Flatow häufig nicht mehr in der steifen Angestelltenkluft der Shanghaier Zeit und seinen typischen Tweed-Jacken, sondern in luftigeren Kolonialanzügen. Dafür sorgt schon das schwüle Klima in der Stadt. Seine Garderobe, offenbar von Wu Mei in den letzten Monaten vervollständigt, signalisiert modische Lässigkeit. Sogar weiße Schuhe gehören zum Outfit. Und auch aus seinem Gesicht spricht mehr Selbstbewusstsein. Auf einem Foto wirft Flatow den Kopf in den Nacken, um seiner fast gleich großen Frau von oben herab in die Augen schauen zu können. Mir kann keiner – so möchte man als Unterzeile hinzufügen. Und so fühlt er sich auch.

Chongqing sollte sich für Gerhard Flatow als erster großer Wendepunkt seiner China-Jahre erweisen. Es sind vier Männer und eine Frau in der Stadt, die sein Leben in den nächsten Wochen nachhaltig verändern: Der mit allen Wassern gewaschene China-Veteran Walther Stennes, der Gerhard nun ganz in seinen Bann zieht. Der chinesische Geheimdienstchef Dai Li, der ihn für seinen Spionagering rekrutiert. Rudolf Hamburger, der Bruder Otto Hamburgers und sowjetische Agent, dem Flatow das Leben rettet. Der Nazi Wolf Schenke, der als

Korrespondent des *Völkischen Beobachters* und als Vertreter der deutschen Abwehr in Chongqing arbeitet. Und schließlich Anna Wang, die blonde Ehefrau eines führenden Funktionärs der KP Chinas, deren Zugang zur Führungsgruppe der chinesischen Kommunisten Flatow bewundert. Alle fünf ziehen den jungen Abenteurer in das verwirrende Vexierbild der chinesischen Parteipolitik hinein und in die undurchschaubare Welt der Geheimdienste, in der nichts so ist, wie es auf den ersten Blick scheint. Durch sie verwandelt sich Flatow in einen Mann, der von nun an virtuos mehre Rollen gleichzeitig spielt: als Agent in der Welt der Geheimdienste und als politischer Strippenzieher, als Vertreter der deutschen Industrie und als Weggefährte der KP Chinas.

Die Kommunisten unterwandern in Chongqing fleißig die Kuomintang und umgekehrt die Nationalisten die KP Chinas. Chiang Kai-shek verhandelt heimlich mit den Japanern, die Japaner benutzen aber taktisch auch die KP Chinas gegen die Kuomintang. Die Deutschen suchen ihren Vorteil auf beiden Seiten des Krieges, die Amerikaner und Briten spionieren deshalb wiederum die Deutschen aus – und die sowjetischen Agenten bespitzeln alle gleichzeitig und trauen niemandem, schon gar nicht ihren kommunistischen Bundesgenossen.

Oft lösen sich die rätselhaften Machtspiele dieser Monate erst viele Jahre später auf. So entdeckt Flatow erst 1963 durch einen Zufall, dass einer seiner wichtigsten damaligen Ansprechpartner im Waffenamt der Kuomintang in Wahrheit verdeckt für die KP Chinas tätig war.[7] Es ist ein wilder Reigen von Spionen und Gegenspionen, von Wichtigtuern und wirklich wichtigen Menschen, von Berufsrevolutionären und romantischen Dilettanten, der sich in Chongqing in diesen Jahren immer schneller dreht und jeden aus dem Gleichgewicht wirft, der nicht aufpasst. Gerhard Flatow erliegt der Versuchung, aufs Karussell zu springen. Seine ausgeprägte Abenteuerlust treibt ihn in diese gefährliche Welt. Und sein bisheriges Leben der großen Geschäfte und des schnellen Geldes gerät gleichzeitig schon wieder aus den Fugen, was alles noch komplizierter macht.

Am 22. Januar 1940 stirbt der alte Otto Wolff, Mehrheitseigentümer des gleichnamigen Konzerns, mit nur 59 Jahren nach langer Krankheit in Berlin. Zwei Tage später bringt sich Flatows Förderer Paul Beeck um. Benno Lombard, der Vertreter der IG Farben in China, findet seinen Nachbarn an einem dieser »hässlichen Chongqing-Tage«, an denen sich der Nebel von morgens bis abends nicht auflöst, mit einem Colt in der Hand tot auf dem Bett.[8] Die Nachricht verbreitet sich schnell unter den wenigen Deutschen in der Stadt.

War es die Trauer über den Verlust seines Freundes Otto Wolff oder die Angst vor den neuen Konzernherren in Köln, die Beeck in den letzten Wochen immer weiter aufs Abstellgleis geschoben und »unter Druck gehalten« hatten?[9] Waren es die düstere Stimmung in Chongqing, die ganze dumpfe Perspektivlosigkeit in der unzugänglichen Fremde, die zunehmende Isolierung, die Einsamkeit? Alle rätseln, warum er sich erschossen hat. Gerhard Flatow berichtet viele Jahrzehnte später, Beeck habe sich schon lange vor seinem Selbstmord »mit Schnaps volllaufen lassen der Bewusstlosigkeit entgegen«.[10] Die Deutschen in der Stadt tuscheln auch über eine sehr attraktive Chinesin, seine junge Geliebte Julia. Sie habe ihn erpresst und eine »astronomische Summe in englischen Pfund« von ihm gefordert, als er sich von ihr trennen wollte.[11] Einen Abschiedsbrief hinterlässt der 47-Jährige nicht.

Flatow, mittlerweile 29 Jahre alt, geht der plötzliche Tod seines väterlichen Freundes sehr nahe. Zwar lag er schon lange in vielen geschäftlichen Dingen mit ihm über Kreuz. Aber bei allem Streit bleibt Beeck für Flatow der Mann, »der mir überhaupt die Möglichkeit eröffnet hat, nach China zu gehen und anzufangen«. Schließlich sei er 1934 ja »nichts anderes als ein abgebrochener Student« gewesen.[12]

Flatow ahnt auch, dass nach dem gleichzeitigen Tod des alten Otto Wolff und seines Vertrauten Beeck der direkte Draht nach Köln abreißen wird. Die neuen Konzernherren um Siedersleben interessieren sich nicht mehr sonderlich für China – und die Geschäfte gestalten sich dort ohnehin immer schwieriger. Die Japaner haben alle großen Häfen Chinas in ihre Gewalt gebracht.[13] So bleibt für die Lieferung der bestellten Lkw-Fahrgestelle ins republikanische China nur noch der lange und beschwerliche Landweg über die Sowjetunion und Zentralasien oder die Verschiffung nach Indochina oder Burma.

Am 21. März 1940 weist der Finanzchef des Konzerns Gerhard Flatow in einem sechsseitigen Brief an, sich künftig »regelmäßig und fortdauernd um die Hereinholung der rückständigen Raten« aus dem Eisenbahngeschäft zu kümmern. Am liebsten möchte die Otto-Wolff-Spitze die ausstehenden Einnahmen schnell verpfänden und dafür Kredite in chinesischer Währung aufnehmen, um diese dann anschließend in Devisen umzutauschen und ins Deutsche Reich zu transferieren – eine elegante Lösung, um das China-Risiko ganz loszuwerden.[14]

Im Mai 1940 erhält Flatow aus Köln die Nachricht, dass die zuständigen Reichsbehörden die Lieferung von »Hans-Material« nach China – ein Deckname für Waffen – nicht länger genehmigen.[15] Ohne dass Flatow etwas davon ahnt, richtet sich der Otto-Wolff-Konzern zu diesem Zeitpunkt strategisch bereits komplett neu aus: Nun gelten die Japaner und nicht mehr ihre chinesischen Gegner als aussichtsreiche Geschäftspartner. Das Kölner Unternehmen schließt mit ihnen schon bald Geheimverträge über die Lieferung von Flugzeugflügelkanonen aus der Schweiz ab.[16] Auch in der japanisch besetzten Mandschurei laufen die Geschäfte gut, zum Beispiel mit Dampfturbinen für neue Kraftwerke. Japan steigt in der Prioritätenliste des Konzerns nach oben, China fällt steil nach unten. Und damit auch erst einmal Flatows firmeninterne Bedeutung.

Im Dezember treffen die letzten 100 Daimler-Benz-Fahrzeuggestelle über einen Hafen in Burma im südchinesischen Kunming ein[17] – dann ist Schluss: Am Silvestertag 1940 erhält der Konzern in Berlin die Nachricht, dass die Reichsbehörden weitere Geschäfte mit Chiang Kai-shek aus Rücksicht auf die Japaner »strikt ablehnen«[18]. Gerhard Flatow, der sich »bis zum letzten Flugzeug« noch um die Einfuhr von »Einspritzdüsen und Bombenelementen« für Chiangs Waffenamt bemüht hatte,[19] steht plötzlich ohne Beschäftigung da. Auf Anweisung der Otto-Wolff-Zentrale soll er zwar gemeinsam mit seinem chinesischen Freund und Mitarbeiter S. Y. Chen die Stellung in Chongqing halten, aber zu tun gibt es dort geschäftlich nichts mehr, außer die Überweisungen der Eisenbahngesellschaft zu verbuchen.

Als offizieller Nachfolger Beecks mit entsprechendem Gehalt ausgestattet, lebt Flatow nun das bequeme »Leben eines Grandseigneurs«[20]. Gerhard und Mei leisten sich ein Hausmädchen, einen hervorragenden Koch (der aus der Küche der französischen Botschaft kommt), einen Chauffeur und sogar einen Pferdemeister, der sich um Flatows Reitpferd kümmert. Mei schreibt später sichtlich stolz, man habe insgesamt zehn Bedienstete beschäftigt.[21] Ein Mercedes Diesel 170D steht zur Verfügung für »große Touren«, mit Hakenkreuz-Standern auf den Kotflügeln. Chen sorgt dafür, den gesamten Hausrat der Flatows aus Hongkong nach Chongqing zu schaffen.

Zunächst beziehen sie das Haus Beecks, wenig später wechseln sie in eine noch größere und schönere Kolonialvilla mitten im Diplomatenviertel der Stadt: das bisherige Anwesen seines Freundes Walther Stennes, der nun häufiger zwischen Chongqing und Shanghai pendelt.[22] In ihrem neuen Haus schmeißen die beiden schon bald große Gesellschaften, eine Zeit lang fünfmal pro Woche. Mei genießt zum ersten Mal eine standesgemäße Rolle als chinesische Gastgeberin und Gerhard behandelt sie überaus freundlich.[23] Nur die »ungeheure Brutalität« der japanischen Bombenangriffe trübt das Vergnügen des Paars – und erinnert Gerhard Flatow an seinen Schwur, »etwas gegen die Nazis und ihre japanischen Verbündeten zu unternehmen«[24].

Im April 1940 gerät er in eine der vielen dilettantischen Geheimdienstintrigen, die für Chongqing in diesen Tagen so typisch sind – aber trotzdem tödlich enden können. Im Zentrum der Affäre steht ausgerechnet der ältere Bruder Otto Hamburgers: Gemeinsam mit seiner Frau Ursula hält sich Rudolf Hamburger mit zahlreichen Unterbrechungen seit 1930 in China auf. Offiziell arbeitet er in Shanghai als Architekt für den Stadtrat. In Wahrheit steht das Ehepaar Hamburger aber in den Diensten Stalins: Beide sammeln Informationen für den Nachrichtendienst der Roten Armee GRU.

Ursula sollte später als eine der erfolgreichsten sowjetischen Spioninnen aller Zeiten in die Weltgeschichte eingehen: Erst baut sie mit Stalins »Meisterspion« Richard Sorge ein Netz von Agenten in China und Japan auf, das wichtige Informationen über den drohenden deutschen Angriff auf die Sowjetunion liefert. Später wirbt sie in England den Physiker Klaus Fuchs als willigen Informanten an, der bei seiner Arbeit für das hoch geheime »Manhattan Project« in den USA die wichtigsten Baupläne für die erste Atombombe fotografiert und sie den Sowjets zur Verfügung stellt. Und in der DDR veröffentlicht Ursula 1977 – inzwischen eine hochdekorierte sowjetische Offizierin mit dem Rang eines Obersten – unter dem Pseudonym Ruth Werner einen (allerdings in vielen Teilen frisierten) Bericht über ihr Leben, der zum Bestseller wird.[25]

Ihr Mann Rudolf erweist sich im Handwerk der Spionage jedoch im Gegensatz zu seiner Frau, die sich schon bald von ihm scheiden lässt, als absoluter Stümper. »Unerfahren und vom Pech verfolgt«[26], fällt der gelernte Architekt schon bei seiner Ankunft in Chongqing merkwürdig auf. Der damals 36-Jährige steigt im »Chungking Hostel«, wo viele Ausländer untergekommen sind, unter falschem Namen ab, wird aber sofort erkannt. Die amerikanische Schriftstellerin Emily Hahn, die in diesen Wochen ebenfalls dort wohnt, schreibt später: »Er war ein Geheimagent, und jeder wusste es.«[27]

Rudolf Hamburger gerät sofort ins Visier der nationalchinesischen Geheimpolizei, die wenig später im Hotel auftaucht. Emily Hahn schildert die Szene wie einen schlechten Krimi: »Der Deutsche protestierte, er habe nichts zu verbergen, obwohl sie (die Geheimpolizisten, d. Verf.) bereits sein Zimmer durchsucht und ein Funkgerät entdeckt hatten. Er zerkaute ein Stück Papier und versuchte, es hinunterzuschlucken, auf dem ein Code stand. Genau wie im Kino.«[28]

Die Folgen für Rudolf Hamburger sind dramatisch: Die Chinesen werfen ihn ins Gefängnis und wollen ihn hinrichten. Es ist Gerhard Flatow, der den gescheiterten Spion in letzter Minute rettet und durch dessen lebensgefährlichen Fehler gleich nachdrücklich seine erste Lektion in Geheimdienstarbeit lernt: Sorge dafür, dass deine Tarnung niemals auffliegt! Er selbst hält sich in den nächsten Jahren daran und posiert weiter als erfolgreicher deutscher Kaufmann, als er bereits ganz anderen Geschäften nachgeht.

Obwohl die Polizei den Verbleib Rudolf Hamburgers strikt geheim hält, erfährt Flatow, dass der Verhaftete im Sondergefängnis am Fuße des Bergs Gele Shan im Westen der Stadt verschwunden ist. In einem Geschäftstelegramm an seinen Bruder Dieter, der in Shanghai wieder für das deutsche Handelshaus Carlowitz & Co. arbeitet, fügt Gerhard am 3. Mai 1940 auf Deutsch ein paar kryptische Worte an den englischen Text an, die Dieter jedoch sofort versteht: »H.s Bruder sitzt als Späher im Kittchen und soll weggeputzt werden.«[29] Dieter Flatow übermittelt diese Botschaft sofort an Otto Hamburger, der selbst wiederum sofort das sowjetische Konsulat in der Stadt alarmiert.[30] Rudolf Hamburger schreibt später, die direkte »Intervention der Freunde« (also des sowjetischen Geheimdiensts) bei Chiang Kai-shek habe ihm damals das Leben gerettet. Die Chinesen weisen ihn einige Monate später nach Persien aus – aber der verkrachte Spion fällt vom Regen in die Traufe: Nach einer weiteren Verhaftung (dieses Mal durch die Amerikaner) und weiteren Abschiebung (dieses Mal nach Moskau) landet Rudolf Hamburger 1943 für zehn Jahre in einem sowjetischen Arbeitslager und anschließend für zwei Jahre in der Verbannung. Erst 1955 erlauben ihm die sowjetischen Behörden, in die DDR überzusiedeln.[31]

Seinen Bruder Otto und die beiden Flatow-Brüder aber macht die Episode endgültig zu sehr engen Freunden, die sich gegenseitig immer wieder beistehen: »Es war eine heitere Verbindung«, schreibt Otto Hamburger sehr viel später: »Wir drei waren auf der gleichen Wellenlänge.«[32] Was sie zunächst nicht ahnen: Alle drei geraten durch die Verwicklung in den Fall Rudolf Hamburger selbst auf den Radarschirm mehrerer Geheimdienste. Und zumindest Gerhard Flatow und Otto Hamburger kooperieren mit ihnen, wie die Akten in einschlägigen Archiven zeigen.[33]

Wie aber kam Gerhard Flatow überhaupt an die Informationen, die Rudolf Hamburger das Leben retten? Flatow selbst gibt darüber in seinen Selbstzeugnissen keine Auskunft. Doch wenn es kein Zufall war, dann kommt eigentlich nur einer als Quelle in Frage: Walther Stennes. Der elegante und charmante, überaus gesellige und fließend Englisch sprechende Hauptmann brilliert in vielen Rollen gleichzeitig: als Leiter der Leibgarde von Chiang Kai-shek und als persönlicher Berater von dessen überaus ehrgeiziger Frau Song Meiling; als inoffizieller Sprecher der deutschen Militärberater und als Mittelsmann der deutschen Rüstungsindustrie; als enger Vertrauter des Kuomintang-Geheimdienstes und als Kommandeur der persönlichen Flugstaffel des Präsidenten, der sogenannten Air Transport Squadron, die in Wahrheit hauptsächlich Guerillaaktionen gegen die Japaner vorbereitet.

Der Korrespondent der *New York Times* schreibt einige Jahre später, Walther Stennes sei in diesen Monaten in Chongqing »omnipräsent« gewesen: »Er war sehr freundlich und sympathisch, aber wir fanden niemals viel über ihn heraus.«[34] So oft sich Stennes auch in der Stadt bei Deutschen, Briten, Amerikanern, Russen und Chinesen sehen lässt und vor allem selbst als perfekter Gastgeber glänzt, so wenig verrät der Liebling der ganzen Gesellschaft über seine wirklichen Absichten.

Aller Wahrscheinlichkeit nach betätigt sich der Deutsche in diesen Jahren für fünf Geheimdienste gleichzeitig. Eindeutig überliefert ist seine Tätigkeit für die Nationalchinesen, die Briten und die Amerikaner. Für Chiang Kai-shek baut der energische und geradezu hyperaktive Berufsoffizier eine Sonderspionageeinheit gegen die Japaner auf, die sich hauptsächlich auf europäische Agenten stützt. Dort dockt auch Gerhard Flatow an.

Den Briten liefert Stennes Informationen aus dem innersten Kreis der Kuomintang. Der damalige Chef des britischen Nachrichtendienstes im fernen Osten, Charles Drage, schätzte ihn als »mächtigen Verbündeten«.[35] Auch mit den Agenten der amerikanischen OSS – der Vorläuferorganisation der CIA – arbeitet er nach dem Eintritt der USA in den Zweiten Weltkrieg ähnlich vorbildlich zusammen wie mit den Briten. Aber auch zum deutschen Geheimdienst pflegt der frühere Nationalsozialist weiterhin indirekte Beziehungen. Seine Verbindung läuft über das sogenannte »Büro Jahnke«, einen zunächst weitgehend eigenständig operierenden, dann aber ins Reichssicherheitshauptamt überführten Auslandsnachrichtendienst unter der Leitung des langjährigen Agenten Kurt Jahnke.[36] Der erfahrene Organisator hält offenbar über Stennes noch lange einen inoffiziellen Kommunikationskanal zu Chiang Kai-shek offen, nachdem das Dritte Reich seine offiziellen Beziehungen aus Rücksicht auf die japanischen Verbündeten bereits abgebrochen hatte.[37]

Offensichtlich aber liefert Stennes in diesen Monaten auch noch ausgewählte Informationen an eine fünfte Spionageorganisation: den sowjetischen Dienst für Auslandsaufklärung SWR, der ihn unter dem Decknamen »Drug« (das russische Wort für Freund) führt und sogar noch nach dem Ende des Zweiten Weltkriegs als Quelle abschöpft.[38] 1941 alarmiert er Stalin frühzeitig über den bevorstehenden Angriff der Wehrmacht auf die Sowjetunion – genauso eindringlich und genauso vergeblich wie ein anderer Spion: Richard Sorge. Ob man Stennes tatsächlich als Agenten der Sowjetunion bezeichnen kann, wie es einige Historiker tun, darüber streiten die Fachleute bis heute.

Wahrscheinlich geht es ihm bei allen seinen Geheimdienstverbindungen letztlich um eines: seiner neuen Wahlheimat China zu helfen und sich für die vielen Gunstbeweise der Kuomintang zu revanchieren. Die britische Schriftstellerin Freda Utley, die Stennes damals in Chongqing mehrmals trifft, bescheinigt ihm eine »sehr klare Loyalität«. Sein Verhältnis zu Chiang Kai-shek sei eines der »Zuneigung und Bewunderung« gewesen.[39]

Stennes versammelt in Chongqing einen Kreis von »hingebungsvollen Kollegen und Anhängern, die ihm mit absoluter und unkritischer Loyalität verbunden« waren, wie der britische Geheimdienstler Drage schreibt.[40] Zu ihnen gehört Gerhard Flatow. Der teilt zwar nicht die Begeisterung seines älteren Freundes für Chiang Kai-shek, aber bewundert ihn als charismatischen »Macher« mit vielfältigen Kontakten. Während sich Stennes geschickt im Hintergrund hält, stürzt sich Flatow mit den anderen aus der Gruppe in »alle möglichen kriegsähnlichen Aktionen« gegen Japan. Es geht um die Beschaffung von Informationen über die Japaner, die Abwehr feindlicher Geheimdienste, die Planung von Sabotage- und Blockade-Aktionen.[41] Für Flatow ein erster Sommer rastloser Betriebsamkeit und Geheimbündelei, der jedoch wenige greifbare Erfolge bringt. Der britische Geheimdienstprofi Drage macht sich sogar über die Amateurtruppe lustig, die sich wenig um die »harsche Realität« im Land schere und stattdessen einen Plan nach dem anderen schmiede und regelmäßig fein säuberlich auf Papier bringe, aber in der Praxis genauso regelmäßig scheitere.[42] Erst als Stennes seinen Freund Flatow in direkten Kontakt mit dem Geheimdienst Chiang Kai-sheks bringt, begreift der die Finessen des Spionagehandwerks richtig.

Immerhin lernt Gerhard Flatow in den Monaten mit Stennes, die kleine deutsche Gemeinde in Chongqing von nun an genau zu beobachten. Sein besonderes Interesse erregt ein schmächtiger junger Mann, der bevorzugt mit kurzen weißen Hosen und Stiefeln durch die Stadt paradiert. Offiziell vertritt der 26-jährige Wolf Schenke den *Völkischen Beobachter* und die deutsche Presseagentur DNB in China, arbeitet jedoch in Wahrheit für das Amt Abwehr im Oberkommando der Deutschen Wehrmacht. Mit ausdauernder Beharrlichkeit beginnt er, ein Netzwerk zu knüpfen. Doch anders als Stennes, der mit jedermann sofort gut Freund ist, polarisiert Schenke von Anfang an. Auch unter Älteren reißt er sofort das Wort an sich, gibt zu allem seinen Senf dazu und strebt sichtbar nach Beachtung.

Ludwig A. Fabel, einer der wenigen Anti-Nazis in der damaligen deutschen Gemeinde, verpasst ihm den treffenden Spitznamen »Die Blechtrompete von Chongqing«.[43] Er ist nicht der einzige, der sich über den »Hitlerjungen Quex« lustig macht, der zu allem und jedem die offizielle Propagandalinie nachbetet.[44] Allerdings mit einer Ausnahme: Schenke hält das deutsche Bündnis mit den Japanern für grundfalsch und macht dafür vor allem den ehrgeizigen Reichsaußenminister Joachim von Ribbentrop verantwortlich, der als Unterhändler Hitlers 1936 den »Anti-Komintern-Pakt« in Tokio ausgehandelt hatte: ein deutsch-japanisches Zweckbündnis gegen die Sowjetunion.

Schenke freundet sich in Chongqing mit dem Geschäftsträger der Deutschen Botschaft an, dem damals angeblich opiumsüchtigen und einsamen Diplomaten Hans Bidder, der ihm viele Türen öffnet.[45] Schon bald gehört Schenke zu den bestinformierten Ausländern in Chongqing – und erntet deshalb auch ein gehöriges Stück Bewunderung von Flatow. Schenke hingegen pirscht sich an Flatow heran, um in den »engeren Freundeskreis von Walther Stennes« zu gelangen, den die Reichsbehörden in Berlin immer noch mit Argwohn verfolgen. Je mehr die deutsche Gemeinde schrumpft, umso mehr unternehmen die beiden Männer gemeinsam. Die »kommunistischen Neigungen« seines neuen Bekannten entgehen Schenke dabei nicht.[46] Nicht die unterschiedlichen Ideologien der beiden sorgen allerdings für den ersten großen Krach zwischen ihnen, sondern eine kleine Intrige, die gründlich schiefgeht.

Seit Wochen beobachtet Flatow neidisch, wie sich Schenke erfolgreich an die Deutsche Anna Wang und ihren chinesischen Mann Wang Bingnan heranmacht, um sich über die beiden eine Eintrittskarte zum obersten Vertreter der KP Chinas in der Stadt, dem späteren Ministerpräsidenten Zhou Enlai, zu verschaffen. Wang Bingnan gilt als der wichtigste Mann Zhous in Chongqing und spricht seit seinem Studium in Berlin fließend Deutsch, verhält sich gegenüber dem »Stennes-Mann« Flatow jedoch mehr als misstrauisch. Auch seine deutsche Frau Anna lässt Flatow nicht näher an sich heran, weil sie mit Stennes seit langem über Kreuz liegt: »Es war ihm zuwider, dass eine blonde und blauäugige Frau wie ich mit den Chinesen zusammen war«, schrieb sie später.[47]

Wer in diesen Monaten als Ausländer mit Zhou Enlai sprechen will, kommt nicht an Anna Wang vorbei. Schon vor ihrer Heirat 1935 hatte sie sich in Berlin für die KP Chinas engagiert. 1936 folgte sie Wang Bingnan nach China und übernahm sofort wichtige Parteiaufträge, verfasste zahlreiche Artikel und qualifizierte sich schließlich als offizielle Mitarbeiterin der zentralen Propagandaabteilung. Sie lernte dadurch so gut wie alle KP-Führer persönlich kennen – von Mao bis Zhou Enlai. Die hochgewachsene Deutsche mit ihren blonden Locken gilt als Liebling der ausländischen Pressemänner in der Stadt, die sie geradezu umschwärmen.[48] Gemeinsam mit der offiziellen Sprecherin Zhou Enlais, Gong Peng, verbreitet sie unter den vielen neuen Korrespondenten, die nach Chongqing einfallen, sehr geschickt die Propaganda der chinesischen Kommunisten.

Die öffentliche Meinung in den wichtigsten kapitalistischen Staaten zu beeinflussen, besonders in den USA, halten die Führer der KP Chinas schon damals für eine Schlüsselfrage. Als Vorbild dienen ihnen die Verbindungen der Kuomintang, die auf diesem Feld bereits erfolgreich war. So verfügt Chiang Kai-sheks Frau über ein einflussreiches Netzwerk in den Vereinigten Staaten und sollte im Februar 1943 sogar vor dem Repräsentantenhaus in Washington sprechen – als erste Vertreterin Chinas überhaupt. Deshalb beschäftigen sich auch einige der fähigsten Kader der KP Chinas in Chongqing mit der Arbeit unter den westlichen Medienvertretern – unter direkter Aufsicht und Anleitung von Zhou Enlai. Am Ende ziehen sie die öffentliche Meinung in den Vereinigten Staaten auf ihre Seite.

Zhous Mitarbeiterin Gong Peng gilt damals als »schönste Chinesin ihrer Generation« und verzaubert gemeinsam mit der hübschen Deutschen, die stets in kurzen Sommerkleidern und mit hohen Schuhen auftritt, eine ganze Schar von China-Beobachtern. »Ich wurde im Press Hotel immer sehr herzlich begrüßt«, schreibt Anna Wang später mit leichter Untertreibung selbst.[49] Gleichzeitig arbeitet sie damals aber auch noch als Assistentin für Song Qingling, die einflussreiche Schwägerin Chiang Kai-sheks und Witwe des Gründers der Republik China, Sun Yat-sen, die sich auf die Seite der Kommunistischen Partei geschlagen hat und im Ausland sehr erfolgreich Spenden für alle möglichen Hilfsprojekte einsammelt. Obwohl sie selbst niemals offiziell Mitglied der KP Chinas wird, gehört Anna Wang damit in den frühen vierziger Jahren in Chongqing zu den wichtigsten Unterstützern der Kommunisten.

Gerhard Flatow beobachtet mit Argwohn, wie Schenke im Frühsommer 1940 mit Anna Wang »anbandelt«[50] – was ihm selbst verwehrt geblieben war. Und wittert endlich eine Chance, einen direkten Draht zu hohen chinesischen Kommunisten in der Stadt herzustellen – durch die Denunziation des Wehrmachtagenten Schenke. Er entwirft deshalb einen Brief an Zhou Enlai persönlich, den seine Frau Wu Mei ins Chinesische übersetzt. Seine Warnung: Der deutsche Geheimdienstmann könne über Anna Wang an vertrauliche Informationen der Kommunisten gelangen. Es bestehe die Gefahr einer »Nachrichtenbrücke« ins Deutsche Reich und weiter nach Japan, die seiner Meinung nach sehr gefährlich werden könne.[51] Doch Zhou glaubt Flatow nicht, der bisher nur als enger Freund des zwielichtigen Stennes und als eifriger Waffenschieber des Otto-Wolff-Konzerns aufgefallen ist. Im Gegenteil: Zhou gibt den Brief an Anna Wang und ihren Mann weiter, für die Flatow nun zum roten Tuch wird. Auch Wolf Schenke erfährt von der Aktion und reagiert zunächst »äußerst sauer«[52], versöhnt sich aber später doch wieder mit Flatow.

Es ist der Beginn einer merkwürdigen Hassliebe, die mehrere Jahrzehnte anhalten sollte. Flatow lernt durch die unglückliche Affäre eine zweite Lektion für seine spätere Geheimdienstarbeit: »Die Lehre für mich war, dass man, wenn man als Außenseiter an eine kommunistische Organisation herantritt, keineswegs mit Vertrauen rechnen konnte.«[53] Was er damals »Panne« nennt, sollte ihn elf Jahre später noch einmal bitter einholen.

Vorerst aber zerstört die gescheiterte Aktion erst einmal jede Hoffnung, doch noch mit den chinesischen Kommunisten zusammen gegen die verhassten Japaner und ihren Verbündeten Adolf Hitler zu kämpfen. Bleibt also nur die Kuomintang, deren nationalistische Ideologie Flatow zwar nicht teilt, die aber offiziell weiter an der Einheitsfront mit der KP Chinas festhält und aus seiner Sicht daher für eine gute Sache kämpft. Es ist wieder einmal Stennes, der endlich einen direkten Kontakt zum Geheimdienst Chiang Kai-sheks herstellt und damit Flatows politischen Aktionismus in eine praktische Bahn lenkt.

Am 21. Juni 1941 greift die deutsche Wehrmacht die Sowjetunion an, die offiziell weiter mit Chiang Kai-shek verbündet ist. Die Deutschen gelten nun über Nacht in Chongqing als feindliche Ausländer, ihre China-Geschäfte kommen endgültig zum Erliegen. Die letzten Verbliebenen brechen auf, um auf abenteuerlichen Wegen ins japanisch besetzte Shanghai zu gelangen, wo sie als Bürger des verbündeten Dritten Reichs willkommen sind. Flatow folgt seinen Landsleuten im Herbst 1941 – aber mit ganz anderer Absicht als sie. Denn er gehört jetzt offiziell zur »Nationalen Rettungsarmee« – einer Sondertruppe Chiang Kai-sheks für den Guerillakrieg – und soll künftig hinter den japanischen Linien kriegswichtige Informationen für die nationalchinesischen Streitkräfte sammeln.

Seine Frau Wu Mei, die sich schon seit dem Frühjahr wieder in Shanghai aufhält, richtet für beide ein Kolonialhaus in der französischen Konzession ein. Kurz vor dem Angriff der Japaner auf die amerikanische Kriegsflotte in Pearl Harbour am 8. Dezember 1941 trifft

Gerhard in der Stadt ein und erlebt die Besetzung der internationalen Enklave durch japanische Soldaten und die Versenkung des britischen Kanonenboots HMS Peterel durch den japanischen Kreuzer Izumo.[54]

Nun treten die USA mit all ihrer industriellen Macht und militärischen Kraft in den Zweiten Weltkrieg ein – und schieben auf dem pazifischen Kriegsschauplatz als Erstes ein gewaltiges Rüstungsprogramm zur Unterstützung Chiang Kai-sheks gegen die Japaner an. Die Amerikaner hungern umgekehrt vor allem nach Informationen über die Kriegsflotte und die Armeen des Tennos – und ihre chinesischen Verbündeten sollen sie nun an den amerikanischen Geheimdienst OSS liefern. Es gibt plötzlich viel zu tun für einen Mann wie Gerhard Flatow, der sich mit seinem damals noch vorhandenen deutschen Reisepass nahezu ungehindert unter den Japanern bewegen kann.

Durch die Vermittlung Stennes' war Dai Li bereits in Chongqing auf Flatow aufmerksam geworden. Es kommt einer Auszeichnung gleich, dass sich der gefürchtete Chef des nationalchinesischen Geheimdienstes zunächst persönlich um seinen neuen Mitarbeiter kümmert. In dieser Zeit steht der 46-jährige General auf dem Höhepunkt seiner Macht. Der nur 1,72 Meter große Mann mit dem Mund voller Goldzähne fällt jedem Besucher bei der ersten Begegnung durch seine Höflichkeit, seinen Charme und seine wache Intelligenz auf.[55] Der amerikanische Geheimdienstler Oliver Caldwell beschreibt Dai Li als »brillant, einfallsreich, rücksichtlos und skrupellos«. Seine selbst gewählte Lebensaufgabe sei es, »China mit eiserner Kontrolle unter Chiang Kai-shek zu vereinigen – kalt, schlau und brutal«.[56] Die Kommunisten fürchten und verachten den »Schlächter Chiangs Kai-sheks« zugleich, dessen Nachfolger auf Taiwan verehren ihn bis heute.

Seit der offiziellen Gründung seines Geheimdienstes 1938 ist es Dai Li gelungen, ein riesiges Netzwerk von Spionen, Spitzeln, Guerillakämpfern und Kommandotruppen unter seinem persönlichen Befehl aufzubauen – nach amerikanischen Schätzungen in Hochzeiten mehr als 320 000 Mann. Die Experten der amerikanischen Botschaft in Chongqing zählen ihn zu den fünf wichtigsten Männern der Kuomintang.[57] Kein anderer Mitarbeiter Chiang Kai-sheks dürfe den Präsidenten jederzeit ohne Voranmeldung – egal ob tagsüber oder nachts – aufsuchen und müsse dabei nicht einmal seine Pistole abliefern wie sonst jeder andere Besucher.

Schon zu Lebzeiten gilt der »Meisterspion« als Legende. Dai Lis genauen Aufenthaltsort kennt niemand, genauso wenig seine Reisewege und Ziele. Offiziell regiert der Geheimdienstchef sein Imperium von Chongqing aus, wo er ab und zu auch auf offiziellen Empfängen auftaucht. In seinem dortigen Bekanntenkreis finden sich hochrangige Kuomintang-Offiziere, Banker, Gangster aus Shanghai, die Chefs traditioneller chinesischer Geheimgesellschaften – und einige wenige Ausländer wie Stennes und nun auch Flatow.

Vordergründig geht es Dai Li um den Kampf gegen die Japaner. Aber in Wahrheit bespitzeln und bekämpfen seine Leute die Kommunisten, mit denen sie offiziell in der antijapanischen Einheitsfront verbunden sind, mindestens genauso stark wie den äußeren Feind. Die Führer der KP Chinas werfen ihnen die schlimmsten Gräueltaten vor – Morde, Entführungen, die Vergiftung von Brunnen und die planmäßige Vernichtung der Ernten in den chinesischen Sowjetgebieten. Im Gegenzug platziert Maos finsterer Sicherheitschef Kang Sheng seine eigenen Agenten in der obersten Führung des konkurrierenden Geheimdienstes. Und so wimmelt es vor allem in der provisorischen Hauptstadt Chongqing von Doppelagenten, deren wahre Loyalität niemand kennt.

Ausländer spielen in dieser gefährlichen und nur äußerst schwer durchschaubaren Gemengelage in der Regel nur eine – oft eher naive – Nebenrolle. Dai Li betreibt jedoch eine »Untersuchungsgruppe für auswärtige Angelegenheiten«, die sich um die Betreuung ausgewählter ausländischer Diplomaten, Journalisten, Militärberater und Kaufleute kümmert. Der amerikanische Historiker Frederic Wakeman, Verfasser des wissenschaftlichen Standardwerks über Dai Li, schreibt: »Diese Informanten wurden von höhergestellten Führungsoffizieren betreut, weil man sie für äußerst wertvolle Aktivposten hielt.«[58] Auch Gerhard Flatow stößt in Chongqing »unter größten konspirativen Vorsichtsmaßregeln« zu dieser Gruppe.[59] In seinem späteren Lebenslauf bezeichnet er Dai Li als seinen »direkten Vorgesetzten«.[60]

Unter Dai Li lernt Flatow das Handwerk der Untergrundarbeit – und beachtet seitdem auch im privaten Leben die Regeln der Konspiration. Er verhält sich sein »ganzes Leben lang sehr vorsichtig«, verbrennt regelmäßig persönliche Papiere und hinterlässt deshalb auch bei seinem Tod kaum Dokumente und Briefe. Was sich später aus seiner Feder findet, stammt aus den Pappkartons und Archiven von Wegbegleitern und nicht aus seinem eigenen Nachlass. Auch die Härte gegenüber anderen, zu der Flatow durchaus fähig ist, eignet sich er sich in diesen Jahren an. Später kolportiert man von ihm einen Spruch, der von Dai Li stammen könnte: »Man muss den Finger immer am Abzug halten.«[61]

Nach Flatows Rückkehr nach Shanghai kümmert sich der verdeckt arbeitende Führungsoffizier Generalmajor Lin um den Deutschen. Flatow beschreibt den altgedienten Geheimdienstler als Mann mit der äußeren Erscheinung eines »wohlgenährten Shanghaier Kaufmanns« und dem »vorzüglichem Hochchinesisch« eines Gelehrten. Offensichtlich bewundert er ihn. Getarnt als Geschäftsmann, reist Flatow im Auftrag Lins nach Beijing und Tianjin, in die Mandschurei und sogar nach Japan, um vor allem Informationen über die japanische Rüstungsindustrie und den Nachschub der Tenno-Armeen zu sammeln. Der US-Geheimdienst schreibt später, Flatow habe in dieser Zeit für die Kuomintang auch Waffen durch die japanischen Linien geschmuggelt.[62]

Gleichzeitig knüpft Flatow im Auftrag Dai Lis auch Kontakte in die Internierungslager Shanghais, in denen die Japaner feindliche Ausländer und später – auf Druck ihres Verbündeten Hitler – vor allem deutsche Juden zusammenpferchen.[63] Diese besonderen Informationen gehen auch an die amerikanischen Verbündeten Dai Lis. Seit April 1943 bauen sie unter der Führung des Marinekapitäns und Geheimdienstlers Milton E. Miles im Westen Chongqings ein gemeinsames Ausbildungslager für Spezialagenten und eine gemeinsame Sammelstelle für kriegswichtige Informationen auf. Unter dem völlig unverfänglichen Namen Sino-American Cooperative Organization (SACO) entsteht dort nach und nach eine der wichtigsten geheimen Operationsbasen während des gesamten Pazifik-Kriegs. So liefern die SACO-Mitarbeiter den amerikanischen Piloten fortlaufend wichtige Daten zur Vorbereitung ihrer Angriffe auf die japanische Kriegsmarine und die Stellungen der Feinde auf dem chinesischen Festland.[64] In seinem Lebenslauf scheibt Flatow, seine Geheimdienstarbeit habe sich auch »auf die US-Armee unter Captain Miles, dem späteren Admiral« erstreckt.[65] Näheres bleibt jedoch im Dunkeln.

In Shanghai gerät Flatow zum ersten Mal seit seiner Abreise aus dem Hitler-Reich wieder in Kontakt mit deutschen Kommunisten. Jüdische Flüchtlinge organisieren sich dort seit 1939 in einer kleinen KPD-Zelle – insgesamt höchstens 20 Parteimitglieder,[66] die sich regelmäßig im »Weißen Rössl« treffen, einem deutschen Wirtshaus. Die Exil-Runde veranstaltet dort eine Schulung mit einer abgegriffenen englischen Ausgabe von Stalins *Kurzer Lehrgang der Geschichte der KPdSU*, tritt nach außen aber praktisch nicht in Erscheinung. Zu den KPD-Aktivisten in Shanghai gehören der Funktionär Johannes König, der später als erster DDR-Botschafter nach China zurückkehren sollte, und der spätere Leiter des DDR-Verlags Volk und Welt, Walter Czollek. Von China verstehen die isolierten Emigranten so gut wie nichts, die Treue zur Sowjetunion gilt ihnen als allerwichtigste Tugend. Einige von ihnen arbeiten für die Sowjetbotschaft in Shanghai, deren Radiosender oder die Nachrichtenagentur TASS. Einzelne erledigen technische Hand- und Spanndienste für die KP Chinas, ohne jedoch mit ihren chinesischen Genossen persönlich in Berührung zu kommen.

Gerhard Flatow gerät mit den Mitgliedern der KPD-Zelle sofort in Streit über die Politik ihres Vorbilds Stalin, vor allem über den Pakt des Diktators mit Adolf Hitler 1939. Für ihn sei das vorübergehende Bündnis »völlig unverständlich« gewesen, schreibt er.[67] Einer der KPD-Emigranten bestätigt indirekt die damaligen Auseinandersetzungen mit Flatow: Einigen Sympathisanten der Zelle habe die »politische Reife und Standhaftigkeit« gefehlt, den Hitler-Stalin-Pakt zu verteidigen.[68]

Eine Mitgliedschaft in der KPD lehnt Flatow zu diesem Zeitpunkt aber aus einem ganz anderen Grund ab: Nachrichten über die japanische Kriegsproduktion für die Kuomintang zu sammeln sei damals viel wichtiger gewesen, als mit seinen Landsleuten in Shanghai zu diskutieren. Sein Führungsoffizier habe ihm deshalb die »höchste Geheimhaltungsstufe« verordnet und jede Art politischer Betätigung verboten, um seine offizielle Tarnung als Vertreter der deutschen Industrie nicht zu gefährden. Vor allem bei seinen Reisen in die Mandschurei und nach Japan riskiert Flatow sein Leben, wenn auch nur der geringste Zweifel an seiner Identität aufkommen sollte.

Mit dem Abwurf der beiden ersten amerikanischen Atombomben über Hiroshima und Nagasaki und der anschließenden Kapitulation Japans im August 1946 endet Flatows Geheimdienstkarriere bei der Kuomintang so abrupt, wie sie begonnen hat. Erst sehr viel später berichtet er über ein denkwürdiges Abschiedsgespräch mit Dai Li: Der General habe ihn mit den Worten »Jetzt geht es richtig los« für den Kampf gegen die chinesischen Kommunisten gewinnen wollen. »Da habe ich geantwortet: Für mich ist die Sache passé. Ich bin Kaufmann, ich bin Stahlhändler. Für mich ist der Krieg vorbei. Ich habe meine Pflicht getan gegen die Nazis und gegen die japanischen Faschisten. Ich möchte raus.« Wider Erwarten gibt ihm Dai Li darauf lächelnd die Hand und lässt ihn ziehen. Nach seinem Gespräch eilt Flatow nach Hause und feuert erleichtert vom Balkon aus eine Garbe Leuchtspurmunition mit seinem Karabiner ab. Sein Bruder Dieter, der im obersten Stockwerk der gemeinsamen Villa wohnt, kommt besorgt herunter und sagt: »Du bist wohl wahnsinnig geworden!«[69]

In Wahrheit trifft Flatow die wohl beste Entscheidung, die er unter den gegebenen Umständen in China treffen kann: Der Agent verwandelt sich zurück in den Kaufmann. Einige Monate nach seinem Abschied von Dai Li kommt der im Land weithin verhasste und auch in der Kuomintang inzwischen umstrittene Geheimdienstchef bei einem nie ganz aufgeklärten Flugzeugabsturz ums Leben. Flatows Führungsoffizier Lin gerät später in Südchina in die Hände der Kommunisten. Und im Bürgerkrieg, der ab 1946 mit aller Wucht wieder aufflammt, neigt sich die Waagschale schnell zu Gunsten der KP Chinas. Flatow hat den Absprung gerade noch rechtzeitig geschafft.

In diesen Monaten nach dem Ende des Pazifikkriegs müssen fast alle Deutschen China verlassen. Die Amerikaner beschlagnahmen das Eigentum aller deutschen Firmen als »Feindvermögen« und unterbinden die Arbeit aller Vertretungen. Auch das Büro von Otto Wolff in Shanghai schließt, die US-Armee konfisziert die Geschäftsakten des Konzerns und verschifft sie nach Kalifornien zur Sichtung durch den amerikanischen Geheimdienst. Die Repatriierung der deutschen Staatsbürger läuft mit militärischer Präzision an. Gleichzeitig werfen die Amerikaner prominente Nazis und Geheimdienstleute ins Gefängnis. Einigen von ihnen machen sie in Shanghai den Prozess – auch Flatows Freund und Rivale Wolf Schenke gehört zu ihnen.

Nur sehr wenigen Deutschen erteilen die Alliierten nach dem Kriegsende eine Sonderaufenthaltsgenehmigung in China. Captain Frank Farrell, der Leiter der amerikanischen Geheimdienstmission in Shanghai, bestellt auch Gerhard Flatow Ende 1945 zum Verhör ein, um über sein weiteres Schicksal zu entscheiden. Als offiziellen Vertreter von Otto Wolff halten sie den nun 35-jährigen zunächst für einen »Big Nazi«. Aber als Flatow seine »jahrelange Arbeit für das Untergrundkommando« der Nationalchinesen und seine Geheimdienstarbeit für Dai Li offenlegt, lassen sie ihn ziehen. Gerhard und Dieter Flatow dürfen als überzeugte Nazi-Gegner und nun offiziell Staatenlose in China bleiben.

In weiser Voraussicht betreiben die beiden inzwischen ein eigenes Unternehmen in Shanghai, das offiziell der chinesischen Staatsbürgerin Wu Mei gehört und deshalb nicht unter den Enteignungsbefehl der Amerikaner für alle »feindlichen Ausländer« fällt. Seit der Gründung Mitte 1942 leitet Dieter Flatow die Fu Sze Company, die nur auf kleiner Flamme Geschäfte anbahnt, zunächst allein.[70] Nun steigt Gerhard mit Schwung in die gemeinsame Handelsgesellschaft ein – und drängt seinen jüngeren Bruder, wie so oft zuvor, in den Hintergrund.

Das Büro der beiden kommt in dem prachtvollen Art-déco-Bau an der Yuanmingyuan Road 209 in der Nähe des berühmten Bunds unter, wo auch verschiedene Firmen aus dem Dunstkreis der Kuomintang residieren wie die Central China Development Co.[71] Mit seinem grenzenlosen Selbstvertrauen und großem Optimismus wirft sich Gerhard wieder ganz aufs Geldverdienen. Bürgerkrieg hin oder her – es müsste mit dem Teufel zugehen, wenn sich jetzt in China nicht wieder ganz große Geschäfte machen ließen.

Ähnlich sieht es sein Freund Otto Hamburger, der im Mai 1945 ebenfalls mit einem chinesischen Partner ein eigenes Unternehmen gründet: die Hai Tung Engineering Co.[72] Für die nächsten vier Jahre schieben sich die Flatow-Brüder und Hamburger gegenseitig Geschäfte zu, erledigen einige Aufträge zusammen und beschaffen sich vor allem gemeinsam Devisen.

KAPITEL 4

Wie man mit den chinesischen Kommunisten heimlich Handel treibt

1946–50

1946 kehrt Gerhard Flatow zum ersten Mal seit über 13 Jahren nach Deutschland zurück. Der 35-Jährige, offiziell nun staatenlos, reist mit einem Flüchtlingspass. Durch seine guten Verbindungen ist es ihm bereits kurz nach Kriegsende gelungen, ein Ausreisevisum und eine Einreisegenehmigung nach Deutschland durch die Alliierten zu bekommen – anders als etwa die Hunderte deutscher Juden, die allein in Shanghai auf eine Schiffspassage in ihre alte Heimat warten. Die Reise geht über Hongkong in ein besiegtes, in weiten Teilen zerstörtes und kriegserschöpftes Land. Flatow schildert seine Rückkehr nach so langer Zeit später seltsam lakonisch und merkwürdig unberührt. Mit seiner alten Heimat hat der Emigrant in den Hitler-Jahren gebrochen, seine neue Heimat ist China. Nicht für eine Sekunde denkt er darüber nach, nun für immer nach Deutschland zurückzukehren.

Sein erster Besuch führt ihn ins oberbayrische Murnau zu seiner Mutter – aber schon die zweite Station der Reise gilt dem Geschäft. In der Kölner Innenstadt, die rund um den Dom in Trümmern liegt, besucht Flatow das Büro seiner alten Firma Otto Wolff am Kattenbug und trifft dort einige frühere Kollegen. Doch Aufträge gibt es dort vorerst nicht: Der Konzern steht seit Kriegsende unter der Zwangsverwaltung der britischen Besatzer, viele halb zerstörte Fabriken kümmern vor sich hin, an Ex- und Importe denkt in Köln vorerst niemand, an das ferne China schon gar nicht.

Flatow kehrt unverrichteter Dinge nach Shanghai zurück und muss sich zunächst mit ganz kleinen Geschäften zufriedengeben. Seine Fu Sze Company handelt mit chinesischer Baumwolle und mit den damals besonders begehrten Trockenbatterien aus heimischer Produktion – auf beiden Seiten der Bürgerkriegsfronten, die sich für den Kleinhandel als weiterhin äußerst durchlässig erweisen: »Wir haben alles gekauft und verkauft, was nicht niet- und nagelfest war.«[1] Dieter Flatow kümmert sich fleißig um die vielen kleinteiligen Aufträge, sein Bruder Gerhard hält nach Größerem Ausschau. So schildert es jedenfalls Wu Mei: »Dieter arbeitete unermüdlich, kam direkt nach der Arbeit nach Hause und gönnte sich selbst an Feiertagen und am Wochenende keinen Spaß. Gerhard wollte dagegen gleich in die USA expandieren.«[2] Im Büro herumzusitzen sei eben niemals Gerhards Ding gewesen. Es zieht ihn, wie immer, hinaus in die Welt.

Doch erst anderthalb Jahre später kommt wieder etwas Schwung ins Geschäft. Gerhard Flatow reist 1948 zum zweiten Mal nach Köln und trifft nun den Mann, der für die nächsten 20 Jahre sein wichtigster Partner werden sollte: Otto Wolff von Amerongen. Der 30-jährige Sohn des alten Wolff, ein schlaksiger Kerl mit gewelltem Haar, feinen Manieren und rheinischem Tonfall, kommt gerade aus dem Internierungslager. Während des Krieges hatte der junge Wolff als Offizier der Abwehr in Portugal überwintert – und aus dem neutralen Land geheime Geschäfte für das Unternehmen seines Vaters betrieben. Ähnlich wie Flatow in China kümmerte sich Otto Wolff von Amerongen in Lissabon zeitweise vor allem um den Import kriegswichtiger seltener Metalle ins Deutsche Reich.

Nach dem Krieg verhört ihn die Besatzungsmacht ausführlich über die jahrelangen Devisenschiebereien und Goldverkäufe des Konzerns für Reichsmarschall Hermann Göring. Otto Wolff von Amerongen gibt eine 17-seitige persönliche Erklärung über seine Geheimdienstarbeit in Portugal und seine Rolle im Konzern ab.[3] Am Ende stufen die Briten den jungen Erben in seinem Entnazifizierungsverfahren als »unbelastet« ein – und erlauben ihm, die Führung des Konzerns zu übernehmen. Die amerikanische CIA beobachtet Wolff von Amerongen aber noch über viele Jahre und interessiert sich unter anderem für seine häufigen Kontakte mit dem berüchtigten, ins Franco-Spanien entkommenen SS-Führer Otto Skorzeny.[4]

Otto Wolff von Amerongen und Gerhard Flatow sollten sich nach ihrer ersten Begegnung 1948 in Köln über viele Jahre als kongeniale Strippenzieher im China-Geschäft erweisen. Die beiden jungen Männer verstehen sich ohne viele Worte und gehen bedenkenlos hohe Risiken ein, wenn große Gewinne winken. Was sie verbindet? Auf jeden Fall Geschäftstüchtigkeit und konspirative Fähigkeiten, das fortwährende

Knüpfen von nützlichen Kontakten und einflussreichen Seilschaften, das stete Spiel mit verschiedenen Geheimdiensten und gefährlichen Gegnern.

Und selbst politisch finden der CDU-Mann und der Mao-Anhänger für viele Jahre einen Modus Vivendi: Otto Wolff von Amerongen akzeptiert die Alleingänge Gerhard Flatows, solange sie nicht sein eigenes Geschäft belasten. Schließlich kann jeder gute Draht zu den chinesischen Kommunisten nur nützlich sein.[5] In Flatows Familie hält sich nach seinem Tod sogar jahrelang die unbewiesene Vermutung, der junge Wolff sei über die prochinesischen Umtriebe seines Vertrauten stets penibel informiert gewesen – und habe sie sogar ausdrücklich gebilligt.[6]

Zunächst aber müssen die beiden im China-Geschäft wieder ganz von vorn anfangen. Von der stolzen Far Eastern Branch des Konzerns ist nichts mehr übrig, die Vertretung in Shanghai seit Langem geschlossen, der letzte Bürochef »einfach abgehauen«[7], die früheren chinesischen Mitarbeiter in alle Winde verstreut, das Archiv mit dem gesamten vertraulichen Geschäftsverkehr von amerikanischen Soldaten beschlagnahmt und zur Auswertung in die Vereinigten Staaten verbracht. Otto Wolff von Amerongen sieht Gerhard Flatow deshalb als Schlüsselfigur für den Neuaufbau des Konzerngeschäfts in China und verspricht ihm »goldene Berge«[8].

Langsam, aber sicher kommen auch die ersten größeren Aufträge herein: Während sich der Bürgerkrieg zwischen Kuomintang und Kommunisten der Entscheidung nähert, führt die Fu Sze Company 1948 erstmals wieder deutsches Weißblech aus dem Otto-Wolff-Werk Rasselstein nach China ein. Der Transport geht über Holland, die Finanzierung erfolgt über die Schweiz. Als Zwischenträger fungiert die Zürcher Firma E. Ott & Co. mit ihrer gut verdrahteten Niederlassung in Hongkong. Solche konspirativen Dreiecksgeschäfte sollen von nun an die Regel werden, um sich der Aufsicht der Amerikaner zu entziehen, die ihr Besatzungsrecht in Westdeutschland im Zweifel auch gegen unliebsame Konkurrenten in der Industrie nutzen. Otto Wolff von Amerongen und Gerhard Flatow korrespondieren von nun an regelmäßig und in kurzer Folge über die Entwicklung des China-Geschäfts.[9]

Am 27. Mai 1949 erleben die Flatow-Brüder den offiziellen Aufmarsch der Volksbefreiungsarmee in Shanghai. In langen Reihen ziehen die Soldaten die Nanjing Road hinunter, die Prachtstraße der Stadt. Die Fronten des Bürgerkriegs brechen in diesen Wochen schnell zusammen, die Armeen Chiang Kai-sheks fliehen. Einige hohe Kuomintang-Offiziere laufen mit ihren Einheiten über. Der Rest der Nationalarmee weicht langsam nach Süden zurück, rafft so viel Beute wie nur möglich zusammen und setzt schließlich auf die Insel Taiwan über.

Am 1. Oktober ruft Mao in Beijing auf der Balustrade der Verbotenen Stadt am Tiananmen-Platz mit hoher Stimme die Gründung der Volksrepublik China aus. Für Gerhard Flatow gibt es keine Stunde null, nur einen fließenden Übergang zu neuen Machtstrukturen. Er glaubt daran, dass es nach der Vertreibung des korrupten Kuomintang-Regimes nur besser werden kann. Und die Mehrheit der Chinesen hofft es zu diesem Zeitpunkt wohl auch – selbst die Hoffnungen der meisten Intellektuellen und großer Teile des Bürgertums richten sich auf die neue Regierung.

Für die meisten ausländischen Geschäftsleute, die nach dem Ende des Pazifikkriegs geblieben sind, gibt es nach dem Sieg der Kommunisten kein Halten mehr. Sie rechnen mit ihrer Enteignung, mit Gewalt, mit einem Schreckensregime wie unter Stalin, den die KP Chinas als »weisen Führer des Weltproletariats« verehrt. In den nächsten Monaten verlassen Hunderte von »Old China Hands« – die Ausländer, denen das Reich der Mitte über Jahrzehnte zu einer zweiten Heimat geworden ist – mit ihren Familien das Land. Allein aus Shanghai schiffen sich Ende November 1949 gut 800 Deutsche auf dem Dampfschiff »Dundalk Bay« ein. Viele dürfen nicht mehr mitnehmen als ein paar Koffer. Die neuen Machthaber konfiszieren ihre Unternehmen und ihren ganzen Besitz, sobald sie einen Ausreiseantrag stellen.

Auch die alten Freunde der Flatow-Brüder kehren China ein für alle Mal den Rücken: Otto Hamburger macht sich 1949 auf den Weg nach London und überlässt Dieter Flatow die Abwicklung seiner Im- und Exportfirma Hai Tung.[10] Karl Heinz Markus schifft sich am 3. Juli 1950 in Tianjin auf dem dänischen Dampfer »Malaya« Richtung Genua ein und kehrt nie wieder nach China zurück.[11] Otto Hamburger macht immerhin mit aller Vorsicht weiter Geschäfte in Fernost – und gründet seine Firma Hai Tung im Mai 1951 in London neu. Als stiller Teilhaber mit 15 Prozent mit dabei ist Gerhard Flatows britischer Schwager Fredy Seligman, der zweite Ehemann seiner Halbschwester Gabriele.[12]

Viele »Old China Hands« bleiben Maos China merkwürdig positiv verbunden, auch wenn sie selbst nicht mehr dort leben wollen, weil sie um ihre persönliche Sicherheit fürchten. Auf der einen Seite beklagt Otto Hamburger den Verlust seiner Firma in Shanghai, auf der anderen Seite engagiert er sich kurz nach seiner Ankunft in London bereits wieder für seine zweite Heimat. Am 8. Januar 1951 besucht Hamburger in London eine Veranstaltung unter dem Titel »Hände weg von China!« – organisiert von einem »überparteilichen« Komitee, hinter dem in Wahrheit jedoch die Kommunistische Partei Großbritanniens (CPGB) steckt. An seiner Seite: Barbara Taylor, die Schwägerin seines Bruders Rudolf und Schwester der Spionin Ursula Hamburger.[13] Die Führung der britischen Kommunisten verspricht Mao in diesen Monaten persönlich eine große PR-Kampagne im Vereinigten Königreich, um die westlichen »Imperialisten« von einem angeblich geplanten Angriff auf China abzuhalten.

Die KP Chinas selbst betreibt in London schon seit 1947 – also bereits einige Zeit vor der offiziellen Gründung der Volksrepublik – eine Propagandazentrale unter dem Deckmantel eines Nachrichtenbüros. Die Agentur Xinhua (wörtlich: Neues China) dient zugleich als Anlaufstelle für westliche Mao-Freunde wie die Amerikaner Anna Louise Strong und Edgar Snow, die mit ihren Büchern und Zeitungsartikeln Mao in der ganzen Welt populär machen. Zum Personal gehören der Sohn eines früheren nationalchinesischen Außenministers, ein hoher Offizier des chinesischen Geheimdienstes aus Hongkong, ein chinesisches Mitglied und ein altgedienter Funktionär der CPGB. Ihre Aufgabe ist es von nun an, Maos Regime mit einem regelmäßigen Bulletin in leuchtenden Farben zu malen und möglichst viele britische China-Freunde zu gewinnen und als Sympathisanten fest zu organisieren. Dabei geht es nicht zuletzt darum, auch britische Wirtschaftskreise für das »neue China« zu begeistern. Angeblich dient die erste Phase der Mao-Revolution nicht dem Aufbau des Sozialismus, sondern lediglich der Bekämpfung von Korruption und Inflation – und damit um die Schaffung einer Grundlage für bessere wirtschaftliche Beziehungen mit dem Ausland.

In China selbst glaubt auch Gerhard Flatow den vielen Versprechungen der Kommunisten. Überall geht die Verwaltung in Windeseile auf die glänzend organisierten Kader der Partei über, die sich bereits seit Monaten auf die Machtübernahme im ganzen Land vorbereitet haben. Die neuen Beamten, eben noch Offiziere der roten Bürgerkriegsarmee und Untergrundkämpfer in den großen Städten, stellen alle Privatunternehmen unter ihre Kontrolle, mischen sich aber vorerst noch nicht groß in deren Alltagsgeschäft ein. Die »patriotischen Kapitalisten« seien Teil der neuen Einheitsfront, heißt es offiziell.

Die Fu Sze Company fällt als Eigentum Wu Meis unter diese Kategorie. Gerhard Flatow und Otto Wolff von Amerongen wittern in dieser Phase die Chance auf ganz große Aufträge. Der deutsche Unternehmer bittet seinen China-Vertreter schon im Dezember 1949, nur zwei Monate nach dem Sieg Maos und der Gründung der Volksrepublik, das »Daimler-Benz-Geschäft jetzt wieder in Gang zu bringen«.[14] Gleichzeitig nimmt Otto Wolff von Amerongen Kontakt zur China Automotive Company auf – seinem chinesischen Vorkriegspartner.[15] Und seiner bisherigen Vertretung E. Ott & Co. teilt er kurz und bündig mit: »Herr Flatow von der Fu Sze kennt das Daimler-Geschäft aus der Vergangenheit genauestens, und ich lege Wert darauf, dass Herr Flatow die Verbindung mit den interessierten Stellen in China aufrechterhält und pflegt.«[16] Damit steigt der Emigrant auch offiziell zum Verbindungsmann des deutschen Konzerns zur chinesischen Führung auf.

Gerhard Flatow zieht in diesen Monaten endgültig in die nordchinesische Hafenstadt Tianjin um, die sich zur Durchgangsstation für den gesamten Außenhandel der neuen Regierung entwickelt. Damit gehört er zu den frühen ausländischen Pionieren, die dort mit den neuen staatlichen Handelsgesellschaften ins Gespräch kommen. Er sei »sicherlich der erste Europäer« gewesen, der zum Antrittsbesuch bei den kommunistischen Funktionären in Tianjin angereist sei: »Und ich habe mit meinem besten Mandarin gesagt: Also hier stehe ich nun mit meinen Sachen, wo soll ich das Klavier hinschieben?«[17] Mit anderen Worten: Flatow brennt vor Ehrgeiz, sofort mit den neuen Machthabern groß ins Geschäft zu kommen.

Der schnelle Abschied aus Shanghai kommt ihm aber auch aus privaten Gründen ganz recht: Die Ehe mit Wu Mei ist einige Monate zuvor endgültig in die Brüche gegangen. Gerhard Flatow »verknallt« sich nach eigenen Worten in Tianjin in Margrit, die Frau von Toby Tafel – einem befreundeten Kaufmann und späteren Diplomaten, der seit 1934 für das Handelshaus Jebsen & Jessen in der Hafenstadt die Strippen zieht. Flatow schwebt zunächst, wie Wu Mei in ihren Erinnerungen empört schreibt, ein Dreiecksverhältnis vor und er will sich erst einmal nicht von seiner Frau trennen. Doch sie setzt bereits im Herbst 1948 die Scheidung durch und entschwindet für ein ganzes Jahr mit ihrem kleinen Sohn Michael nach Positano zu Dojo Flatow. Auf einem Foto aus dieser Zeit feiert der Sechsjährige dort mit seiner blondlockigen Cousine Kindergeburtstag.

Zurück in China, nimmt Wu Mei nach einigem Zögern den Heiratsantrag Dieter Flatows an. Es kommt zu einer Prügelei zwischen den beiden Brüdern, weil Gerhard in einem Anfall plötzlicher Eifersucht eine Beziehung der beiden verbieten will. Aber Dieter zeigt, vielleicht zum ersten Mal in seinem Leben, wirklich Rückgrat gegenüber seinem älteren Bruder und bleibt bei seiner Entscheidung. Die beiden beziehen in Shanghai eine weiße Kolonialvilla in der Fahua Road.[18] Wu Meis zweite Ehe sollte von 1950 bis zum Tod Dieters 1977 halten. In ihren Erinnerungen porträtiert die Chinesin ihren zweiten Ehemann als Musterbeispiel von Pflichtbewusstsein, Treue und Redlichkeit – und in jeder Hinsicht als völliges Gegenstück zum Leichtfuß Gerhard. Wenn man ihren Worten glauben darf, führt Wu Mei mit Dieter in China (und später in Hamburg) das ruhige Familienleben, das sie sich schon immer erhofft hatte. Ob alles so idyllisch zuging, wie sie es später schildert, bezweifeln einige Bekannte. Ein Freund der Familie beschreibt Wu Mei sogar als eine »aggressive Megäre«, die ihren zweiten Mann »tyrannisiert« und nach und nach alle seine Freunde abgestoßen habe.[19]

Gerhard Flatow aber stürzt sich 1949 nach der Episode mit Margrit sogleich in die nächste Liebschaft – mit der chinesischen Zahnarzthelferin Shen Ping, von ihren ausländischen Bekannten »Mary« gerufen. Sie arbeitet in der Praxis seines Vetters Lutz Bodenstein, der nach seiner Flucht aus Hitler-Deutschland 1939 zunächst in Harbin gelandet und im Herbst 1940 nach Tianjin übergesiedelt war[20].

Die zwei Jahre zwischen Herbst 1949 und Herbst 1951 muss man sich als die vielleicht aufregendste, auf jeden Fall dichteste Zeit von Gerhard Flatows Leben vorstellen: Die unbekannte, schnell wachsende Stadt Tianjin, die es zu erobern gilt. Seine frische Beziehung mit der lebenslustigen Mary und etliche ganz neue Freunde, Ausländer und Chinesen. Viel Spaß, viel Arbeit und viel Veränderung, aber auch viel Unsicherheit. Endlich wieder gute Geschäfte – und die Hoffnung auf noch viel mehr Abschlüsse.

Es ist eine wilde Zeit, die Gerhard Flatow jedoch nicht schreckt, sondern eher antreibt. Eine Gesellschaft, die sich unter der neuen Herrschaft der Kommunisten im Wochentakt verändert. Die Deportation fast aller Deutschen und die freiwillige Abreise der meisten Briten, Amerikaner und Weißrussen, die unter dem neuen Regime nicht leben möchten und keine Perspektive mehr in China sehen. Die letzten Kämpfe zwischen Kommunisten und Kuomintang, die viele Landstriche zwischen den großen Städten noch für Monate zum gefährlichen Niemandsland machen und manche Reise zum unberechenbaren Abenteuer. Und schließlich – ab 25. Juni 1950 – der plötzliche Koreakrieg, nur eine Flugstunde von Tianjin entfernt, der Maos China über Nacht zum wichtigsten Feind der USA und damit zum Gegner des ganzen Westens macht. Eine Zeit der westlichen Handelsblockade gegen die Volksrepublik, die jedes Geschäft über Nacht zum allergrößten Risiko macht – aber den Blockadebrechern umgekehrt auch gigantische Profite verspricht.

Anfang 1950 zieht Gerhard Flatow in Tianjin in das Haus eines Deutschen ein, dessen Lebensweg sich über die nächsten drei Jahrzehnte eng mit seinem eigenen verschränkt. Manfred Wilhelm, der zweitälteste Sohn des großen Frankfurter Sinologen und Übersetzers Richard Wilhelm, 1902 in der damaligen deutschen Kolonie Tsingtau (Qingdao) geboren und aufgewachsen, ein fließend Hochchinesisch sprechender Landeskenner und studierter Maschinenbauingenieur, kehrt Mitte 1949 nach Tianjin zurück, wo er ein traditionelles chinesisches Hofhaus besitzt, um für eine alteingesessene amerikanische Handelsfirma zu arbeiten. Sein bisheriger Untermieter Toby Tafel, der gehörnte Ehemann von Gerhard Flatows Übergangsliebe Margrit, zieht aus dem Häuschen aus – und sein früherer Nebenbuhler dort ein.

Gerhard Flatow beeindruckt seinen neuen Vermieter sofort: »Flatow war ein Mann von großer Ausstrahlung und einer ungeheuren Kontaktfähigkeit«, schreibt Manfred Wilhelm in seinen unveröffentlichten Memoiren.[21] Die beiden kommen persönlich gut miteinander aus und freunden sich sehr schnell an. Als Wilhelm im Frühjahr 1950 die Deutsch-Chinesin Ruth »Ui« Wang heiratet, gehört Gerhard Flatow zu den Trauzeugen. Schon bald beschließen die beiden Freunde, auch gemeinsame Geschäftsprojekte anzugehen. Manfred Wilhelm überzeugt seine amerikanischen Chefs bei Frazar Federal Inc., sich mit dem umtriebigen Flatow zusammenzutun. Der zieht später sogar mit seinem Büro in das Gebäude der Firma in der Chun Cheng Road um. Wilhelms Frau arbeitet zeitweise bei ihm als Sekretärin.

Die beiden Partner versprechen sich vor allem gute Geschäfte in der Mandschurei, die von den japanischen Besatzern während des Krieges modernisiert und zum Zentrum der chinesischen Schwerindustrie ausgebaut worden war. In zwei Schreiben an den deutschen Maschinenbaukonzern Demag lobt Wilhelm die Partnerschaft mit Flatows Fu Sze Company in den höchsten Tönen. Flatow sei es »als einzigem Ausländer gelungen«, eine Genehmigung für eine Reise in die Mandschurei zu erhalten. Die »Güte seiner Beziehungen zum Kunden« sei exzellent.[22] Flatow habe im letzten Jahr für den Otto-Wolff-Konzern »Umsätze über mehrere Millionen US-Dollar erzielen können« und sei dabei, seine »gewonnene Stellung« in China jetzt weiter auszubauen.[23] Ein idealer Partner für die deutsche Industrie, die erst wieder auf die Beine kommen muss und jeden einzelnen Dollar Deviseneinnahmen aus dem Exportgeschäft dringend braucht.

In gewisser Weise ergänzen sich die beiden im Geschäftsleben tatsächlich perfekt: Flatow bringt große Ideen mit und eine schnell wachsende Anzahl wichtiger Kontakte zu den neuen kommunistischen Behörden. Wilhelm kümmert sich akribisch um technische Details und die gesamte Planung. Während Flatow riskante Geschäftsmanöver liebt, neigt sein nüchterner Freund Wilhelm eher zur Vorsicht – und sieht vieles, was sich unter den Kommunisten in diesen Monaten entwickelt, sehr viel realistischer als der notorische Optimist und Mao-Bewunderer Flatow.

Die gemeinsame Reise in die Mandschurei erweist sich nicht als der große Erfolg, wie ihn beide erhofft hatten. Die neue Provinzverwaltung zeigt sich zwar interessiert an einer Erweiterung des Wasserkraftwerks Songhua, das unter den Japanern vom Otto-Wolff-Konzern mit Turbinen ausgerüstet worden war. Aber die Verhandlungen in der Provinzhauptstadt Mukden (Shenyang) bleiben ohne konkretes Ergebnis. In seinem Bericht für die Kölner Otto-Wolff-Zentrale schreibt Flatow: »Von Anfang an war klar, dass man uns mit erheblichem Misstrauen entgegenkam. Die führenden Kommunisten haben jahrelang gegen die Japaner und die Kuomintang im Felde gestanden. Sie sind verbittert und leiden unter dem Druck ihrer eigenen Propaganda-Maschine.«[24] Die KP Chinas setze offenbar immer mehr auf den Handel mit der Sowjetunion: »Die Chinesen müssen ihre Enttäuschung mit den Russen erst noch erleben und verdauen. Vorläufig hemmt offenbar die Auffassung, dass Russland der Weihnachtsmann sei.«

Während der Pragmatiker Wilhelm das ganze Thema abhaken möchte, schmiedet Flatow auf der langen Rückreise nach Tianjin schon wieder neue Pläne. Sein Freund sei »töricht genug« gewesen, vor den Augen von chinesischen Mitreisenden eine große Karte der Mandschurei auf seinen Knien auszubreiten und verschiedene Beobachtungen einzuzeichnen, erinnert sich Wilhelm später.[25] Eine Kopie seiner Karten und Diagramme schickt Flatow anschließend nicht nur an die Auslandsabteilung von Otto Wolff, sondern auch an den amerikanischen Frazar-Chef Robert »Bob« McCann und offenbar per Post an einen britischen Kontaktmann in Hongkong, wie sich wenig später herausstellen sollte – ein bodenloser Leichtsinn, der sich ein Jahr später bitter für ihn rächt. Schließlich schüren die Kommunisten seit dem Beginn des Koreakriegs eine hysterische Angst vor ausländischen Spionen.

Manfred Wilhelm ahnt zwar nicht, an wen Flatows Bericht sonst noch geht, aber wittert nach der Reise ohnehin Gefahr. Man dürfe sich keine Illusionen mehr machen über die »ganze Hoffnungslosigkeit« in China. Es gebe kein privates Unternehmertum mehr im Lande, »nur noch ein ungeheures Proletariat« und »kolossale Armseligkeit sämtlicher Bewohner«.[26] Flatow macht sich über diese pessimistische Sicht der Dinge eher lustig: »Manfred hatte dauernd Angst.«[27] Doch die nächsten Monate zeigen, dass Wilhelms Befürchtungen nicht unbegründet waren.

Die kommunistischen Beamten in Tianjin mischen sich von Woche zu Woche mehr in das Geschäftsleben ein, die bürokratischen Auflagen für jedes noch so kleine Geschäft vervielfachen sich – und die verbliebene Ausländergemeinde steht unter ständiger Beobachtung. Ihre Köche, Dienstmädchen und Chauffeure müssen sich verpflichten, den Behörden jede verdächtige Regung ihrer Dienstherren zu melden. Die Propaganda trommelt immer lauter gegen »Spione« und »Imperialisten« – und für die kleinen, meist völlig ungebildeten Beamten der Stadtverwaltung gehört jeder Ausländer im Zweifel in eine dieser Schubladen. Auch vielen reichen Chinesen geht es nicht besser: Je schneller sich die kommunistische Macht in diesen Monaten festigt, umso weniger ist noch von der »Einheitsfront« mit den »patriotischen« Kapitalisten die Rede.

Jeder gebildete Chinese, der private Kontakte mit den Ausländern in der Stadt pflegt, gilt jetzt plötzlich als möglicher Landesverräter. Und die wachsende Fremdenfeindlichkeit steigert sich zum Verfolgungswahn, als sich im Frühjahr 1950 die Spannungen mit den Amerikanern verstärken. Aus Sicht der neuen chinesischen Machthaber beschwören die USA durch ihre wachsende Militärpräsenz in Südkorea die unmittelbare Gefahr einer »imperialistischen Einkreisung« der gerade erst gegründeten Volksrepublik China herauf.

Flatow will nicht begreifen, wie gefährlich dieses Klima des Misstrauens für ihn, den ehemaligen Kuomintang-Agenten, werden kann. Und er kann sich auch nicht vorstellen, dass der Abwehrapparat der Kommunisten bereits Informationen über seine neuen Geheimdienstkontakte sammelt. Ein schwerer Irrtum, wie sich noch zeigen sollte. Kurz vor der offiziellen Gründung der Volksrepublik China im Oktober 1949 war der Deutsche in Hongkong – auf der Durchreise nach Deutschland – in die Fänge des britischen Geheimdienstes MI6 geraten. Ein Marineoffizier, der sich als »Commander MacKenzie«[28] vorstellte, setzte Flatow bei einem Gespräch in einem kleinen Hotel in der Pedder Street heftig unter Druck. Er müsse dem britischen Auslandsdienst künftig Berichte über seine »Beobachtungen« in China liefern. Sonst werde man ihm ab sofort die Einreise in die Kronkolonie verbieten – und damit das einzige Durchgangstor zur nicht-kommunistischen Außenwelt verschließen.

Angeblich konnte sich Flatow in letzter Minute mit einem Kompromiss aus der Affäre ziehen, wie er in seinen Selbstzeugnissen behauptet: Er habe damals mit den Briten vereinbart, ihnen lediglich Kopien seiner Geschäftsbriefe an seine Kölner Firmenzentrale zu überlassen. Und so gelangte offenbar auch eine Kopie der eigentlich harmlosen Reisenotizen auf der Landkarte der Mandschurei zum MI6. Ob das alles war, kann man glauben oder auch nicht – denn öffentlich zugängliche britische Dokumente oder eine zweite Quelle gibt es zu diesem Vorgang leider nicht. Der chinesischen Spionageabwehr aber ist dieser kleine, aber feine Unterschied ohnehin herzlich egal, wie sich später herausstellt.

Flatow selbst aber redet sich ein, mit diesem Arrangement erst einmal aus dem Schneider zu sein. Die Briten lassen ihn weiter ein- und ausreisen, die Chinesen erleiden aus seiner Sicht keinen Schaden. Wichtig sei für die Kommunisten ohnehin, so glaubt er, allein seine Rolle als westlicher Kaufmann mit höchst nützlichen Verbindungen. Seine offiziellen Geschäftspartner in der staatlichen Außenhandelsorganisation in Tianjin geben ihm in diesen Wochen das Gefühl, nicht nur ein sehr geschätzter, sondern sogar ein sehr wichtiger »Lao Pengyou« zu sein – ein alter Freund des Landes und Unterstützer des sozialistischen Aufbaus.

Gerhard Flatow fühlt sich unangreifbar: Er kann den Chinesen vieles besorgen, was sie jetzt ganz dringend brauchen, aber in diesen Wochen nirgendwo sonst bekommen können. Noch fehlen den neuen Verantwortlichen in Tianjin die notwendigen Kontakte zu westlichen Konzernen. Und ihre sowjetischen Verbündeten, die sich in immer größerer Zahl in der Stadt tummeln, erfüllen trotz großartiger Versprechen bei Weitem nicht alle Wünsche des neuen sozialistischen Bruderlandes.

In seiner Selbstüberschätzung glaubt der nun Vierzigjährige sogar, die unerfahrenen chinesischen Kommunisten ließen sich geschäftlich ohne Weiteres austricksen. Sein Bekannter Wilhelm Dunsing, ein deutscher China-Kaufmann und Berater der staatlichen Außenhandelsorganisation in Tianjin, liefert Flatow fortlaufend Kopien einschlägiger Import- und Exportakten seiner chinesischen Chefs. »Alle wunderten sich dann«, schreibt Flatow später in seinen Selbstzeugnissen, »woher ich alle Preise kannte.« Will heißen: Er nutzt die vertraulichen Vorgaben für den Handel mit dem kapitalistischen Ausland, um seine Angebote perfekt auf die Nachfrage der Kommunisten abzustimmen. »Es war also genau wie in der Kuomintang-Zeit«, erinnert sich Flatow später: »Ich ging in die Vollen und das Geschäft ging rapide los.« Doch Flatow irrt sich gewaltig mit seiner Annahme, dass alles glatt läuft und auch so schön bleibt.

Überhaupt mutet diese Annahme für einen Anhänger der KP Chinas, wie Flatow sich seit dem Studium der offiziellen Parteilinie in den späten dreißiger Jahren selbst sieht, merkwürdig naiv an. Seiner Meinung nach haben sich die chinesischen Kommunisten in den vergangenen Jahren doch gerade durch ihre Unbestechlichkeit und Weitsicht aus den Niederungen der traditionellen chinesischen Politik befreit. Ihr Sieg über die korrupte Kuomintang mit ihrer ewigen Cliquenwirtschaft, ihrem ständigen Streit und fortlaufenden Machtkämpfen erscheint Flatow als logische Folge ihrer Geschlossenheit und Verbindung mit dem Volk, wie er mehrfach betont. Nun aber soll im praktischen Geschäftsleben alles genauso weitergehen wie unter der Kuomintang?

Diesen Widerspruch löst der ehemalige Jungkommunist in seinen Lebenszeugnissen nirgends auf. Im Gegenteil: Flatow spricht im Nachhinein über seine Geschäftspartner in China stets wie ein knallharter Kapitalist, über die chinesischen Kommunisten im Allgemeinen jedoch wie ein überzeugter Sympathisant. Man könnte es Pragmatismus nennen, aber auch politische Schizophrenie. Sein Weltbild, das den Zeitumständen entsprechend mal in die eine Richtung changiert und dann wieder in eine andere, tendiert in diesen Jahren offenbar eher in Richtung Otto Wolff als in Richtung Mao Zedong. Doch auch das sollte sich wieder ändern, wie bereits mehrfach in der Vergangenheit.

Am 25. Juni 1950 überschreiten die Einheiten der Nordkoreanischen Volksarmee mit Unterstützung der Chinesen die Grenze und erobern in nur wenigen Tagen blitzartig fast ganz Südkorea – auch die Hauptstadt Seoul. Erst im September gelingt amerikanischen Marineinfanteristen im Gegenzug an der Westküste die Landung bei Incheon – und mit ihren dort im Rücken des Feindes abgesetzten Panzern und schweren Waffen die vollständige Rückeroberung der besetzten Gebiete. Mit ihrer großen Luftüberlegenheit vernichten die amerikanischen Soldaten fast die gesamte nordkoreanischen Armee. Als die Amerikaner am 30. September gemeinsam mit ihren südkoreanischen Verbündeten den 38. Breitengrad überschreiten und nun ihrerseits nach Nordkorea vorstoßen und sich der Grenze zur Volksrepublik China nähern, greifen auf Befehl Maos 200 000 chinesische »Volksfreiwillige« in die erbitterten Kämpfe ein und treiben die Amerikaner wieder zurück. Die Fronten fressen sich fest, beide Seiten schaffen immer mehr schwere Waffen ins Land. Damit geht es nicht mehr nur um die koreanische Halbinsel. Zwischen der Volksrepublik China und dem mächtigsten Land der Erde herrscht offener Krieg – und die kommunistischen Führer in Beijing richten sich über Nacht auf einen langen bewaffneten Konflikt mit ihrem neuen »Hauptfeind« ein.

Die chinesische Wirtschaft stellt sich, wie Flatow schnell begreift, ganz auf den Krieg mit den Amerikanern um. Die Zentralregierung in Beijing gibt den größten Teil ihrer Devisenreserven frei, um schnellstens dringend benötigte Rohstoffe, Stahl, Motoren, Fahrzeuge und Ersatzteile für ihre Armeen zu beschaffen. Doch woher? Die sozialistischen Bruderländer können nicht liefern, weil sie nach dem Kriegsende selbst nur mühsam wieder auf die Beine kommen, die kapitalistischen Staaten wollen nicht. Die Amerikaner verhängen gegen China ein absolutes Handelsembargo und zwingen ihre europäischen und asiatischen Verbündeten, ihnen zu folgen.

Allerdings denken die wenigen deutschen China-Händler, die noch im Reich der Mitte ausharren, zunächst keineswegs daran, sich den Amerikanern einfach zu fügen und sich buchstabengenau an die Sanktionen zu halten. Mehrere Handelshäuser dienen sich den Kommunisten sogar ausdrücklich als offizielles Aushängeschild für die Bestellungen der Außenhandelsorganisationen an, wie die Amerikaner sofort ärgerlich registrieren. Zu groß sind die gewaltigen Windfall-Profite, die sie sich durch den Koreakrieg versprechen. Und wie so oft gehört Gerhard Flatow zu jenen, die als erste Geschäfte wittern – und prescht bedenkenlos an die Spitze der Blockadebrecher vor. Sein gespaltenes Weltbild fügt sich zusammen; er ist fest davon überzeugt, das Richtige zu tun: für China und für Otto Wolff gleichermaßen.

Anfang September 1950 eilt Flatow in die Schweiz und trifft sich im Hotel Rex in Zürich mit einem deutschstämmigen Geschäftsmann aus Großbritannien, um über die Lieferung großer Mengen Kupferfolie aus den Lagern der britischen Imperial Chemical Industries nach China zu verhandeln. Als Zwischenträger in diesem Dreiecksdeal soll wieder das Zürcher Handelshaus E. Ott & Co. mit seiner Niederlassung in der Kronkolonie Hongkong dienen, das seit Langem eng mit der Otto-Wolff-Gruppe kooperiert und das Vertrauen des neuen Konzernchefs Otto Wolff von Amerongen genießt. Den Geldfluss soll die französische Banque de l'Indochine abwickeln, die mit ihrer Filiale in Tianjin bereits viele geheime Transaktionen für das neue Regime erledigt. Die Chinesen sind bereit, sehr hohe Preise zu zahlen, weil sie Kupferfolie dringend für ihre Waffenproduktion brauchen. Was Flatow nicht ahnt: Sowohl die Pariser Bank[29] als auch das Zürcher Handelshaus stehen bereits unter ständiger Beobachtung des amerikanischen Geheimdienstes – und die Agenten der CIA folgen Flatow bei seinem Aufenthalt in der Schweiz auf Schritt und Tritt.

Die CIA bezeichnet den Deutschen nicht zu Unrecht als »Einkäufer der chinesischen Kommunisten in Westeuropa«. Flatow sei nach Europa gekommen »mit einer umfangreichen Liste chinesischer Anforderungen für Maschinen, Metalle und Automobile« und reise »mit einem Pass des französischen Konsulats in Tianjin«.[30] Mit ihren Informationen vereiteln die Amerikaner den Deal mit Großbritannien – und wollen auch einen weiteren Besuch Flatows bei Otto Wolff von Amerongen in Köln verhindern. An der Schweizer Grenze weisen ihn die deutschen Beamten auf Verlangen der Amerikaner ab.

Doch Flatow überquert die grüne Grenze einfach illegal und gibt sich unter dem falschen Namen Günter Friedrich als deutscher Staatsbürger aus. Ein Mitarbeiter des Konzernchefs holt ihn auf deutscher Seite mit einer Jaguar-Limousine ab.[31] In Köln reicht Otto Wolff von Amerongen seinen Mustermitarbeiter aus dem fernen China in allen Abteilungen »ungeheuer herum« und überhäuft Flatow mit »Ehren und Verträgen«. Als Geschenk für seine besonderen Dienste kann er sich über einen »Mercedes 200 Diesel mit echtem Leder« freuen.[32] Die Episode, die Flatow später gern und häufig erzählt, soll beweisen: Nichts und niemand schreckt den Abenteurer ab, weiter mit den Chinesen Geschäfte zu treiben, obwohl sie seit ihrer militärischen Unterstützung für die Nordkoreaner als Paria der Weltgemeinschaft gelten.

In Köln bespricht Flatow mit Otto Wolff von Amerongen die Lieferung von Fahrgestellen für Lastkraftwagen – nun für Mao und nicht mehr wie früher für Chiang Kai-shek. Am 19. Dezember 1950 belehrt Flatow bereits die Auslandsabteilung des Konzerns, seine Geschäftspartner in Tianjin hätten in der neutralen Schweiz ein Akkreditiv als finanzielle Vorleistung für das Lkw-Geschäft eröffnet, und mahnt nun eine schnelle Erledigung des Auftrags an.[33] Er weiß: Ins kommunistische China liefern will Otto Wolff von Amerongen in diesen unsicheren Zeiten erst dann, wenn das Geld bereits sicher im neutralen kapitalistischen Ausland liegt. Flatow tut alles, um den großen Deal mit den Chinesen durchzuboxen. Die Warnungen seines Freundes Manfred Wilhelm, der bereits seit Wochen über die »sich täglich verändernde Lage in Tianjin«[34] klagt, schlägt Flatow in den Wind.

KAPITEL 5

Wie ein Deutscher Maos Gefängnis als überzeugter Maoist verlässt

1951–56

Im Frühjahr 1951 zieht sich das Netz um Gerhard Flatow langsam zusammen. Am 11. Februar verhaften die Chinesen in Tianjin seinen Vertrauten Wilhelm Dunsing, den treuen Lieferanten überaus nützlicher Geheiminformationen aus der örtlichen Außenhandelsorganisation. An einem Sonntag stürmen chinesische Zivilbeamte mit gezogenen Pistolen Dunsings Haus, legen ihn in Handschellen und nehmen auch seine weißrussische Ehefrau Susanna mit. Die vier kleinen Kinder bleiben bei der chinesischen Amme zurück. Dunsing landet in einem »stinkenden Kellerloch«, das als Einzelzelle dient und vor dem Tag und Nacht eine Wache sitzt. Drei weitere Deutsche bringt man am selben Tag ebenfalls ins Polizeigefängnis. Der Vorwurf: Die fünf Verhafteten seien Mitglieder eines großen amerikanischen Spionagerings in ganz Nordchina. Außerdem habe Dunsing amtliche Dokumente gestohlen und an die »westlichen Imperialisten verkauft«. Vor allem aber sei der 44-Jährige für zahlreiche verbotene »Schiebergeschäfte« mit dem Otto-Wolff-Konzern in Köln verantwortlich.[1] Also mit Gerhard Flatow.

Am 20. Februar berichtet Flatows amerikanische Partnerfirma Frazar über den wachsenden Druck der chinesischen Behörden in Tianjin, eine »ständige Belastung unserer Nerven«. Die kommunistischen Machthaber zwingen alle chinesischen Angestellten der Firma, einer staatlichen Gewerkschaft beizutreten und das Geschehen im Betrieb zu kontrollieren. Man müsse daher jetzt bei allen Verträgen sehr vorsichtig vorgehen und die Korrespondenz strikt aufs Geschäftliche beschränken.[2] In einem Brief an das deutsche Handelshaus Carlowitz & Co. bittet der Frazar-Vertreter in Kalifornien eindringlich darum, den Schriftverkehr über ausstehende Zahlungen nur noch über ihn abzuwickeln und »nicht mehr mit Tientsin (= Tianjin) zu korrespondieren«.[3]

Kurz darauf bricht das ganze Kartenhaus des großen China-Geschäfts zusammen, das Flatow mühsam in den letzten Wochen errichtet hatte. Am 23. Februar schreibt Otto Wolff von Amerongen einen Eilbrief an seinen Vertrauten, der auf konspirativen Wegen über Amsterdam, Zürich und Hongkong in Tianjin eintrifft und vorerst alle Hoffnungen auf weitere Deals zunichtemacht. Der junge Wolff berichtet, er sei »persönlich von den deutschen Behörden nach Frankfurt zitiert worden«, um dort Rechenschaft abzulegen über die geplante Lieferung von 2000 Lkw-Fahrgestellen nach China. Zuvor seien die Amerikaner bei deutschen Regierungsbehörden vorstellig geworden, um das spektakuläre Geschäft mitten im Koreakrieg zu verhindern. Es sei deshalb ab sofort »unmöglich, die laufenden Aufträge für China auszuführen«. Ein schwerer Schlag für Flatow.

Schlimmer noch: Man könne gegenwärtig auch nicht die 664086 Dollar ausgleichen, die bei Otto Wolff als Zahlung bereits eingegangen waren. Für die klammen Kommunisten eine ziemlich große Summe: In der Schweiz liegen auf den Konten der China Export Corporation zu dieser Zeit gerade 300000 bis 400000 Dollar.[4] Weil alle Banküberweisungen nach dem westlichen Embargo gegen die Volksrepublik China verboten seien, könne man den Chinesen aber leider nichts zurückerstatten. »Wir sind uns darüber klar«, fügt Otto Wolff von Amerongen hinzu, »dass Sie bei Erhalt dieses Briefs mit unserem chinesischen Partner in eine schwierige Lage kommen werden.« Flatow könne sich aber sicherlich darauf berufen, dass es sich »zweifellos um einen Fall höherer Gewalt« handele.[5]

Flatow setzt Himmel und Hölle in Bewegung, um die heraufziehende Gefahr in letzter Minute abzuwenden. Am 13. März kabelt er an Otto Wolff, die bisherigen Erklärungen aus Köln reichten nicht aus, »um unseren chinesischen Freunden den Nachweis für Force Majeure zu erbringen«.[6] Ängstlich registriert Flatow, dass Briefe und Telegramme aus Deutschland nur noch mit großer Verspätung bei ihm eintreffen und Telefonverbindungen mit Shanghai nur noch schwer oder gar nicht zustande kommen. Offenbar steht er unter strengster Überwachung.

Die chinesischen Zeitungen bringen in diesen Tagen große Berichte mit fantastischen Vorwürfen gegen »Dong Sheng« (so der chinesische Name Wilhelm Dunsings) und seinen angeblichen Spionagering, der nicht nur geheime Informationen gegen China und die UdSSR gesammelt, sondern auch politische Morde gegen kommunistische Führer geplant habe. Sogar die englischsprachigen Propagandaschriften der KP Chinas für das Ausland stellen die Ereignisse in Tianjin ganz groß heraus.[7] Man plant offenbar einen öffentlichen Musterprozess, der alle westlichen Ausländer in China in Angst und Schrecken versetzen soll.

Die Katastrophe rückt Schritt für Schritt näher an Flatow heran: Im April stellen die Behörden Bob McCanns Firma Frazar unter militärische Kontrolle und zensieren fortan den gesamten Briefverkehr des Unternehmens. Am 4. Mai bestellen die chinesischen Funktionäre Flatow zu sich und drohen ihm unverblümt mit einem »Umerziehungs-Lehrgang«, sprich Gefängnis, falls die nach Deutschland überwiesenen Devisen oder entsprechende Waren nicht bald bei ihnen eintreffen.[8] Am 10. Mai scheitert in Frankfurt am Main der letzte Versuch Otto Wolff von Amerongens, das ausstehende Geld für die Chinesen loszueisen und in die Schweiz zu überweisen: Selbst der einflussreichste Bankier der Adenauer-Zeit, Hermann Josef Abs, den der Konzernchef persönlich um Vermittlung bittet, muss passen.[9]

Mit den Amerikanern will sich in der jungen Bundesrepublik niemand anlegen. Aus der Ferne begreift Flatow jedoch nicht, was daheim vorgeht. Am 15. Mai klagt er verbittert über die hinhaltenden und schließlich ganz ausbleibenden Nachrichten aus der Firmenzentrale in Köln: »Ich vermisse jedes Zusammengehörigkeitsgefühl.«[10] Am 1. Juni versucht Frazar-Chef McCann vergeblich, China zu verlassen; am 14. Juni verhaften ihn die chinesischen Behörden in Tianjin als »amerikanischen Spion«. Im Juli versucht der verzweifelte Wilhelm Dunsing im Gefängnis, sich das Leben zu nehmen.[11]

Tianjin verwandelt sich in diesen Monaten für alle Ausländer in der Stadt in einen brodelnden Hexenkessel von fremdenfeindlichen Kampagnen, bürokratischen Schikanen und willkürlichen Verhaftungen. In den Straßen schwärmen die Propagandatrupps der KP Chinas aus und protestieren lautstark vor ausländischen Büros und Geschäften. Vor Tausenden von johlenden Zuschauern veranstalten die Kommunisten nun im früheren Sportstadion Minyuan Massenprozesse gegen ihre Opfer – mit anschließender öffentlicher Hinrichtung der Delinquenten.[12]

Unter dem Eindruck der wachsenden Verluste im Koreakrieg und der internationalen Isolierung verstärkt sich der Verfolgungswahn des

Regimes. Unter den Ausländern geht die Angst um. Was schwedische Missionare aus der 600 Kilometer entfernten Großstadt Qingdao berichten, trifft eins zu eins die Stimmung in Tianjin: »Die Menschen waren voller Angst. Chinesen und Ausländer trauten sich nicht, miteinander umzugehen. Sogar die Ausländer selbst trauten sich nicht mehr, untereinander Verbindung zu halten. Nicht einmal Briefe an die eigene Familie schrieb man noch.«[13]

Am 2. August 1951 beschließen die Führer der KP Chinas auf einer Geheimsitzung in Beijing, die letzten Bürger »feindlicher Staaten« zum sofortigen Verlassen des Landes zu zwingen. 85 Deutsche erhalten einen Ausreisebefehl, in ganz China bleiben nur noch gut 120 Männer und Frauen mit bundesdeutschen Pässen zurück.[14] Alle anderen sollen das Land über den Hafen von Tianjin verlassen. Tausende warten dort bereits auf eine Schiffspassage in die Heimat.

Wenig später läuft in Tianjin die »San fan«-Kampagne Mao Zedongs gegen die »drei Übel« der »Korruption, Verschwendung und Bürokratie« an. Sie zielt vor allem auf reiche chinesische Kaufleute und ihre ausländischen Geschäftspartner, die sich angeblich mit Hilfe bestochener Beamter bereichern. Wer in der Partei vorwärtskommen will, muss sich nun als Denunziant bewähren. Die Zahl der Verhaftungen geht allein in Tianjin schon bald in die Hunderte. Später meldet die Parteizeitung *Renmin Ribao*, drei Viertel aller (!) chinesischen Kaufleute und privaten Unternehmer seien im Zuge der »San fan«- und der darauffolgenden »Wu fan«-Kampagne (»fünf Übel«) zwischen Herbst 1951 und Winter 1952 verschiedenster Gesetzesverstöße und Verbrechen überführt worden.[15]

Schließlich trifft es auch Flatow. Am 11. Oktober 1951 verabreden sich Manfred Wilhelm und seine Frau Ruth noch mit Gerhard und Mary in einem Restaurant. Alle freuen sich über die leckeren Wollhandkrabben, die es an diesem Abend gibt. Es ist ein Abschiedsessen: Flatow will am nächsten Morgen wieder einmal zu einer längeren Reise nach Europa aufbrechen und auf dem Weg dorthin auch seinen kleinen Sohn Michael in Shanghai besuchen. Doch nach dem Verlassen des Restaurants nehmen ihn Zivilbeamte im Zug zwischen Tianjin-Ost und Tianjin-Süd fest, führen ihn in Handfesseln ab und liefern ihn in das zentrale Sicherheitspolizeigefängnis der Stadt ein.[16] Erst fünf Jahre später sollte Gerhard Flatow wieder auf freien Fuß kommen.

Gleichzeitig verhaften die Chinesen auch Flatows Freundin Mary, lassen sie jedoch schon nach einer Woche wieder frei. Was mit Gerhard geschieht und was man ihm vorwirft, erfährt sie nicht. Erst sehr viel später darf Mary einmal pro Woche Wäsche und Nahrungsmittel für ihn im Gefängnis abgeben, ein Privileg. Die Wächter verpflichten sie bei ihren Besuchen zum strengsten Stillschweigen. Die Wilhelms unterstützen die nun völlig mittellose Frau über viele Monate mit Geld.[17] Auch sie reimen sich erst sehr viel später zusammen, was genau passiert ist.

Schon am Tag seiner Festnahme werfen die chinesischen Beamten Flatow vor, er sei ein »Konterrevolutionär« und solle sofort all seine Verbrechen gestehen. Eine formelle Anklage gibt es nicht – auch später nicht. Flatow erzählt viele Jahre danach, er habe »selbst herausfinden müssen, wo und wie er gegen die Interessen des chinesischen Volkes verstoßen habe«.[18] Auf jeden Fall fühlt er sich im Gefängnis von der ersten Stunde an unter »großem Druck« und ganz allein.

Die Beamten händigen ihm Papier und Bleistift aus und fordern ihn auf, sein ganzes Leben aufzuschreiben und nichts, aber auch gar nichts zu verschweigen. Schließlich sei Flatow schon sehr lange in China und kenne eine Menge anderer wichtiger Leute. An seiner Schuld gegenüber dem chinesischen Volk könne kein Zweifel bestehen, da er »die falschen Gedanken und die Vorstellungen der alten Gesellschaft im Kopf« habe. Flatow beschließt, wie er später schreibt, »reinen Tisch« zu machen, und gibt schon am 1. November einen ausführlichen Bericht über sein ganzes Leben und vor allem seine 17 Jahre in China ab. Mehr erfahren wir aus seinen Selbstzeugnissen nicht über seine ersten Wochen und Monate im Gefängnis.

Sein unglücklicher Mitgefangener Wilhelm Dunsing aber schildert in seinem späteren Leben in mehreren Veröffentlichungen und hinterlassenen Dokumenten beklemmend und sehr detailgenau, was in diesen Wochen mit den verhafteten Ausländern in Tianjin geschieht. Die kommunistischen Wächter betreiben in ihren Gefängnissen ein fast perfektes System der psychischen Einschüchterung, physischen Entkräftung, gegenseitigen Bespitzelung und geschickten Gehirnwäsche.

Die Ausländer landen zunächst alle in den dumpfen Kellern der Polizei, Zellen völlig ohne Tageslicht und Luft, in denen große rote Spruchbänder in Englisch, Französisch und Russisch Unheil künden: »Rottet alle Spione und Volksfeinde aus!« Stundenlanges Geschrei, wüste Beschimpfungen und dauernde Störungen in der Nacht sollen die Gefangenen gleich am Anfang zermürben und ihnen jede Hoffnung rauben. Die Tatsache ihrer Verhaftung allein sei schon der klare Beweis ihrer Schuld, hören die Gefangenen immer wieder von ihren Wächtern. Es gehe nur noch darum, alle Sünden und Verfehlungen der Vergangenheit vollständig und ohne jede Beschönigung zu bekennen.

Bei Hungerrationen und viel zu wenig Wasser, ohne Möglichkeit, sich zu waschen oder die Zähne zu putzen, in unvorstellbarem Schmutz und ohne irgendeine Art von Latrine beobachten die meisten Europäer schon nach wenigen Tagen an sich selbst die Zeichen eines erschreckenden körperlichen Verfalls, der zugleich die letzten geistigen Widerstandskräfte lähmt. Anders als in den sowjetischen Folterkellern Stalins verzichten die Verhörführer Maos zwar meist auf Schläge und setzen fast ausschließlich auf psychische Gewalt – das Ziel aber ist das genau gleiche: die Selbstaufgabe ihrer Opfer aus purer Verzweiflung.

Nach den ersten Tagen im Polizeigefängnis empfinden es die meisten ausländischen Gefangenen fast schon als Erlösung, wenn sie aus dem »Empfangsbereich« des Polizeigefängnisses in die normalen Zellen wechseln dürfen. Sie sollen nun mit einem Bleistift auf rauem Reispapier ein noch ausführlicheres schriftliches Geständnis verfassen – unterbrochen nur von weiteren Verhören, die hauptsächlich dazu dienen, sie weiter unter Druck zu halten und in wachsende Panik zu versetzen. Die Verhörführer begegnen ihnen bei diesen gefürchteten Sitzungen mit Verachtung, Abscheu und Härte – und beantworten jede noch so kleine Einschränkung des Delinquenten und jedes noch so kleine Wort der Verteidigung mit einem Schwall von Beschimpfungen, wüsten Flüchen und Beleidigungen.

Jedes schriftliche Bekenntnis quittieren die Wächter mit der sofortigen Forderung nach noch mehr Selbstbezichtigungen und noch genaueren Denunziationen von noch weiteren anderen Übeltätern. Viele Gefangene beginnen immer wieder von vorn und verfassen nacheinander Dutzende von schriftlichen Geständnissen. Verwickeln sie sich dabei in Widersprüche, hagelt es Strafen. Es geht in dieser Phase der Haft um die vollständige Kapitulation vor allen offiziellen Vorwürfen, mögen sie auch noch so unsinnig und sogar komplett falsch sein. Erst nach wochenlangen Verhören, wenn sie keinerlei Anzeichen weiteren individuellen Widerstands mehr entdecken, schließen die Kommunisten ihre »Untersuchung« ab. Nicht ein einziger der verhafteten Ausländer kommt ihnen als unschuldig davon.

Viele Gefangene dürfen das Polizeigefängnis in Tianjin erst nach mehreren Monaten verlassen. Ihr Umzug in das alte japanische Militärgefängnis an der Hebei Road, das nun als Umerziehungslager dient, bringt aber nicht die sehnlichst erhoffte Ruhe. Sieben Gefangene teilen sich eine Zelle von drei mal zwei Metern, in einzelnen Fällen sogar 18 Gefangene einen quadratischen Raum von 3,5 mal 3,5 Metern. Von nun an sollen sich die Delinquenten tagein, tagaus unter der Aufsicht des kommunistischen Personals durch »Kritik und Selbstkritik« gegenseitig einschüchtern.

Dunsing nennt es im Rückblick das »Umdenke-Zuchthaus«. Die Ausländer – vor allem Deutsche, Weißrussen, Franzosen – bleiben dabei meist unter sich. Die Anstaltsleitung gibt ihnen drei Ziele mit maoistischen Parolen vor: »Das lückenlose Geständnis aller eigenen Verbrechen vertiefen!«, »Die Entlarvung aller anderen Verbrecher vorantreiben!«, »Die politische Umerziehung vollenden!«. In der Gefängnispraxis bedeutet das: täglich 16 Stunden Studium maoistischer und stalinistischer Texte, ständige gemeinsame Rituale von Kritik und Selbstkritik, sofortige Meldung von Verfehlungen an die Leitung des Gefängnisses, Strafen für jeden Verstoß gegen die grausamen Haftregeln.

Die Wächter fordern das »Kollektiv« in der Zelle auf, einzelne Übeltäter bei der kleinsten Disziplinlosigkeit oder mangelndem Studium der »marxistischen Klassiker« mit Geschrei und Schlägen auf den richtigen Weg zurückzutreiben. Die Zellenältesten drangsalieren ihre Kameraden bis aufs Blut, um sich kleine Vorteile bei den Wächtern zu verschaffen. Die Wärter selbst machen sich die Hände dabei nicht schmutzig.

Wilhelm Dunsing erlebt seinen persönlichen Tiefpunkt nach vielen langen Monaten im Gefängnis, als die ausländischen Häftlinge während der großen »Selbstbezichtigungsbewegung« im Zuge der »San fan«-Kampagne übereinander herfallen. Die kommunistische Gefängnisleitung organisiert einen »sozialistischen Wettbewerb« zwischen den Zellen, wer die meisten bisher noch unbekannten Verbrechen entlarvt. Mehrere Tage hintereinander müssen die Gefangenen einen großen Kreis bilden, einen ihrer Mithäftlinge herausgreifen und in ihrer Mitte solange brüllend attackieren, bis er etwas gesteht. Mangelnden Eifer bei der Bezichtigung von Zellengenossen bestrafen die Wächter mit Nahrungsentzug und Quälereien.

»Da saßen wir auf allerkleinstem Raum, und es war keiner unter uns, der sich nicht völlig entäußert hätte. Kein Mensch wäre imstande gewesen, sich tiefer zu beugen, sich gegenseitig mehr zu demütigen, sich noch stärker zu entäußern als wir«, erzählt Dunsing später.[19] Alle europäischen Häftlinge leiden zu diesem Zeitpunkt bereits unter schweren Hungerödemen, weil sie außer Hirse und etwas Gemüse kaum etwas zu essen bekommen. Der körperliche Verfall verstärkt das Gefühl der Ohnmacht. Niemand begehrt mehr auf, die Angst bricht normalerweise alle. Ob Flatow genau das Gleiche durchmacht, wissen wir nicht, wir können es aber vermuten. Oder behandeln sie ihn als Einzigen aus besonderen Gründen anders?

Was mit den Ausländern in chinesischen Umerziehungslagern passiert, bringt der amerikanische Psychiater Robert J. Lifton 1953 nach einer Serie von ausführlichen Gesprächen mit entlassenen Gefangenen erstmals zu Papier.[20] Es sei in der Haft um nicht weniger als die »Vernichtung« selbstständigen Denkens gegangen. Seine Untersuchung gilt bis heute als Standardwerk. Der Franzose Jean Pasqualini, zwischen 1957 und 1964 als Konterrevolutionär in chinesischer Haft, schreibt: »Ein Gefangener braucht nicht lange, um sein Selbstvertrauen zu verlieren. Im Laufe der Jahre hat Maos Polizei die Verhörmethoden in einer Weise perfektioniert, dass ich jedem, ob Chinese oder nicht, die Fähigkeit absprechen möchte, ihnen standzuhalten. Ihr eigentliches Ziel ist es nicht, Dich zum Geständnis erfundener Verbrechen zu bringen, sondern Dein ganzes normales Leben als verrottet, sündhaft und würdig der Bestrafung zu betrachten.«[21] Pasqualini verfertigt nach monatelanger Gehirnwäsche schließlich »mit gesenktem Kopf« eine 700 Seiten lange Beichte aller seiner angeblichen Untaten.

Auch Dunsing kapituliert am Ende vollständig vor seinen Peinigern. Beim stundenlangen Studium der Mao-Schriften und der lokalen Parteizeitung zeigt der Deutsche jeden Tag aufs Neue den befohlenen Eifer, den andere Mitgefangene noch vermissen lassen. Nach über dreieinhalb Jahren im Umerziehungslager darf Dunsing deshalb Ende August 1954 vor die Richter des Volksgerichts treten, beugt sich (wie er es später nennt) ein letztes Mal der »Gehirnwäsche«[22] und stimmt allen Vorwürfen der Staatsanwälte ohne jede Widerrede demütig zu. Die Richter verurteilen Dunsing zu fünf Jahren Zuchthaus, ordnen aber gleichzeitig seine sofortige Deportation nach Deutschland an.

Was der Verurteilte nicht wissen kann: Dieser Gnadenakt ist weder ein Zufall noch ein Einzelfall. Chinas Führung bemüht sich seit der Genfer Indochinakonferenz 1954, bessere Beziehungen zum kapitalistischen Ausland und vor allem zur Bundesrepublik herzustellen. Erstmals sprechen deutsche Diplomaten in London direkt mit Abgesandten der Volksrepublik China und schneiden dabei auch das Schicksal der verhafteten Deutschen an. Die Chinesen begreifen: Zu viele ausländische Geschäftsleute in ihren Gefängnissen können der erhofften diplomatischen Annäherung nur schaden. Deshalb dürfen in diesen Monaten viele Europäer, vor allem aber die Deutschen, endlich die Umerziehungslager verlassen.

Von den Entlassenen erwarten ihre bisherigen Wächter nach erfolgreicher Umerziehung nun allerdings nicht nur große Dankbarkeit, sondern auch persönlichen Einsatz für die Volksrepublik China. Einige Opfer jahrelanger Gehirnwäsche arbeiten nach ihrer Haftzeit tatsächlich noch über viele Jahre in dem kommunistischen Land als »ausländische Experten«. So tritt der katholische Pater Peter Hüngsberg direkt nach seiner Haftentlassung in Beijing in die Dienste Maos, redigiert später die deutsche Ausgabe des Propagandablatts *Peking Rundschau* und übersetzt schließlich sogar die zusammengelogene und von dem Ghostwriter Li Wenda geschriebene Autobiografie des letzten chinesischen Kaisers Pu Yi über seine eigene »Umerziehung« und »Verwandlung zu einem neuen Menschen« im Gefängnis.[23]

Der Amerikaner Sidney Rittenberg gerät sogar zweimal in die Mühlen der Umerziehungslager, ohne sich von Mao loszusagen und seine Arbeit als »ausländischer Experte« in China zu beenden. Von anderen Ausländern verlangen die Kommunisten bei ihrer Entlassung, sich von nun an in ihrer jeweiligen Heimat als »Missionare für den Maoismus« zu bewähren, so auch von Wilhelm Dunsing.[24] Unter den Deutschen aus Tianjin gibt es allerdings nur einen einzigen, der diese Erwartung seiner Gefängniswärter später auch tatsächlich hundertprozentig erfüllt: Gerhard Flatow.

Zunächst aber bleibt Flatow als einer der wenigen 1951 in Tianjin verhafteten Ausländer noch weit über das Jahr 1954 hinaus in Haft. Eigentlich gibt es dafür bis heute keine ausreichende Erklärung. In dem (mit Vorsicht zu genießenden) Lebenslauf, den Flatow in den frühen siebziger Jahren als »Kader« seiner maoistischen Organisation schreiben muss, finden sich ein paar dürre Worte, die wahrscheinlich nur einen Teil der Wahrheit wiedergeben: »Ich hätte mir mit einer früheren und offeneren Selbstkritik vieles ersparen können. Aber als Kleinbürger und Schlaumeier dachte ich wohl, dass ich noch durchschlüpfen könnte.«[25] Die eigentliche Erklärung für seine lange Haftdauer von fast fünf Jahren liegt aber vermutlich in der überaus großen Zahl seiner Verbindungen in China, die ihn aus Sicht der Kommunisten zu einem ganz großen Fisch machen. Vor allem ein Kontakt in Tianjin wird Flatow zum Verhängnis: seine Beziehung zu Frazar-Chef Bob McCann.

Der damals 50-Jährige gilt als einer der wichtigsten Häftlinge unter den insgesamt 63 Amerikanern, die seit Ende 1951 in chinesischen Gefängnissen sitzen oder unter Hausarrest stehen.[26] In Tianjin gehörte Robert McCann vorher als Geschäftsführer der Firma Frazar, Vize-Präsident der amerikanischen Handelskammer, Rotarier und Vorstandsmitglied des Country Clubs zu den bekanntesten Honoratioren der Großstadt. Die kommunistische Propaganda stilisiert »Gan Chengen« (so sein chinesischer Name) nach der Verhaftung zum wahren Meisterspion und gefährlichen Terroristen.

Gemeinsam mit einem verhafteten Japaner habe er die »Bombardierung« des Tiananmen-Tors in Beijing geplant und die Ermordung Maos. Einen schlimmeren Vorwurf kann man sich damals in der Volksrepublik China nicht ausdenken. Als ehemaliger Mitarbeiter des amerikanischen Geheimdienstes OSS (dem Vorläufer der CIA) in Chongqing galt McCann schon seit seiner Rückkehr nach Tianjin 1945 als höchst verdächtig. Die kommunistische Spionageabwehr hatte den Geschäftsmann bereits während des Bürgerkriegs mit der Kuomintang beobachtet – und hält ihn nach 1949 für einen sogenannten Schläfer: einen zurückgelassenen Agenten der Amerikaner.

Zugleich machen ihn die Chinesen für eine ganze Reihe großer Wirtschaftsvergehen in Tianjin verantwortlich – eine Behauptung, die anders als die Spionagegeschichte nicht ganz aus der Luft gegriffen ist. Dunsing und mehrere andere Zeitzeugen schildern beispielsweise den »phantastischen Plan« McCanns, das Verbot der Ausfuhr von harten Devisen zu umgehen.[27] Der geschäftstüchtige Amerikaner, ein Abenteurer wie Flatow, tauscht in der Stadt große Summen chinesischer Yuan in US-Dollar um, erstellt eine Liste aller Seriennummern und verbrennt die Scheine in Anwesenheit des belgischen Konsuls, der diesen Vorgang protokolliert und mit seinem amtlichen Siegel bestätigt. Mit diesen Dokumenten will sich McCann später den entsprechenden Gesamtbetrag vom US-Finanzministerium zurückerstatten lassen – eine aberwitzige Idee, um das Vermögen seiner Firma nach und nach in die USA zu transferieren und so die strengen Devisenkontrollen des neuen Regimes auszuhebeln.

Nicht nur McCann, sondern auch viele seiner Mitwisser bei Frazar müssen für diese und andere Machenschaften büßen: Die Chinesen verhaften nach und nach den alten deutschen Chefbuchhalter des Unternehmens, den Beijinger Bürochef, die wichtigsten chinesischen Mitarbeiter in allen Frazar-Niederlassungen und schließlich im Juni 1955 sogar seine zeitweilige Übersetzerin: Ruth »Ui« Wilhelm, die chinesische Ehefrau Manfred Wilhelms, die man insgesamt neun Monate lang verhört, dann aber ohne offizielle Anklage freilässt.[28] Gerhard Flatow kennt alle Angeklagten und stand mit ihnen in engem Kontakt.

McCann verteidigt sich im Gefängnis über viele Jahre als einer von ganz wenigen hartnäckig gegen die Spionagevorwürfe der Kommunisten. Einer seiner engsten Kollegen und Freunde vermutete schon 1953, »Bob wird niemals das gestehen, was die Kommunisten von ihm hören wollen«.[29] Je länger er im Gefängnis sitzt, desto mehr sollte er zum politischen Spielball zwischen den Amerikanern und den Chinesen werden. Während allmählich alle anderen Frazar-Mitarbeiter und selbst die angeblichen Angehörigen des »Spionagerings in Nordchina« freikommen, verurteilt das Volksgericht McCann am 2. November 1955 in Tianjin zu 15 Jahren Gefängnis.

Erst als der krebskranke Amerikaner im Frühjahr 1961 im Sterben liegt, erlauben die Kommunisten seine Ausreise. Vor den Kameras der britischen Wochenschau *Pathé* trifft McCann im April 1961 auf einer Krankentrage im Grenzort Lowu ein, wo ihn chinesische Sanitäter über die Demarkationslinie zur Kronkolonie Hongkong schieben, ohne britisches Territorium zu betreten. Ein bizarrer Schlussakt des langen Dramas.

Wenige Tage später stirbt McCann, ohne dass ihm sein letzter Wunsch erfüllt werden kann: seine amerikanische Heimat noch einmal wiederzusehen. Die Weltpresse berichtet groß über das Ende des unglücklichen Gefangenen, den viele in den sechziger Jahren als politischen Märtyrer des Kalten Kriegs sehen.

Am Anfang der Haft sieht es so aus, als ob Gerhard Flatow ein ähnliches Schicksal wie McCann erleiden könnte. Die vielen Bruchstücke seines bisherigen Lebens in China verdichten sich im Kopf seiner Verhörführer in Tianjin zu einem ähnlichen Gesamtbild wie bei McCann. Alles fügt sich perfekt in die paranoide Weltsicht ein, die Maos Propaganda in diesen Monaten vorgibt: Der angebliche Nazi, der auf Rechnung Otto Wolffs für Hitlers Krieg Wolfram aus China importiert hatte. Der Kuomintang-Agent, der für den berüchtigten Geheimdienstchef Dai Li gearbeitet hatte, den grausamen Kommunistenmörder. Der böse Intrigant, der in Chongqing die verdiente Genossin Anna Wang angeschwärzt und sogar Zhou Enlai behelligt hatte, den zweitwichtigsten Führer der KP Chinas. Der Spion, der Berichte aus der Mandschurei an den britischen Geheimdienst MI6 in Hongkong schickte. Der Freund McCanns, der sogar mit seinem Büro ins das »Terroristennest« bei Frazar in Tianjin eingezogen war und anschließend über ihn geheime Informationen an den amerikanischen Kriegsgegner weitergegeben hatte. Der Schieber und Betrüger, der die staatliche Außenhandelsorganisation in Tianjin mit Hilfe Dunsings ausgebeutet und anschließend gemeinsam mit seinen Kölner Partnern um über 600 000 Dollar betrogen hatte. Der windige Geselle und Verführer, der sich mit unschuldigen jungen Chinesinnen herumtreibt und mit seinem Geld nur so um sich wirft. Alles und noch viel mehr zaubern die Sicherheitspolizisten aus ihren Akten hervor – schon vor Flatows vollständigem Geständnis – und bringen es auf einen einfachen Nenner: Gerhard Flatow, ein übler und moralisch verkommener Konterrevolutionär und gefährlicher Spion wie McCann und vielleicht sogar dessen Alter Ego.

Flatow reagiert höchst erstaunt auf das, was die Kommunisten alles über ihn wissen. Auch seine Verbindungen zu Chiang Kai-sheks Leibwächter Walther Stennes, seine Geschäfte mit dem Waffenamt der Kuomintang, sein Besuch in der Mandschurei mit Manfred Wilhelm – und schließlich alle seine Geschäfte in Tianjin kommen auf den Tisch. Oft sind seine Verhörführer selbst über die kleinsten Details penibel informiert – etwa den doppelten Boden im Koffer eines britischen Spions, mit dem sich Flatow eingelassen hatte.

Am Ende beschließt Flatow, nichts mehr zu leugnen und in seinem schriftlichen Lebenslauf alles detailliert zu beschreiben, was die Polizisten von ihm hören wollen. Schnell konzentriert sich das Interesse seiner Verhörführer auf Flatows Wissen über den britischen und amerikanischen Geheimdienst in Hongkong – »ein wichtiger Punkt«, wie er später betont. Der Deutsche nennt nacheinander alle Namen, die ihm einfallen – darunter Commander MacKenzie – und macht damit offenbar Punkte.[30] Auch die Schiebereien in Tianjin gibt Flatow nach eigenen Worten ohne jede Einschränkung offen zu. Wie sich seine Fu Sze Company in Zusammenarbeit mit anderen ausländischen Unternehmen in eine »Devisenverschwindestelle« verwandelt habe, wie man ohne große Schwierigkeiten sehr profitable Geschäfte auf Kosten der staatlichen Außenhandelsorganisation eingefädelt habe und überhaupt so manche Verbote des neuen Regimes mit Raffinesse umschiffen konnte.[31]

Was Flatow sonst noch alles gesteht und wann sich die chinesische Sicherheitspolizei damit schließlich zufriedengibt, wissen wir nicht. Oder was sonst mit ihm passiert. Während der Gefängniszeit erfährt niemand überhaupt irgendetwas über sein Schicksal – nicht einmal die Tatsache einer Verhaftung selbst findet zunächst offizielle Bestätigung. Im Oktober 1952 wendet sich der Hamburger Anwalt Kurt Walters im Auftrag der Familie an das Auswärtige Amt in Bonn und bittet die Beamten um Mithilfe bei der Suche nach Flatow. Alle Nachfragen bei den chinesischen Behörden bleiben jedoch ohne jede Antwort.[32]

Die Bundesregierung, die keine diplomatischen Beziehungen zur Volksrepublik China unterhält, schaltet schließlich vergeblich die Schweizer Botschaft in Beijing ein.[33] 15 Monate vergehen, bevor sich die deutschen Diplomaten mit der lapidaren Mitteilung wieder melden, es gebe im Fall Flatows »nichts Neues«.[34] Und so setzt sich der amtliche Briefverkehr fort, bis weit in das Jahr 1956 hinein. Auch Dieter Flatow und Wu Mei, die seit der Verstaatlichung der Fu Sze Company im Herbst 1953 mit dem damals 11-jährigen Michael auf eine Ausreisegenehmigung warten, erfahren in Shanghai nichts.[35] Nach ihrer Ausreise im November 1954 verstärken sie von Deutschland aus ihre Bemühungen, einen Kontakt mit Gerhard herzustellen – vergeblich. Im Mai 1955 spricht Dieter Flatow selbst im Auswärtigen Amt vor – ebenfalls ohne Erfolg.[36] Gerhard bleibt unerreichbar und wie vom Erdboden verschluckt. Erst im Mai 1956 erfährt die Familie durch eine Mitteilung des Internationalen Roten Kreuzes, dass Gerhard zu sechs Jahren Gefängnis verurteilt worden sei.[37] Doch auch das entspricht nicht ganz der Wahrheit.

Gerhard Flatow selbst spricht in seinem späteren Leben nur selten über die Zeit in Maos Gefängnis. Und auch sein Sohn Michael kann sich nicht erinnern, dass sein Vater jemals Genaueres erzählt habe.[38] Und wenn man doch etwas von ihm hörte, dann lediglich belanglose Anekdoten. Wie er in der Haft gelernt habe, seine Essschale in höchster Geschwindigkeit zu leeren. Wie er dort das Boxen angefangen habe, um sich in der Zelle fit zu halten. Dass er dort von chinesischen Mithäftlingen neue Flüche in unterschiedlichsten Dialekten gelernt habe.[39] Wie die Gefangenen mit der Reparatur von Fahrrädern schnell einer produktiven Arbeit zugeführt worden seien.[40] In kurzen Randbemerkungen erweckt Flatow in seinen hinterlassenen Notizen den Eindruck, aus einem harten Verhör sei in der Haft schon bald ein »Gespräch« geworden: »Da haben wir uns über mein ganzes Leben unterhalten.«[41]

Die vielen Grausamkeiten in der Haft, die Dunsing und andere Häftlinge so detailliert schildern, kommen in Flatows Erzählungen schlicht nicht vor. Vielleicht entging er tatsächlich der üblichen Behandlung, weil er sich so früh so willig beugte und die Kommunisten schon bald seinen Wert als künftigen Weggefährten erkannten. Aber warum blieb Flatow dann so lange im Gefängnis? Vielleicht kann man seine partielle Amnesie in späteren Jahren auch mit seinem maoistischen Weltbild erklären und dem Wunsch, den chinesischen Kommunisten auch später auf keinen Fall zu schaden. Die volle Wahrheit bleibt im Dunkeln, solange die Archive des chinesischen Geheimdienstes geschlossen bleiben.

In der deutschen radikalen Linken sollte in den siebziger Jahren auf jeden Fall eine Art Mythos um Flatows Haft in der Volksrepublik China entstehen. Seine »Freunde und Genossen« aus Düsseldorf verbreiteten nach seinem Tod in einer einschlägigen Zeitschrift die revolutionsromantische Vorstellung, seine fünf Jahre im chinesischen Gefängnis seien »zu Jahren verstärkter Lebensbejahung und einer wachsenden tätigen Zuversicht« geworden. Die »Freundschaften zwischen Gefangenen und Betreuern (sic!) bei Studium und Arbeit« seien so weit gegangen, dass Flatow Ende der siebziger Jahre eigentlich seine ehemaligen Wächter in Tianjin noch einmal habe besuchen wollen, um sich für die eigene Umerziehung zu bedanken, aber leider nicht mehr dazu gekommen sei.[42] Richtig daran ist immerhin, dass sich Flatow kurz vor seinem Tod mit dem Thema noch einmal beschäftigen sollte und zwei Bücher über kommunistische Lagerhaft liest, die sich in seinem späteren Nachlass finden: eine eher akademische Abhandlung über »Strafrecht und

Massenerziehung in der Volksrepublik China« und den eindrucksvollen Bericht der Britin Edith Bone über ihre siebenjährige Einzelhaft in einem ungarischen Gefängnis zwischen 1949 und 1956.[43]

Was Flatow in Maos Gefängnis tatsächlich erlebt und wie man ihn wirklich behandelt, ob tatsächlich brutale Gehirnwäsche im Spiel war wie bei allen anderen Mithäftlingen oder ob sich der frühere Jungkommunist mehr oder weniger freiwillig auf seine Überzeugungen aus den dreißiger Jahren zurückbesinnt, wissen wir nicht. China war schon vor seiner Verhaftung sein Leben, sein Wissen über China sein kulturelles Kapital, seine innere Bewunderung für die KP Chinas echt. Doch erst die Haft verwandelt Gerhard Flatow endgültig in einen überzeugten Anhänger Maos, der nun auch persönlich Teil des großen Aufbruchs im »neuen China« sein will.

Man darf nicht nur reden, sondern muss politisch handeln – mit dieser Überzeugung verlässt der Deutsche 1956 das Gefängnis in Tianjin. Sein weiterer Weg danach ist vorgezeichnet: Der linke Abenteurer und gewiefte China-Kaufmann mutiert zum verlässlichen politischen Mitläufer und wirtschaftlichen Vertrauensmann der KP Chinas. Von nun an betreibt er über viele Jahre die Geschäfte der chinesischen Kommunisten. Bis zu seinem Tod bleibt er aus innerster Überzeugung einer von Maos Männern in Europa, in den späten fünfziger und frühen sechziger Jahren sogar einer der allerwichtigsten. Spätere Geschäftspartner Flatows gehen nach Gesprächen mit ihm davon aus, er habe bei seiner Entlassung »spezielle Aufgaben« für die Chinesen übernommen, die nichts mehr mit seinen normalen Business-Deals in der Vergangenheit zu tun hatten.[44] Sein weiterer Lebensweg deutet darauf hin, dass diese Einschätzung wahr gewesen sein dürfte.

Manches im offiziellen Lebenslauf für seine maoistische Organisation klingt später so, als ob Gerhard Flatow bloß die Erwartungen seiner jungen Genossen erfüllen wollte, die inbrünstig an das rote China glauben. In seiner Konsequenz aber ist die dort wiedergegebene Beschreibung seiner Gemütslage nach fünf Jahren Haft vielleicht trotzdem nicht ganz falsch: »Immerhin bedauere ich die fast fünf Jahre Haft in China nicht ein bisschen. In dieser Zeit hatte ich Zeit. Ich traf Menschen, die unheimlich offen und klar waren. Die Genossen haben mir mit Literatur und Diskussion, mit der Möglichkeit, praktisch zu arbeiten, helfend meine geringen technischen Kenntnisse zu verwenden, unglaublich geholfen. Von da an war es klar, dass ich auch nach Deutschland zurückgekehrt, 1957 einen anderen Weg gehen musste.«[45]

Die genauen Umstände seiner Freilassung im Frühherbst 1956 erscheinen bei näherem Hinsehen allerdings genauso mysteriös wie seine lange Zeit im Gefängnis. Anders als bei allen anderen Gefangenen gibt es in seinem Fall kein öffentliches Gerichtsverfahren in Tianjin und keinen abschließenden Richterspruch. Kaum wieder auf freiem Fuß, meldet sich der nun 45-Jährige am 27. September 1956 per Telegramm in seiner Kölner Firmenzentrale und kündigt seine »baldige Ausreise« aus China an.[46]

Was Flatow verschweigt: Der Entlassene kehrt mit einem klaren Auftrag der Chinesen zurück. Der zuständige chinesische Richter fordert Flatow bei seiner Freilassung ausdrücklich auf, »seine alte Stellung bei der Firma Otto Wolff wieder aufzunehmen«. Seine zwischenzeitlichen Pläne, die DDR-Staatsbürgerschaft anzunehmen, seien nicht sinnvoll. Durch seine »Verbindungen zu westdeutschen Industriekreisen« könne er der Volksrepublik China »von Nutzen« sein, wenn er einen westdeutschen Pass annehme und keinen DDR-Pass. Am 18. Oktober 1956 spricht Flatow in der DDR-Botschaft in Beijing vor und verkündet dem Zweiten Sekretär in einem 40-minütigen Gespräch seinen Sinneswandel. Am 19. Oktober stimmen die DDR-Diplomaten nach Rücksprache mit den »chinesischen Genossen« seiner Rückkehr in die Bundesrepublik ausdrücklich zu. Flatow verspricht im Gegenzug, künftig »ständig Kontakt« mit der DDR-Botschaft zu halten.[47]

Ein paar Tage später gratuliert Otto Wolff von Amerongen per Telegramm zum »earlier release« – man hatte in Köln also tatsächlich damit gerechnet, dass Flatow erst 12 Monate später nach sechsjähriger Haft freikommen würde. Am 12. November 1956 weist der Unternehmer seine Untergebenen in Hongkong an, Flatow bei der Ankunft in der Kronkolonie sofort mit genügend Geld zu versorgen.[48] Einen Tag später heiratet Gerhard in Tianjin seine chinesische Freundin Mary, damit sie mit ihm ausreisen darf.[49] Deutsche Reisepässe treffen pünktlich zur Hochzeit per Kurier vom Generalkonsulat in Hongkong ein.

Ende 1956 trifft Gerhard Flatow in Köln nach 22 Jahren seine alte Freundin Ursula Kluth aus Positano wieder, die inzwischen in Deutschland verheiratet ist. Ihr Sohn Michael Dietzsch, damals gerade 16 Jahre alt, erinnert sich noch Jahrzehnte später an das Mittagessen mit Mary und Gerhard in einem China-Restaurant. Lachend fordert Flatow den Jungen zu einem sportlichen Wettkampf heraus: Wer von beiden könne wohl schneller eine Schale Reis leeren, Michael mit seinem Löffel oder er mit seinen Stäbchen? Natürlich gewinnt Gerhard Flatow, der sich wie ein Kind über den kleinen Sieg freut.[50] Kein gebrochener Mann wie viele Gefangene Maos nach ihrer Haft, eher im Gegenteil: zugewandt wie immer, kein bisschen grüblerisch, immer zu Scherzen aufgelegt und wie früher ganz davon überzeugt, dass alles irgendwie schon gut weitergeht. Fünf Jahre einfach abgehakt.

KAPITEL 6

Wie mitten im Kalten Krieg Deutschlands Rotchina-Lobby entsteht

1957–60

Zum 37. Liebesmahl des Ostasiatischen Vereins trifft sich am 16. März 1957 eine illustre Schar von Reedern, Kaufleuten und Industriellen im Großen Festsaal des Hotels Atlantic an der Hamburger Außenalster. Die Herren tragen schwarze Abendgarderobe mit Fliege, Frauen sucht man hier traditionell vergebens. Man drängt sich unter einem gewaltigen Kristalllüster an den weiß eingedeckten Tischen. Der Vorsitzende der vielleicht exklusivsten deutschen Außenhandelsvereinigung und der Zweite Bürgermeister der Hansestadt begrüßen die Gäste, die Festrede hält der Staatssekretär im Bonner Auswärtigen Amt, Walter Hallstein. Jeder Unternehmer, der im Asiengeschäft sein Geld verdient, freut sich über die Einladung zu diesem festlichen Essen – für viele von ihnen der gesellschaftliche Höhepunkt des ganzen Jahres.

Die Veteranen des deutschen China-Handels, die unter den Hamburger Honoratioren zahlreich vertreten sind, freuen sich ganz besonders an diesem Tag. Seit sie das Reich der Mitte nach dem Zweiten Weltkrieg und dem Sieg der chinesischen Kommunisten verlassen mussten, lief nicht mehr viel für sie. Doch an diesem Abend wittern sie zum ersten Mal wieder Morgenluft. China geht seit Kurzem neuerlich auf sie zu und beseitigt viele Hindernisse für einen neuen Start.

Als Geste des guten Willens lassen die Chinesen auch die letzten deutschen Geschäftsleute frei, die sie als angebliche Spione und Verbrecher inhaftiert hatten. Der Vorsitzende des Ostasiatischen Vereins begrüßt an diesen Abend mit großer Gebärde die »letzten unglücklichen Deutschen«, die gerade aus den Gefängnissen Maos freigekommen sind, als Ehrengäste im Saal. Unter ihnen auch Gerhard Flatow, der sich an der Seite seines alten Freundes Manfred Wilhelm zum ersten Mal wieder vergnügt und erleichtert unter den alten Kaufmannskollegen in der Öffentlichkeit sehen lässt.[1]

Gerade ein Vierteljahr in Freiheit, zieht der mittlerweile 46-Jährige bereits wieder für den Industriellen Otto Wolff von Amerongen die Strippen im fernen Osten. Vorerst arbeitet Flatow als freier Mitarbeiter in Köln und kassiert für jeden Abschluss zwei Promille des Umsatzes.[2] Die Gefängnisjahre merkt man ihm nicht an, seine Umtriebigkeit kennt keine Grenzen, die Lebenslust auch nicht.

Allerdings spürt Flatow um sich herum eine gewisse Zurückhaltung, viele Gerüchte ranken sich um ihn. Seine neuen Kollegen in der Konzernzentrale und die Vertreter der alteingesessenen Handelshäuser finden die schnelle Rückkehr Flatows ins China-Geschäft so kurz nach seiner langjährigen Haft äußerst verdächtig. So gut wie alle anderen westlichen Gefangenen Maos brechen nach ihrer Freilassung jeden Kontakt zur Volksrepublik ab. Nicht jedoch Flatow. Im Gegenteil.

Die einen halten ihn deshalb für erpressbar, die anderen für ein U-Boot der Chinesen. Die Auslandsabteilung des Otto-Wolff-Konzerns warnt kurz nach dem Liebesmahl vor den möglichen Folgen der »Affäre Flatow«.[3] Und der neue Vertreter der Firma in Hongkong zeigt sich höchst irritiert über die Ankündigung Flatows, schon bald in die Kronkolonie und möglicherweise sogar weiter in die Volksrepublik zu reisen: »Herr Flatow hat als einziger Inhaftierter kein Urteil erhalten. Es kann also zu jeder Zeit geschehen, dass die Chinesen im Lauf einer geschäftlichen Transaktion Herrn Flatow unter dem Hinweis, dass die Rechnung nicht beglichen sei, ernstlich bedrängen oder gar festhalten. Herr Flatow zeigt eine zwar beachtliche, aber leider manchmal irrationale Aktivität.«[4] Flatow ist zu einer zwielichtigen Figur geworden – und wird diesen Ruf in Deutschland zeit seines Lebens nie wieder ganz los. Als Flatow später tatsächlich zum ersten Mal wieder in Beijing auftaucht, wundert sich ein ehemaliger Frazar-Manager: Es sei »ziemlich komisch«, dass Flatow ein Visum der Rotchinesen erhalten habe, obwohl er doch bis 1956 als Spion in ihrem Gefängnis saß.[5] Viele andere China-Händler denken ähnlich und trauen Flatow nicht mehr ganz über den Weg.

Doch weder sein Chef Otto Wolff von Amerongen noch Flatow selbst lassen sich durch die kritischen Stimmen beeindrucken. Schließlich geht es ums China-Geschäft, um viele Millionen. Damit es wieder anläuft, muss zunächst ein Minimum an bilateraler Rechtssicherheit geschaffen werden. Bisher hat die Bundesrepublik keinen einzigen völkerrechtlich verbindlichen Vertrag mit der Volksrepublik unterschrieben, von diplomatischen Beziehungen ganz zu schweigen.

Im Auftrag der deutschen Industrie verhandelt Otto Wolff von Amerongen schon seit 1954 streng vertraulich, aber zunächst ohne Erfolg mit den Chinesen über die Aufnahme fester Handelsbeziehungen – teilweise in direkter Absprache mit dem Auswärtigen Amt in Bonn, teilweise verdeckt auf eigene Faust. Im Hotel Beau Rivage in Genf hatte der Unternehmer 1954 zum ersten Mal einen bevollmächtigten Vertreter der Volksrepublik China getroffen. Doch der erste Anlauf, mit den Chinesen ins Geschäft zu kommen, scheiterte mitten im Kalten Krieg an der Angst des Bundeskanzlers Konrad Adenauer vor den Amerikanern, die jeden Kontakt ihrer Verbündeten zu Rotchina ablehnen. 1955 konnte Otto Wolf von Amerongen jedoch die Leitung des Ost-Ausschusses der Deutschen Wirtschaft übernehmen, der sich in diesen Jahren zur einflussreichen Industrievereinigung entwickelt. Die Verhandlungen mit den Chinesen laufen seitdem mit deutlich mehr Rückenwind.

Im Herbst 1957 gelingt der Durchbruch. Otto Wolff von Amerongen trifft am 8. September mit einer großen Wirtschaftsdelegation auf dem Hauptbahnhof von Beijing ein und unterzeichnet dort am 27. September ein halboffizielles Handelsabkommen – zunächst mit nur einem Jahr Laufzeit und einem bescheidenen Volumen von 230 Millionen Mark, aber dennoch ein kleines Wunder. Otto Wolff von Amerongen ist mit seinem diplomatischen Husarenstück endgültig zur zentralen Figur des deutschen China-Geschäfts aufgestiegen – ähnlich wie sein Vater in den dreißiger Jahren mit seiner Sonderbeziehung zum damaligen Präsidenten Chiang Kai-shek.

Auch deshalb setzt der Unternehmer jetzt so stark auf seinen erfahrensten und aktivsten China-Kenner und wischt alle politischen Bedenken gegen Gerhard Flatow beiseite. Otto Wolff von Amerongen braucht jetzt einen mutigen Draufgänger, der Chancen schnell erkennt, sie ohne jedes Zögern nutzt und sich im Zweifel auch einfach über noch bestehende gesetzliche Handelsbeschränkungen hinwegsetzt. Eine Aufgabe, wie geschaffen für Flatow.

Man muss diese ganz besondere Stellung Otto Wolff von Amerongens in dieser Zeit verstehen, um auch Gerhard Flatows Schlüsselrolle Ende der fünfziger Jahre zu begreifen. Für die Chinesen erweist sich ein loyaler Weggefährte und Vertrauensmann in der Nähe des für sie wichtigsten deutschen Industriellen als äußerst hilfreich. Und für den Unternehmer umgekehrt ein Mann mit einem weiteren vertraulichen Gesprächskanal zu den Chinesen genauso. Dabei dürfte Otto Wolff von Amerongen trotz aller Bedenken um ihn herum nicht klar gewesen sein, wie stark Flatows Bindung zur KP Chinas wirklich war. Man könnte von einem klassischen Doppelagentenspiel Flatows sprechen, wenn sich das nicht zu sehr nach Geheimdienstarbeit anhörte. Fest steht: Flatow genießt seine neue Rolle, kommuniziert in beide Richtungen und nutzt die Kontakte nach China, um Geschäfte zu machen. Umgekehrt dienen ihm diese Geschäfte dazu, seinen Ruf in China zu festigen.

Auf jeden Fall entsteht eine Konstellation, von der beide Seiten profitieren, egal wo die allerletzte Loyalität Flatows wirklich liegt. Zumindest so lange, wie sich die Interessen der Volksrepublik und die der deutschen Wirtschaft decken: die Geschäfte über alle politischen Widerstände hinweg gehörig in Gang zu bringen. Das gilt nicht zuletzt und vor allem für den Otto-Wolff-Konzern selbst. So sehr sich Otto Wolff von Amerongen auch als Botschafter der ganzen deutschen Industrie in China gibt, so wenig vergisst er dabei seinen eigenen Vorteil.

Mit Aufträgen aus der Volksrepublik und dem sozialistischen Lager gelingt es dem Vorstandschef, seinen wackligen Konzern zu stabilisieren und schließlich zum drittgrößten Familienunternehmen in der Bundesrepublik zu machen. Als »Pionier des Osthandels« steigt der Rheinländer in den nächsten Jahren zum politisch einflussreichsten Unternehmer der Adenauer- und Erhard-Zeit auf. Nach 1955 sollte Otto Wolff von Amerongen den Ost-Ausschuss der Deutschen Industrie noch 45 Jahre leiten, in der Mitte dieser Amtszeit außerdem fast 20 Jahre lang die Spitzenorganisation der gesamten Wirtschaft, den Deutschen Industrie- und Handelstag (DIHT). Für die chinesische Führung war eine möglichst enge Verbindung mit ihm von Anfang an Gold wert. Und ganz besonders die frühe und tiefe Einsicht in seine Pläne und Absichten, die ihnen Gerhard Flatow bei seinen häufigen Gesprächen mit chinesischen Diplomaten vermittelte.

Flatow selbst drängt es seit seiner Rückkehr, nun auch in Deutschland eine prominentere Rolle zu spielen, wo ihn nach so vielen Jahren in China kaum jemand kennt. In seiner Wohnung in Köln-Buchforst hält ihn nichts, die stumpfe Büroarbeit stößt ihn noch mehr ab als früher. Er macht das, was ihm am meisten liegt, reist mit seinem Mercedes quer durch das Land, knüpft neue Kontakte und besucht alte Bekannte. Ob es bei all den Reisen ums Geschäft oder um die Politik geht, ob Flatow gerade für Otto Wolff von Amerongen unterwegs ist oder für die Chinesen, weiß niemand im Konzern. Flatow lässt sich nicht kontrollieren und an der kurzen Leine führen, wie es eigentlich in seinem Unternehmen üblich ist.

Als besonders nützlich erweist sich schon bald ein alter Bekannter, dem seit der ersten Begegnung 1939 in Chongqing seine politische Abneigung gilt, aber eben auch seine Bewunderung: der Ex-Nazi Wolf Schenke. Noch 1957 erneuert Flatow seinen Kontakt zu dem ehemaligen Agenten der deutschen Abwehr und China-Korrespondenten des *Völkischen Beobachters*. Schenke spielt in den fünfziger Jahren eine zentrale Rolle beim Aufbau eines national-neutralistischen Netzwerks in der frühen Bundesrepublik; eine Querfront aus ganz Rechten und ein paar Linken, die Adenauers Kurs einer Westintegration bis aufs Messer bekämpfen und sich für ein wiedervereinigtes pazifistisches Deutschland zwischen den beiden Blöcken einsetzen. China soll dabei als Verbündeter helfen, so schwebt es Schenke vor, und vor allem ihm persönlich politisches Gewicht verleihen. Denn innenpolitische Erfolge, etwa bei Wahlen, können die Neutralisten nicht vorweisen.

Die Chinesen halten Schenke als Bündnispartner trotzdem für überaus nützlich. Sie ventilieren schließlich schon seit einiger Zeit die Idee, eine »Gesellschaft für deutsch-chinesische Freundschaft« in der Bundesrepublik zu gründen,[6] suchen dringend geeignete Ansprechpartner für ihr Projekt und bitten sogar die DDR um Mithilfe bei ihrer Gründung. Schenke war ihnen gerade recht gekommen, als er 1953 Kontakt mit der chinesischen Botschaft in Ostberlin aufgenommen hatte. Flatow zeigt sich schwer beeindruckt von den Anekdoten, die sein alter Rivale seitdem überall herumerzählt. Während Otto Wolff von Amerongen im Sommer 1954 mit den Chinesen im Genfer Hotel Beau Rivage über ein Handelsabkommen verhandelte, sei er zur gleichen Zeit und im selben Hotel mit Wang Bingnan zusammengetroffen, dem früheren persönlichen Sekretär Zhou Enlais in Chongqing, Ehemann Anna Wangs und jetzigen Sonderbotschafter der Volksrepublik China.[7]

Im Sommer 1956 sei er dann auf Einladung Wang Bingnans, so erzählt Schenke Flatow, zum ersten Mal wieder nach China gereist, begleitet von dem nationalliberalen FDP-Bundestagsabgeordneten Hermann Schwann. Nach seinem Besuch bedankte sich Schenke bei den Chinesen mit einer Serie von Artikeln über seine Reiseeindrücke für seine Zeitschrift *Neue Politik*, geschrieben in einem komischen Mischjargon aus maoistischen und nationalsozialistischen Phrasen: Der KP Chinas sei es gelungen, »dieses eigenwillige Volk von 600 Millionen (zu) disziplinieren« und die »unerschöpfliche Kraft dieses Volkes« zu entfesseln. Man solle deshalb in Westdeutschland nicht mehr wie bisher von Rotchina sprechen, sondern vom »Chinesischen Reich«.[8]

Gerhard Flatow sieht nach seinen ersten Gesprächen mit Schenke die Chance, sich selbst ohne großen Aufwand an einer entscheidenden politischen Schnittstelle zu positionieren – und damit sowohl Otto Wolff von Amerongen zu helfen als auch seinen chinesischen Freunden. Oder in umgekehrter Reihenfolge. Am 7. September 1957 gründen die beiden alten Bekannten in Hamburg gemeinsam mit insgesamt 70 Mitstreitern unter den wachsamen Augen von CIA und Bundesnachrichtendienst die Deutsche China-Gesellschaft (DCG) – den ersten prochinesischen Lobbyverein in Westdeutschland. Ihre Gründungsmitglieder sollten in den nächsten 20 Jahren immer wieder in unterschiedlichen Zusammenhängen als Unterstützter der Volksrepublik auftauchen und in der zweiten Hälfte der sechziger Jahre sogar die Gründung der ersten maoistischen Parteien in der Bundesrepublik forcieren – allen voran Schenke und Flatow selbst.

Für die Chinesen ist die neue Organisation ein großes Geschenk, Radio Beijing berichtet schon am Tag nach der Gründung ausführlich.[9] Anders als in den meisten anderen Ländern können sie sich in Westdeutschland bisher nicht einmal auf eine kommunistische Sympathisantenorganisation stützen. Die KP Chinas verfügt über so gut wie gar keine direkten Kontakte in die – seit 1956 verbotene und nur noch illegal arbeitende – KPD und kann sich mit ihr (wenn überhaupt) nur unter dem stets wachsamen Auge der SED in Ostberlin austauschen, wo die Exilführung der westdeutschen Kommunisten residiert. Fast alle KPD-Genossen, die in den dreißiger und vierziger Jahren in China in Kontakt mit den chinesischen Kommunisten standen, leben inzwischen in der DDR.

Die chinesische Regierung unterstützt Schenkes und Flatows China-Vereinigung deshalb von Anfang an massiv. Als Vorbild gilt in Beijing die schon 1956 in Brüssel gegründete Association Belgique-Chine, in der sich die kommunistischen Drahtzieher mit einem ehemaligen Ministerpräsidenten als »Ehrenvorsitzendem« überparteilich schmücken und sogar die belgische Königin Elisabeth in ihren Bann ziehen.[10] Eine ähnliche Bandbreite schwebt auch Schenke und Flatow in Deutschland vor.

Schenke übernimmt den Vorsitz der China-Vereinigung, der FDP-Mann Schwann dient als sein Stellvertreter und als politischer Verbindungsmann in die Bonner Parteien und Ministerien. Flatow rückt in den Beirat ein, zieht im Hintergrund die Fäden und dient als Kontaktmann zu seinem Chef Otto Wolff von Amerongen und zur westdeutschen Industrie. Als einer der Finanziers der Gesellschaft erhält dort auch der frühere Präsident der Reichsbank, ehemalige Wirtschaftsminister Adolf Hitlers und jetzige Düsseldorfer Privatbankier Hjalmar Schacht eine herausgehobene Funktion. Flatow lernt ihn in der Gesellschaft kennen und tauscht sich mit ihm aus.

In ihrer Gründungserklärung definiert die Gesellschaft ihre Aufgaben völkerverbindend und harmlos: Sie wolle das Wissen über China im deutschen Volk erweitern, künftig Studienreisen und den Austausch von Experten sowie Gastprofessoren organisieren, die wirtschaftliche Zusammenarbeit fördern sowie mehr Möglichkeiten zum Erlernen der chinesischen Sprache schaffen. Die chinesische Seite werde dabei »alle Möglichkeiten der Zusammenarbeit« unterstützen und schon bald eine größere deutsche Delegation in Beijing empfangen.[11]

Es ist das übliche Programm, das China auch den bereits bestehenden Freundschaftsgesellschaften in anderen Ländern verordnet hat. Entscheidend ist, was sich nur zwischen den Zeilen findet: Die Gesellschaft soll den Chinesen Türen öffnen, ihre Parolen und Positionen verbreiten und gegen alle »China-Feinde« einschreiten, von denen es im antikommunistischen Adenauer-Deutschland immer noch mehr als genug gibt. Chinas Führung denkt, auch in diesem Fall, sehr langfristig. Es geht um den Aufbau einer möglichst breiten Einheitsfront, ganz nach der Devise Maos: Aus einem Funken kann ein Steppenbrand entstehen.

In Vorstand und Beirat der China-Gesellschaft versammeln sich zunächst Männer (und eine einzige Frau) aus der zweiten Reihe von Politik und Wirtschaft. Ein harter Kern kennt sich bereits aus anderen neutralistisch-nationalistischen Organisationen, in denen Schenke seit Jahren kräftig mitmischt. Auffällig viele ehemalige Nazis wollen mit ihrem Ehrenamt in der DCG offenbar vor allem ihren eigenen Ruf aufpolieren – etwa Hitlers Rassenideologe Egon von Eickstedt. Sein einziger persönlicher China-Bezug: ein früheres pseudowissenschaftliches Projekt zur Vermessung von asiatischen Kopfformen.

Der verurteilte Kriegsverbrecher und ehemalige Aufsichtsratsvorsitzende der IG Farben, Carl Krauch, der ehemalige Leiter der NSDAP-Ortsgruppe Shanghai Rudolf Hellmann und der frühere leitende Mitarbeiter des Reichssicherheitshauptamts Albrecht Focke gehören ebenfalls zum Führungskreis. Mit dabei ist aber auch der Kaufmann Emil Hoffmann, der bisher für eine Tarnfirma der KPD, die Atlas Trading in West-Berlin, im Ost-West-Handel tätig war.[12] Den Chinesen ist es, wie später auch, herzlich egal, wer sich als »China-Freund« positioniert – Hauptsache, er hält sich an die offizielle Linie.

An der Spitze der neuen Gesellschaft finden sich zunächst nur wenige seriöse China-Kenner wie der ehemalige Attaché in Beijing und frühere Botschafter in Indonesien Werner Otto von Hentig, alte China-Händler wie Friedrich Fuhrmeister, renommierte Sinologen wie Franz Kuhn oder bekannte Unternehmer wie der Hamburger Reeder Claus Rickmers. Die amerikanische CIA, die mit einem eigenen bezahlten Informanten in der Organisation vertreten ist, hält Rickmers für den »Hauptfinanzier« der DCG.[13] Der Reeder verfolgt dabei offenbar vor allem seine eigenen kommerziellen Interessen. 1958 kommt Rickmers über die DCG sogar in den ungewöhnlichen Genuss einer Privataudienz bei Ministerpräsident Zhou Enlai – als »erster Schifffahrtsunternehmer der westlichen Welt« überhaupt, wie seine Reederei später stolz vermeldet.[14] In den sechziger Jahren sollte sie sich zur führenden Frachtfirma im Überseehandel mit China entwickeln.

Die DCG erfreut sich auch sonst schnell höchster Protektion in Beijing, wie Gerhard Flatow bemerkt, auch wenn sie in der Bundesrepublik selbst direkt nach der Gründung zunächst eher auf Skepsis stößt. Das gilt vor allem für die verantwortlichen Außenpolitiker im Bundestag, die sich nicht von einer umstrittenen Figur wie Schenke ins Handwerk pfuschen lassen wollen, aber auch für einen Teil der Wirtschaft, der nichts von den politischen Bekenntnissen der neuen Gesellschaft und ihrer allzu großen Nähe zur KP Chinas wissen will.

Der China-Kaufmann Michael Jebsen, Miteigentümer von Jebsen & Jessen und einer der Wortführer der etablierten deutschen Handelshäuser, hält die Gesellschaft für eine Ansammlung von »Sonderlingen, pinkangehauchten Pro-Domo-Sprechern, Reinidealisten, Ex-Nazis und verhinderten Chinaträumern. Hier handelt es sich um eine ›Chinoiserie‹ wie etwa im 18. Jahrhundert, als eine Handvoll von Jesuiten am Kaiserhof in Peking ihr Gastland über den grünen Klee lobten, nachdem es ihnen gelungen war, mit einem ›One-Way-Ticket‹ der Kirche in der Tasche hinter einen ähnlichen Vorhang einzudringen, wie er heute auch wieder besteht.«[15] Ein vernichtendes Urteil – selbst wenn man die Portion Neid abzieht, die sicherlich in diesem Generalverriss Jebsens mitschwingt.

Auch wenn die Spitzenorganisationen der deutschen Wirtschaft wie der Bundesverband der deutschen Industrie (BDI) vor allem wegen ihrer Abneigung gegen die zwielichtigen Gestalten in der Gesellschaft offiziell auf Distanz bleiben, nimmt sie trotzdem Fahrt auf. Einige prominente Politiker wie Carlo Schmid, damals Vize-Vorsitzender der SPD-Bundestagsfraktion und einer der führenden Köpfe seiner Partei, treten bei. Die Zahl der Mitglieder steigt innerhalb weniger Monate auf 282, der chinesische Außenminister empfängt Schenke nach einer zweiten mehrwöchigen China-Rundreise persönlich in Beijing, man verabredet das Projekt eines »großen Films über China«.[16]

Die Zahl der deutschen Industriellen, die vertraulich Geld für die Arbeit der Rotchina-Lobby zur Verfügung stellen, steigt mit jeder Visite in Beijing. Sogar Bertold Beitz, der angesehene Generalbevollmächtigte des Krupp-Konzerns und neben Otto Wolff von Amerongen der führende Kopf im Ost-West-Handel, steuert einiges Geld bei.[17] Hjalmar Schacht nutzt seine Kontakte, um weitere Wirtschaftsgrößen für die Unterstützung der Gesellschaft und für Spenden zu gewinnen. Immerhin 60 000 Mark, damals viel Geld, kommen nach einem seiner Bittbriefe zusammen.[18]

Der ehemalige Diplomat Werner Otto von Hentig reist als »Außenminister« der DCG durch die Lande, um neue internationale Kontakte herzustellen. Schenke, Flatow und die anderen prominenten Mitglieder finden sich regelmäßig in den chinesischen Botschaften in Ostberlin und Genf ein, um neue Projekte zu besprechen und sich über die politische Lage auszutauschen. Sogar die Einrichtung eines Verbindungsbüros der DCG in Beijing steht auf der Tagesordnung, kommt dann aber aus finanziellen Gründen doch nicht voran.[19]

Die DCG trifft mit ihrer offenen China-Begeisterung Ende der fünfziger Jahre durchaus einen politischen Nerv in der Bundesrepublik.

Die Systemkonkurrenz zur DDR bestimmt so gut wie die gesamte Außenpolitik Adenauers. Die ersten Risse im monolithischen Sowjetblock schüren die Hoffnung, China lasse sich möglicherweise gegen die UdSSR und damit auch gegen den kleinen Bruder DDR in Stellung bringen. Klaus Mehnert, ein früherer Nazi-Propagandist in Shanghai und späterer Bestsellerautor, vertritt als einer der ersten diese These. 1956 erscheint sein Buch *Asien, Moskau und wir*, das hohe Verkaufszahlen erzielt. Auch Schenke schwimmt mit einer Reihe von einschlägigen Traktaten auf der allerersten China-Welle in der noch jungen Bundesrepublik mit.

Die Berichte in der deutschen Presse schwanken in dieser Zeit zwischen Abscheu (»Ein Volk von blauen Ameisen«) und beginnender Bewunderung (»China im Wandel«). Im Bundestag wächst nach und nach das Interesse an der Volksrepublik China. Und in der deutschen Wirtschaft explodiert es geradezu, seit das erste Handelsabkommen dank Otto Wolff von Amerongen nun in trockenen Tüchern ist. Das globale Wettrennen um den größten Absatzmarkt der Welt, das bis heute anhält, beginnt in diesen Jahren. Und nachdem vor allem die Briten bisher vorne lagen, wollen die Deutschen jetzt unbedingt aufholen.

Im Schatten der DCG gründen einige prominente Mitglieder schon bald eigene Handelsfirmen, um die Chinesen künftig auf direktem Weg mit dringend benötigter Technik aus der Bundesrepublik zu versorgen und dabei selbst einen guten Schnitt zu machen. Sie stützen sich dabei auch auf alte Nazi-Netzwerke. So nutzt der militante Antisemit und ehemalige Geheimdienstmann Joachim Hertslet, der wie Flatow bei der Gründung in den DCG-Beirat eintritt, seine Beziehungen zu dem ehemaligen Waffen-SS-Führer Otto Skorzeny, der seit dem Kriegsende im spanischen Exil ein Industriebüro betreibt und von dort aus beste Kontakte zu Otto Wolff von Amerongen pflegt. Der Hitler-Gegner Flatow findet nichts dabei, sich mit diesen Gestalten zu verbünden, wenn es um China geht.

Zu den eifrigsten neuen China-Händlern zählt der frühere Reichsjugendführer Artur Axmann, der 1958 nach Beijing und Shanghai reist, um dort gemeinsam mit Wolf Schenke Kontakte zu knüpfen und Aufträge zu akquirieren.[20] Die Chinesen empfehlen Axmann die Gründung eines eigenen Unternehmens für das Bartergeschäft, den Austausch von chinesischen Agrar- gegen deutsche Industrieprodukte. Einige Monate nach seiner Rückkehr nimmt Axmanns Firma unter dem Namen China-Kontor Handelsgesellschaft mbH in Berlin ihre Arbeit auf.[21] Sie gehört zu den ersten prochinesischen Firmen in der Bundesrepublik, denen später noch viele weitere folgen sollten.[22]

Gerhard Flatow mischt in der DCG zunächst an vorderster Front mit, wie es seinem Naturell entspricht. In den Protokollen der Gesellschaft taucht sein Name so häufig auf wie kaum ein zweiter. Otto Wolff von Amerongen bittet jedoch um Rücksicht auf seine eigene exponierte Stellung in der Industrie, nachdem Beschwerden aus Bonn bei ihm eingegangen waren. Man einigt sich auf einen Kompromiss: Flatow verlässt erst einmal den Beirat der Gesellschaft wieder, hält aber weiter engen Kontakt zur DCG-Spitze. Gleichzeitig agiert er mit Duldung des Konzernchefs auf eigene Faust, ohne die anderen Kölner Mitarbeiter zu informieren. Die Folge ist ein merkwürdiges Katz-und-Maus-Spiel im Konzern.

So mischt sich Flatow im Mai 1958 auf der Hannover-Messe gemeinsam mit seinem DCG-Freund Axmann unter die erste offizielle Industriedelegation aus China, erregt damit aber den Zorn des zuständigen Abteilungsleiters des Wolff-Konzerns.[23] Nach dem Empfang, den Otto Wolff von Amerongen wenig später im Kölner Hotel Excelsior für die Chinesen ausrichtet, lädt Flatow deren Leiter zu sich nach Hause ein – was den Zorn seiner Gegner im Konzern noch steigert. Im August 1958 setzt Flatow dem Ganzen schließlich die Krone auf – und reist auf eigene Faust nach Beijing, wo er noch vor einer offiziellen Konzern-Delegation eintrifft und die völlig überraschten Kollegen mit einem Gedicht verulkt, das per Telegramm in Köln eintrifft.

Die holprigen Verse heftet die Abteilung Ausland zwischen ihren Aktendeckeln ab: »Ich aber fuhr nach Bern / Und dann zur Botschaft der Sowjetunion / zwei Tage danach nach Hamburg schon / Am Dreizehnten der Start gen Osten / mit Tupolew spart Zeit und Kosten / Im Sonnenschein nun, hier in Peking / bin ich ganz mächtig guter Ding.«[24] Ein paar Tage später trifft sich ein fröhlicher Flatow im Peking Hotel mit einem westdeutschen Journalisten und behauptet etwas voreilig, er sei nun der »einzige Bundesbürger« mit festem Wohnsitz in der Volksrepublik China.[25] Die Bundesrepublik müsse endlich aktiver in China werden und dürfte der DDR dort nicht das Feld überlassen.

Die eigentliche Nachricht lautet: Flatow ist zurück in China und damit zurück im großen Geschäft und in der großen Politik. Der Konzern verbucht mit seiner Hilfe einen ersten Abschluss über 180 000 Mark – und Otto Wolff von Amerongen schafft daraufhin klare Verhältnisse im Unternehmen, nicht ohne die bisherigen Verantwortlichen als hasenfüßige Bedenkenträger zu schelten. Es gehe jetzt um eine »Frage des guten Willens« gegenüber den Chinesen, »Wehklagen« über mögliche Anlaufverluste seien verfehlt.[26] Flatow hat sich mit seiner ihm eigenen Mischung aus Charme, Chuzpe und China-Know-how durchgesetzt.

Zum 1. Januar 1959 übernimmt Flatow das neue China-Büro des Konzerns in Köln (später Ostasien-Büro genannt) und kümmert sich um die regelmäßige Pflege der Beziehungen zur Berner Botschaft der Chinesen. Die Gründung einer eigenen Firma in der Kronkolonie (nach dem Vorbild der früheren Otto Wolff Far Eastern Branch in den dreißiger Jahren) will man prüfen. Außerdem soll Flatow einen Chinesen als lokalen Handelsagenten in der Volksrepublik einstellen.[27] Der Konzern will ab sofort nicht mehr kleckern, sondern wieder klotzen. Zum 1. Juni 1959 stellt Flatow seinen alten Freund aus Tianjin, Manfred Wilhelm, als technischen Direktor des China-Büros in Köln ein.[28] Damit kann sich der 48-jährige ganz auf seine Aufgaben nach außen konzentrieren – und alles andere dem loyalen Vertrauten überlassen, der dankbar ist für seinen neuen Job mit »guten Chancen«.[29]

Und Flatow wirbelt los durch Deutschland, Europa und Asien, als ob er niemals fünf Jahre auf dem Abstellgleis verbracht hätte. Reist im April 1959 schon wieder in die Volksrepublik China, um an der Frühjahrsmesse in Kanton (Guangzhou) teilzunehmen. Zieht bei einer Stippvisite in Hongkong eine Trennwand im dortigen Otto-Wolff-Büro ein, um ein Arbeitszimmer für sich selbst abzuknapsen, und ordnet die Einstellung eines »Office-Boys« an zum »Empfang von Besuchern und für einfache Arbeiten«.[30]

Flatow vereinbart mit deutschen Konzernen wie Bosch eine Generalvertretung für das China-Geschäft. Verhandelt im August im feinen Tokioter Marunouchi Hotel mit japanischen Firmen und spricht im Oktober mit Manfred Wilhelm im Auswärtigen Amt in Bonn vor, um die Diplomaten über seine Umsätze mit dem kommunistischen Nordkorea zu informieren, die ein »zunehmendes Volumen« zeigen: »Wir sind ja schließlich die ersten, die dort Geschäft gemacht haben.«[31] Wehrt sich zwischendurch bei Otto Wolff von Amerongen erfolgreich gegen »irgendwelche Anweisungen« seines formalen Vorgesetzten in der Auslandsabteilung: »Die Verantwortung für das China-Geschäft liegt bei mir.« Entnervt bittet sein konzerninterner Widersacher schließlich um seine eigene »Entfernung aus dem Fernostgeschäft«.[32] Flatow kontrolliert die gesamte Asien-Strategie des Konzerns nun ganz allein; am wichtigsten aber bleibt die Verbindung zur Volksrepublik China.

Bei Flatows Besuchen in Bern vermischen sich immer stärker Geschäft und Politik. Die chinesische Botschaft in der neutralen Schweiz fungiert seit Ende der fünfziger Jahre als zentrale Drehscheibe für die Anbahnung von Geschäftskontakten in ganz Europa, aber auch als Anlaufstelle für politische Sympathisanten aus vielen westlichen Ländern und als wichtigste Residentur, also nachrichtendienstlicher Stützpunkt chinesischer Geheimagenten im kapitalistischen Ausland. An der Spitze der Berner Vertretung steht seit 1957 ein hoher ehemaliger »Leiter des rotchinesischen Informationsdienstes«, wie die Schweizerische Bundesanwaltschaft damals ermittelt.[33] Je schneller die Bedeutung der China-Vertretung in Ostberlin wegen fortgesetzter Querelen mit der DDR-Führung sinkt, desto stärker schwillt der Besucherverkehr in Bern an.

Später steuern die Chinesen aus ihrer dortigen Botschaft auch die ersten maoistischen Parteien und zahlreichen linksradikal angehauchten Sympathisantengruppen in Westeuropa. Gerhard Flatow gehört zu den schillerndsten Gästen, die dort regelmäßig ein und aus gehen. Er versorgt die Chinesen mit Informationen über die deutsche Wirtschaft, organisiert chinesische Delegationsreisen in die Bundesrepublik, verhandelt mit den dortigen Vertretern der staatlichen Außenhandelsorganisationen über Aufträge für Otto Wolff, beschafft sich in der Botschaft regelmäßig chinesische Propagandaschriften und pflegt den politischen Austausch mit mehreren Gesprächspartnern.[34]

Eigentlich lassen sich einige seiner Aktivitäten kaum mit seiner offiziellen Rolle als Vertreter des Otto-Wolff-Konzerns vereinbaren, doch Flatow lässt sich von niemandem in die Karten schauen und liebt solche riskanten Spiele. Dass die chinesischen Diplomaten in Bern seinen Background sehr genau kennen, auch seine Zeit im Straflager in ihren Akten finden, davon muss man nach der Bewilligung der ersten Besuchsvisa für die Volksrepublik ausgehen. Man redet jedoch nicht mehr darüber.

In der Deutschen China-Gesellschaft profiliert sich Gerhard Flatow 1959 mit den frischen Eindrücken seiner gerade beendeten fünfmonatigen Asienreise immer stärker als Wirtschaftsexperte. Auf der Vorstands- und Beiratssitzung der DCG am 7. Februar 1959 in Hamburg berichtet Flatow, seine Mitgliedschaft in der Gesellschaft sei von seinen chinesischen Gesprächspartnern »mit besonderer Freude aufgenommen« worden. Nach Ansicht der Chinesen solle die DCG den Ostausschuss der Deutschen Wirtschaft (also Flatows Chef Otto Wolff von Amerongen!) bei der Pflege der Wirtschaftsbeziehungen mit China »unterstützen und mit Rat zur Hand gehen«.[35]

Zu diesem Zweck richtet die DCG auf ihrer Februar-Tagung einen neuen »wirtschaftspolitischen Ausschuss« ein. Seine Zusammensetzung spricht Bände: Neben dem alteingesessenen China-Händler Friedrich Fuhrmeister und Gerhard Flatow melden sich zwei Männer aus dem Umfeld der verbotenen KPD freiwillig für die neue Schlüsselaufgabe – der Kaufmann Emil Hoffmann und der ehemalige Verleger der kommunistischen *Hamburger Volkszeitung*, Alfred Heitmann, der jetzt einen Pressegroßhandel in der Hansestadt betreibt.

1959 bringt es die DCG bereits auf 376 Mitglieder.[36] Dazu stoßen vor allem Bundestagsabgeordnete aus der FDP und der SPD, aber auch einzelne Politiker aus dem Regierungslager wie die Parlamentarier Peter Nellen (CDU) und Josef Müller (CSU). Im Beirat sitzen jetzt auch der Hamburger Verleger Ernst Rowohlt und der berühmte Sinologe Erich Haenisch (Deutsche Akademie der Wissenschaften zu Berlin). Im Mitgliederverzeichnis finden sich nun auch Mitarbeiter von BASF, Merck, Siemens, Hoechst, Klöckner und Ruhrstahl. Führende deutsche Industrielle wie Ernst Wolf Mommsen, Vorstand der Rheinischen Röhrenwerke, schalten die Gesellschaft als Vermittler zu chinesischen Regierungsstellen ein. Schenke berichtet auf der Jahresversammlung am 6. Juni 1959 stolz, die DCG habe im vergangenen Jahr »34 Herren und Firmen unterstützen können, um mit Bern (gemeint ist die dortige chinesische Botschaft) und Peking in Kontakt zu kommen«.[37] In vielen Fällen mit Hilfe Flatows.

Der spricht 1959 auch auf öffentlichen Veranstaltungen in Hamburg, Frankfurt und Köln über die Entwicklung der Volksrepublik[38] und profiliert sich dadurch weiter. Flatows Reden wiederholen die immer gleichen Kernbotschaften: Die chinesischen Kommunisten seien dabei, das alte Reich auf einen neuen Weg zu führen. Ihre Volksverbundenheit sei ihr wichtigstes Kapital, der Kampf gegen das Grundübel der Korruption ernst gemeint. Westeuropa dürfe sich durch das bisherige Bündnis mit der UdSSR nicht täuschen lassen, sondern müsse die Chancen im neuen China nutzen und die Beziehungen schnell ausbauen.

Zu Flatows Vorträgen findet sich nach und nach interessierte Politprominenz aus der Bundeshauptstadt ein, aber auch, wie im Juli 1959 im Studentenhaus der Kölner Universität, ein offizieller Vertreter Chinas: der Leiter der Nachrichtenagentur Xinhua in Bonn.[39] Der deutsche CIA-Agent Waldemar Seebode, der für die Amerikaner die prochinesische Lobby in der Bundesrepublik ausspäht, nimmt Flatow in diesen Monaten immer mehr als gewichtige Stimme und kommende Schlüsselfigur in der China-Gesellschaft wahr und meldet seinem Führungsoffizier deshalb frühzeitig, Flatow sei zunehmend unzufrieden mit dem Regiment Wolf Schenkes.[40]

Nach ihrem erfolgreichen Start reibt sich die Gesellschaft zur Jahreswende 1960 zum Ärger Flatows in immer kleinlicheren Querelen auf. Man streitet sich über Reisespesen, die Organisation der Vorstandsarbeit und vor allem über die jeweils eigene Bedeutung für den Verein. Der Egomane Schenke erweist sich als unfähig, selbst den kleinsten Zwist unter den Mitgliedern zu schlichten. Gleichzeitig sorgen seine neutralistischen Aufsätze in seiner Zeitschrift *Neue Politik* für fortwährende Verärgerung in Bonner CDU-Kreisen und sogar bei Bundeskanzler Konrad Adenauer. Auch immer mehr DCG-Mitglieder sehen dies daher als Belastung für die China-Arbeit. Die spektakuläre Verhaftung seines Bruders Walther wegen »landesverräterischer Beziehungen« zur DDR setzt Schenke weiter unter Druck.[41]

Gemeinsam mit Hoffmann und anderen versucht Flatow noch, Schenke aus dem Amt zu drängen und eine integrative und politisch unbelastete Persönlichkeit an die Spitze zu hieven.[42] Doch der Versuch scheitert kläglich. Am 20. Februar 1960 wirft der FDP-Bundestagsabgeordnete Schwann, die politische Galionsfigur der DCG, die Brocken hin und tritt als Stellvertretender Vorsitzender zurück. Gerhard Flatow wird am 19. November 1960 auf der Jahresversammlung der Gesellschaft im Bonner Hotel Stern erneut Mitglied des Beirats,[43] pflegt aber zu diesem Zeitpunkt bereits vorrangig seine eigenen Verbindungen nach Beijing – vor allem über die chinesische Botschaft in Bern. Seine Entscheidung sollte sich als richtig erweisen: Die DCG verstrickt sich schon bald in einen jahrelangen gefährlichen Rechtsstreit, der sie an den Rand des Zusammenbruchs bringt und die chinesischen Einflussversuche in der Bundesrepublik um Jahre zurückwirft.

Die Kämpfe unter ihren Sympathisanten kommen für die Chinesen zum denkbar ungünstigsten Zeitpunkt. Sie bemühen sich gerade mit aller Kraft darum, durch vermehrte Kontakte zu den westlichen Staaten und Japan ihre drohende weltpolitische und außenwirtschaftliche Isolation zu durchbrechen. Die Sowjetunion setzte Mitte der fünfziger Jahre alles daran, die kommunistische Weltbewegung auf die neue Führung unter Nikita Chruschtschow einzuschwören, und rief deshalb alle kommunistischen Parteien 1957 zum ersten Mal wieder zu einem großen internationalen Treffen zusammen. Doch anstatt den Riss zwischen der KPdSU und der KP Chinas zu kitten, vertiefte die Moskauer Beratung den Streit. Mao und die sowjetischen Parteiführer streiten immer heftiger über ideologische und ganz praktische Fragen der Zusammenarbeit. Es geht um die Einschätzung Stalins, um den Besitz der Atombombe, den chinesischen Wunsch nach mehr Waffenlieferungen, um die richtige Strategie gegen die »amerikanischen Imperialisten«, um mehr Wirtschaftshilfe für China, um die »führende Rolle« der KPdSU gegenüber den anderen kommunistischen Parteien und vieles mehr. Aus einzelnen Kontroversen entwickelt sich schließlich eine »Polemik über die Generallinie der internationalen kommunistischen Bewegung«[44].

Die Sowjetunion und China buhlen beide um die Gunst der Bruderparteien. Schließlich bereiten die Chinesen die Spaltung der kommunistischen Weltbewegung systematisch vor: Geheimdienstchef Kang Sheng sorgt für Hunderte von Einladungen an Kommunisten aus aller Welt, die nun in China für einige Jahre als Übersetzer und Experten arbeiten sollen, zugleich aber auch ihren Grundkurs in maoistischer Weltsicht absolvieren. Der Einsatz zahlt sich später aus – anders als die Bemühungen Chinas um die anderen sozialistischen Staaten. Nur das kleine Albanien schlägt sich am Ende auf die Seite Chinas, einige wenige sozialistische Staaten wie Rumänien und Nordkorea lavieren herum und geben sich neutral – alle anderen Satellitenländer versammeln sich in Treue fest hinter der alten Vormacht Sowjetunion. Auch die DDR.

Der Streit kulminiert 1960: Die Russen ziehen auf einen Schlag sämtliche 1400 Experten aus China ab, streichen alle Projekte der wissenschaftlich-technischen Hilfe und kündigen die Handelsverträge. Unmittelbarer Anlass ist ein Artikel der chinesischen Parteizeitungen mit dem Titel »Lang lebe der Leninismus«, in dem Mao die Sowjets erstmals offen als »Revisionisten« und Verräter an der Weltrevolution anprangert. Flatow studiert die Dokumente des chinesisch-sowjetischen Streits genau, bleibt aber selbstverständlich auf der Seite seines zweiten Heimatlands. Zugleich sieht der erfahrene Geschäftsmann die Risiken, die sich für China mit der Loslösung von der Sowjetunion auftun.

Nun rächt sich für die KP Chinas, dass sie sich nach ihrem Machtantritt und vor allem nach dem westlichen Embargo im Koreakrieg fast vollständig auf die »Bruderhilfe« des sozialistischen Blocks verlassen hatte. Technologisch hängt die Volksrepublik China am Tropf der Sowjetunion, fast ihren gesamten Außenhandel wickelt sie bis dahin mit dem sozialistischen Lager ab – bis zu 60 Prozent allein mit der UdSSR. Nun fallen die Einfuhren aus dem vormaligen Bruderland ins Bodenlose – eine tödliche Gefahr für die Macht der chinesischen Kommunisten, wenn der Westen nicht schnell mit Ersatzlieferungen einspringt.

Zunächst wollte Mao das Problem anders lösen: China sollte sich so schnell wie möglich wirtschaftlich autark machen. Mit einem »Großen Sprung nach vorn« wollte sich die Volksrepublik allein durch die kollektive Willensanstrengung des Volkes in einen fortgeschrittenen Industriestaat verwandeln. Auf dem Land errichteten Bauern »Hochöfen« aus Lehm, um eiserne Töpfe und Pfannen einzuschmelzen und Stahl zu produzieren. Die schnelle Kollektivierung der gesamten Landwirtschaft, die zwangsweise Eingliederung aller Privatbauern in staatliche »Volkskommunen«, sollte gleichzeitig die prekäre Ernährungslage verbessern. Doch Maos Linie scheitert, wie 1960 fast allen Parteiführern klar ist, auf ganzer Linie. Sie endet mit einer verheerenden Hungersnot, bei der Millionen Chinesen ums Leben kommen. Mao lenkt ein und die Pragmatiker in der Parteiführung bestimmen wieder den Wirtschaftskurs.

Überall in der westlichen Welt bemühen sich die Chinesen nun fieberhaft, neue politische Gesprächskanäle zu öffnen und wirtschaftliche Verbindungen zu knüpfen, die sie unabhängig von der Sowjetunion und ihren Satelliten machen sollen. Ministerpräsident Zhou Enlai kümmert sich persönlich um diese politische Offensive. Er betraut seine besten und erfahrensten Mitarbeiter wie Flatows alten Bekannten Wang Bingnan mit der Aufgabe, schnell ein Netzwerk in den kapitalistischen Ländern aufzubauen, um Maschinen zu importieren und dringend notwendige andere Industriegüter.

Die Schweizer Botschaft bringt die Motive der chinesischen Wende nach Westen in einem vertraulichen Schreiben an die Handelsabteilung des Volkswirtschaftsdepartements früh auf den Punkt: Die Chinesen hätten inzwischen begriffen, dass es in ihrem nationalen Interesse liege, ihre Wirtschaftsbeziehungen zu nichtkommunistischen Staaten auszubauen. Bei der Industrialisierung des Landes wolle sich die Führung in Beijing nicht länger auf die UdSSR und ihre Satelliten verlassen. Man erhoffe sich einerseits technische Hilfe vom Westen, nutze andererseits aber auch alle Möglichkeiten zur Industriespionage.

Die Schweizer Diplomaten empfehlen, »private Delegationen unserer Firmen nach Beijing zu schicken, was von den Behörden besonders geschätzt« werde. Man müsse aber damit rechnen, dass die Volksrepublik China »in vermehrtem Maße ein Land gegen das andere ausspielt«.[45] Im Mittelpunkt des chinesischen Interesses stehen in Europa vor allem drei Länder: Frankreich, Großbritannien und die Bundesrepublik. Alte Freunde wie Flatow mit ihren zahlreichen Verbindungen werden dringender denn je gebraucht, um zu helfen.

Gerhard Ludwig Flatow als Jura-Student in Frankfurt

1934 nach seiner Ankunft in China

1939 als leitender Angestellter des Otto-Wolff-Konzerns in Shanghai

Gerhard Flatow (links) mit seinen Geschwistern 1934
in Positano vor der Abreise nach China
© Familie Michael Flatow

Mit seiner späteren ersten Ehefrau Wu Mei 1938 in Hongkong
© Familie Michael Flatow

Flatows Rote Studentengruppe am 1. Mai 1932 in Frankfurt am Main
© Gisèle Freund/IMEC/Fonds MCC

1936 im Büro der Otto Wolff Far Eastern Branch in Shanghai
© Familie Michael Flatow

1938 bei einem Ausflug mit
seiner Verlobten Wu Mei
in Hongkong
© Familie Michael Flatow

Gerhard Flatows Freund Karl Heinz Markus 1947
nach seiner Rückkehr aus China
© Urban Markus

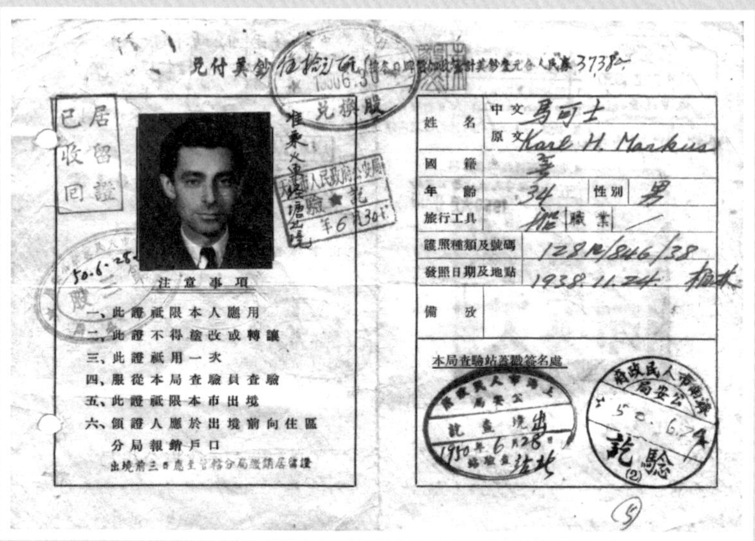

已收回居留證

注意事項

一、此證祗限本人應用
二、此證不得塗改或轉讓
三、此證祗用一次
四、服從本局查驗員查驗
五、此證祗限本市出境
六、領證人應於出境前向住區分局報銷戶口

出境前三日應至管轄分局繳銷居留證

姓名	中文	馬可士		
	原文	Karl H. Markus		
國籍				
年齡		34	性別	男
旅行工具		船	職業	—
護照種類及號碼		1281/846/38		
發照日期及地點		1938. 11. 24. 柏林		
備攷				

本局查驗站簽證簽名處

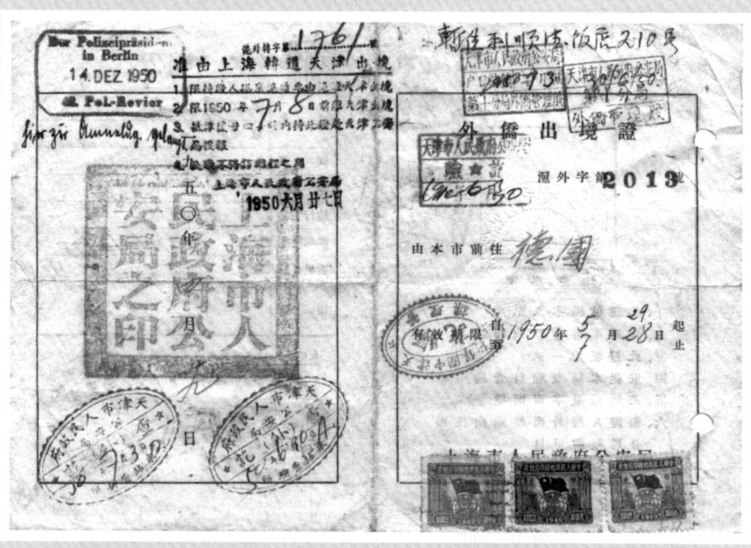

Der Polizeipräsident in Berlin
14. DEZ 1950
48. Pol-Revier

滬外持字第 1761 號

准由上海轉道天津出境

外僑出境證

滬外字第 2013 號

由本市前往 德國

有效期限 自 1950 年 5 月 29 日起 至 7 月 28 日止

上海市人民政府公安局之印

Vorder- und Rückseite des chinesischen Einreisevisums für Karl Heinz Markus 1938

Immigration Department, Singapore.
Permitted to land during ship's/plane's stay in port.
26 JUL 1950

CONSOLATO GENERALE D'ITALIA
SHANGHAI
VISTO DI
N. 78
Cognome Markus
Nome Karl Heinz
Durata del soggiorno 3 mesi
Scadenza del visto 25 dicembre 1950
Annotazioni per turismo
Shanghai, 26 giugno 1950
Il Console Generale
Rossi

Confédération Suisse
VISA de transit avec arrêt
No. 45
Valable pour entrer en Suisse
Nombre des entrées une
Premier lieu de séjour Genève
Durée cinq jours
But règlement des affaires
Taxe Frs 20.–
Pour à Shanghai
21 JUIN 1950
Vice-Consul
Ce visa devient sans valeur si l'entrée en Suisse n'a pas lieu avant le 21 décembre 1950

T. C. art. No. 57
Consegnate norme soggiorno stranieri

BRITISH PASSPORT CONTROL
SHANGHAI
Date 27 JUN 1950 No. 638/50
Transit visa through Hongkong en route for Germany
Passport Control Officer
Good for one direct transit only.
Authority: Hongkong Savingram No. 10.761 of 10th June 1950.

CONSULAT GENERAL DE BELGIQUE A SHANGHAI
Visa TRANSIT (Deux Jours)
Nom du bénéficiaire: MARKUS K. H.
Nationalité: allemande
Visé sous le No. ... au Consulat Général de Belgique à Shanghai pour permettre au titulaire du présent passeport de transiter par la Belgique ...
Avis important: ...
Belgique: VALIDE jusqu'au 27-IX-1950
Shanghai, le 27 juin 1950

Ausreisevisum und Transitvisa von Karl Heinz Markus 1950
© Urban Markus

Dieter Flatow und Karl Heinz Markus Ende der fünfziger Jahre im Sachsenwald bei Hamburg
© Urban Markus

Gerhard Flatow (links) 1960 als Leiter des China-Büros von Otto Wolff von Amerongen in Köln mit seinem wichtigsten Mitarbeiter Manfred Wilhelm (Mitte) und Direktor Friedrich Schoepfer
© Andreas Wilhelm

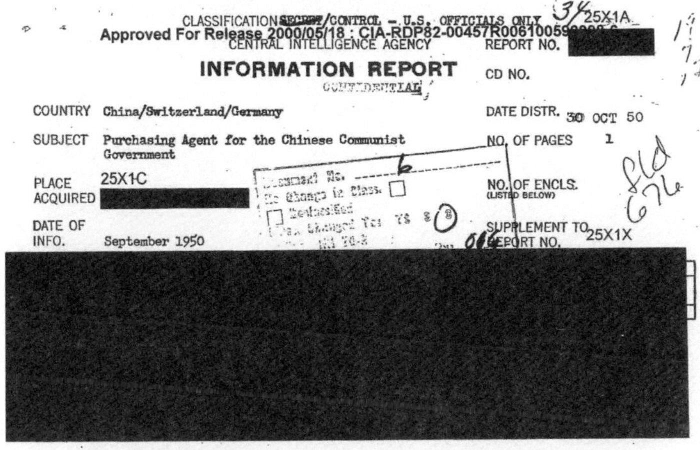

CLASSIFICATION ~~SECRET~~/CONTROL – U.S. OFFICIALS ONLY 34 25X1A

Approved For Release 2000/05/18 : CIA-RDP82-00457R006100590008-6

CENTRAL INTELLIGENCE AGENCY REPORT NO.

INFORMATION REPORT CD NO.

CONFIDENTIAL

COUNTRY	China/Switzerland/Germany	DATE DISTR.	30 OCT 50
SUBJECT	Purchasing Agent for the Chinese Communist Government	NO. OF PAGES	1
PLACE ACQUIRED	25X1C	NO. OF ENCLS. (LISTED BELOW)	
DATE OF INFO.	September 1950	SUPPLEMENT TO REPORT NO.	25X1X

1. Gerhard Ludwig Flatow, born on 1 December 1910 in Berlin, has resided for over twenty years in Tientsin, China, where he is engaged in the export-import business. Since the advent of the Communist Government in China, Flatow has acted as purchasing agent for the Communists in Western Europe through his office in Tientsin. Flatow arrived in Europe at the beginning of September 1950 to renew contacts in Switzerland, England, and Germany, and to follow up deals for which preliminary contracts had been drawn up in China. He came to Europe with extensive lists of Chinese requirements in the machine, metals, and automotive fields. He was traveling on a document issued by the French Consulate in Tientsin which had been validated for travel in Europe, including Germany.

2. Flatow's known business contacts in Europe are as follows:

   E. Ott & Co., a Swiss export-import firm with its main offices in Hong Kong but with a branch in Zurich at Ramistr. 6.

   Otto Wolff, Cologne, Germany.

   Hans Luss, who was originally German and was educated in Switzerland; for many years he was in England where he became naturalized; he is in the export branch of the Imperial Chemical Industries, Ltd.

3. While in Zurich Flatow stayed at the Hotel Rex, Weinbergstr. 92. He had originally intended to meet Luss in England but met him instead in Zurich. With Luss he chiefly discussed a deal whereby Imperial Chemical, through Flatow, was to supply the Chinese with immense quantities of copper sheeting. Since this deal had become publicly known and was about to create a scandal, it appeared impossible to carry it through for the moment.

4. Around mid-September Flatow intended to go to Germany to meet his contacts in the steel industry in Dusseldorf and Cologne but was unable to procure a permit for travel. He then left Switzerland for Italy with Luss, intending to proceed to England from where he hoped to be able to arrange entry to Germany.

CONFIDENTIAL

CLASSIFICATION ~~SECRET~~/CONTROL – U.S. OFFICIALS ONLY

STATE EV X NAVY X NSRB DISTRIBUTION | ARMY AIR FBI

Approved For Release 2000/05/18 : CIA-RDP82-00457R006100590008-6

Report des amerikanischen Geheimdienstes CIA über Gerhard Flatow 1950

Luftpostbrief der Fu Sze Company (Gerhard und Dieter Flatow) von 1953 aus Shanghai

Luftpostbrief der Fu Sze Company aus Hongkong, fünfziger Jahre

德中協會

DEUTSCHE CHINA-GESELLSCHAFT E.V.

Hamburg, den 25. Okt. 1965

E i n l a d u n g

Ein Podiumsgespräch über das brennendste Thema der Weltpolitik veranstaltet die Deutsche China-Gesellschaft:

CHINA - WELTFEIND NR. I ?

Es diskutieren Kenner des Landes:

Dr. Anna Wang,
Verfasserin des Buches "Ich kämpfte für Mao", die frühere Frau des heutigen Vize-Außenministers in Peking

Exportkaufmann Gerhard Flatow, Luxemburg

Verleger Frank Distelbarth, Heilbronn

Hauptmann a.D. Walther Stennes,
langjähriger Berater Marschall Chiang Kai-sheks

Leitung des Gespräches:

Wolf Schenke, Verfasser von "Neue Weltmacht China",
1. Vorsitzender der DCG.

am Freitag, dem 5. November 1965, 20.00 Uhr, im Hörsaal I der Johann Wolfgang Goethe-Universität, F r a n k f u r t a m M a i n .

Unkostenbeitrag: DM 2.--
Mitglieder, Studenten DM 1.--

HAUPTGESCHÄFTSSTELLE 2 Hamburg 36, Poststr. 31 RUF: 34 40 44
BANKKONTO: COMMERZBANK AKTIENGES., HAMBURG, KTO. 0/3112 69 · POSTSCHECKKONTO: 2395 30

Einladung der Deutschen China-Gesellschaft, der ersten prochinesischen Lobbygruppe in der Bundesrepublik, zu einer Diskussionsrunde mit Gerhard Flatow 1965

1. Family Name FLATOW · Mauritius 16

Capital Letters

Given Names GERHARD

2. Nationality (if British specify country of citizenship) GERMAN

3. Passport or other Travel Document No. B8247864

4. Country of Birth Germany

5. Date of Birth 1. 12. 1910
day month year

Please MARK APPROPRIATE BOX THUS ☑

6. Male ☑
Female ☐

7. Never Married ☐
Now Married ☑
Widowed ☐
Divorced ☐

8. Usual Occupation MERCHANT

9. Country in which I last stayed for 12 months or more LUXEMBOURG

10. Country in which I next intend to stay for 12 months or more LUXEMBOURG
(If Australia, specify State or Territory.)

11. Purpose of Journey to Australia:
(i) Returning to live in Australia ☐
or (ii) In Transit ☐
or (iii) Visiting; mainly for:
Business ☑ Education ☐
Holiday ☐ Other Purposes ☐
or (iv) Settling in Australia ☐

12. Intended Length of Stay in Australia:
......Years 1 Months or ......Days (Give figures or write "Permanent", "Indefinite", &c. ......)

13. Last Permanent Residence: Australia ☐
Overseas (incl. Papua, N. Guinea) ☑
If "Australia", how long since you were last in Australia?
......Years ......Months or ......Days

14. Intended Address in Australia HEINE BROTHERS (AUSTRALASIA) PTY. LTD. 473 BOURKE STREET, MELBOURNE

15. Name of Ship or Flight No. SA 242

16. Port of Embarkation On this Ship or Flight MAURITIUS

Signature of Passenger [signature]

By Authority: A. J. Arthur, C'wealth Govt. Printer, Canberra
11954/66 C

Gerhard Flatows Einreiseerlaubnis für Australien
auf seiner letzten großen Asienreise 1967

icht | Dieses Blatt ist gelöscht | Tausender | Hunderter | Zähler 24680 | **HR A 5951**

Firma Ort der Niederlassung (Sitz der Gesellschaft) Gegenstand des Unternehmens (bei juristischen Personen)	Geschäftsinhaber Persönlich haftende Gesellschafter Vorstand Abwickler	Prokura	Rechtsverhältnisse	a) Tag der Ei[ntragung] und Unter[schrift] b) Bemerkun[gen]
2	3	4	5	
IBEHA - Industrie - Beratungs- und Handelsgesellschaft m.b.H. und Co. Kommanditgesellschaft, Düsseldorf Düsseldorf	IBEHA - Industrie - Beratungs- und Handelsgesellschaft mit beschränkter Haftung, Frankfurt am Main.	Einzelprokuristen: Adam Wirtz, Köln-Vingst; Otmar Gurk, Ratingen.	Kommanditgesellschaft. Die Gesellschaft hat am 19. Juli 1967 begonnen. Kommanditisten sind: Adam Wirtz, Kaufmann, Köln-Vingst mit einer Einlage von 7.000,- DM; Otmar Gurk, Kaufmann, Ratingen mit einer Einlage von 7.000,- DM. Die Gesellschaft hat ihren Sitz von Ratingen nach Düsseldorf verlegt.	a) 22. Aug
			Als weiterer Kommanditist ist eingetreten Gerhard Flatow, Kaufmann, Breitscheid mit einer Einlage von 7.000,-DM	a) 10. Febr
			Der Kommanditist Gerhard Flatow ist aus der Gesellschaft ausgeschieden. Seine Einlage von 7.000.- DM ist im Wege der Sonderrechtsnachfolge in Höhe von je 3.500.- DM auf die Kommanditisten Adam Wirtz und Otmar Gurk übertragen. Damit betragen nunmehr die Einlagen Adam Wirtz 10.500.- DM und Otmar Gurk 10.500.- DM.	a) 4. Mai
			Die Kommanditiesten Ottmar Gurk und Adam Wirtz sind aus der Gesellschaft ausgeschieden. Die Gesellschaft ist aufgelöst. Eine Liquidation findet nicht statt. Die Firma ist erloschen.	a) 12. 19

Handelsregisterauszug für Gerhard Flatows China-Handelsfirma IBEHA GmbH

Erklärung des ZB der KPD/ML

1.Okt.1970

Vor einigen Tagen ist ein Organ erschienen, das sich "Revolutionärer Weg 5/7o" nennt. Dieses Organ hat mit dem Theoretischen Organ der KPD/ML nichts zu tun. Es ist die fraktionistische Plattform der Dickhut-Flatow-Clique, die sich von der KPD/ML losgelöst hat. Zu dieser rechtsopportunistischen Fraktion und ihrer Plattform hat das Zentralbüro der Kommunistischen Partei Deutschlands/ Marxisten-Leninisten folgende Erklärung abgegeben:

Der ›Revolutionäre Weg 5/70‹ – Die fraktionistische Plattform der Dickhut-Flatow-Clique

> "Mögen da und dort sentimentale Leute lamentieren und klagen: Wieder Kampf! wieder innere Reibungen! Wieder Polemik! Wir antworten darauf: Ohne neuen und immer wieder neuen Kampf hat sich niemals und nirgendwo eine wirklich proletarische, revolutionäre Sozialdemokratie herausgebildet. Bei uns in Russland bildet sie sich sogar in der gegenwärtigen schweren Situation heraus, und s i e w i r d s i c h w e i t e r h e r a u s b i l d e n !"
>
> "Keine einzige Sozialdemokratische Partei auf der Welt bildete sich ohne schweren Kampf und eine Reihe von Spaltungen mit den bürgerlichen Mitläufern des Proletariats. In schwerem Kampfe gegen solche Mitläufer bildet sich seit 1898, wächst, erstarkt und stählt sich, trotz aller Widrigkeiten, auch die Sozialdemokratische Arbeiterpartei Russlands."
>
> (W.I.Lenin)

Nachdem der Kampf gegen die "linken"Liquidatoren der Partei zu großen Erfolgen geführt hat, machte sich innerhalb der Partei eine rechte Abweichung bemerkbar, die bereits im Kampf gegen den Linksradikalismus des Aust-ZK entstanden war. Es handelt sich hierbei um Leute, die die Partei aufgegeben haben. Sie verbreiter Konzepte des Parteiaufbaus, die eine tatsächliche Liquidierung

Angriffe auf den »Reaktionär« Flatow in der K-Gruppen-Szene 1970

Die Preise steigen, die Bundesregierung zieht die Steuerschraube an, in den kommenden Tarifrunden planen Unternehmer und Regierung Lohnraubabschlüsse, der Lebensstandard der arbeitenden Menschen sinkt.

Darüber erhebt man in Bonn kein Geschrei!

Über eine Million Menschen sind arbeitslos. Schulabgänger finden keine Lehrstelle. Lehrlinge werden nach der Lehre nicht ins Arbeitsverhältnis übernommen. Die Renten werden gekürzt, die Kosten für Kranke erhöht und Milliarden in die Rüstung gesteckt.

Darüber kommen keine Sondersendungen im Fernsehen!

Stattdessen werden alle die, die diese Zustände anprangern, die sich gegen die Verschlechterung der Lebenslage der werktätigen Menschen zur Wehr setzen, zu „Sympathisanten des Terrorismus" abgestempelt. Wo steht, daß streikende Arbeiter in der Druckindustrie im letzten Jahr mit Polizeigewalt abgeführt und verurteilt wurden? Wo steht, daß Protest von Demokraten und Kernkraftgegnern von Polizei und Bundesgrenzschutz zum Anlaß genommen wurden, breitangelegte Notstandsübungen durchzuführen? Wo steht, daß die Metallarbeiter in Baden-Württemberg im letzten Jahr während der Lohnrunde von Krupp bespitzelt und belauscht wurden? Wo steht, daß die Polizei in den letzten Jahren Dutzende unschuldiger Menschen erschossen hat? Wer hat je von einem Urteil gegen diese Art Terror gehört?

Das Manöver ist allzu durchsichtig. Die Unternehmerverbände und ihre Bonner Regierung nutzen die Gunst der Stunde, um unter dem Vorwand der „Terroristenbekämpfung" gegen die konsequenten Vertreter der Interessen der Arbeiterschaft Front zu machen. Sie hetzen die Bevölkerung gegen alles Fortschrittliche auf, um die erkämpften Rechte der Werktätigen abzubauen. Sie nehmen eine Handvoll Anarchisten zum Anlaß, Polizei und Bundesgrenzschutz den Notstand üben zu lassen. Doch in Wirklichkeit dient es der Vorbereitung auf den Einsatz gegen Streiks und Demonstrationen der Arbeiter und des werktätigen Volkes.

Arbeiter und Werktätige!

Die Unternehmer werden ihren Druck verstärken. Sie werden das Arbeitstempo verschärfen, die Arbeitsbedingungen verschlechtern. Sie werden in den Tarifrunden versuchen, Lohnraubabschlüsse durchzusetzen. Sie werden weiterhin rücksichtslos entlassen und immer mehr Kollegen auf die Straße werfen. Gegen diese Offensive der Monopole und ihrer Regierung muß in den Betrieben der einheitliche und geschlossene Kampf der Belegschaften organisiert werden:

Gegen die zunehmende Arbeitshetze und Entlassungen muß der Kampf um die 35-Stundenwoche bei vollem Lohnausgleich organisiert werden!

Um die Offensive der Unternehmer erfolgreich zurückzuschlagen, dürfen alle Gewerkschafter, Demokraten und fortschrittliche Menschen nicht zulassen, daß das Demonstrationsrecht und das Recht auf Meinungsfreiheit beschnitten wird. Um diese Kämpfe zu organisieren, muß das Koalitionsrecht und Versammlungsrecht verteidigt werden, müssen wir uns ein

Allseitiges, vollständiges und gesetzliches Streikrecht

erkämpfen.

Allen Versuchen seitens der reaktionären Kräfte in unserem Land zum Trotz dürfen wir nicht zulassen, daß kommunistische Arbeiter und Organisationen kriminalisiert und verboten werden. Mehr denn je ist es notwendig, in den Betrieben zusammenzuhalten und den Kampf gegen Unternehmerwillkür und die Verschlechterung unserer wirtschaftlichen und politischen Lage zu führen!

Gegen den Lohnabbau durch Monopole und Staat muß ein offensiver Lohnkampf geführt werden!

Vorwärts mit der Arbeiteroffensive!

Liebe Kollegin, lieber Kollege!
Sicher kann dieses Extrablatt nicht alle Deine Fragen zu unserer Politik beantworten. Deshalb trage in diesen Bestellabschnitt Deine Wünsche ein und schicke ihn an: Verlag Neuer Weg, Postfach 30 88, 7 Stuttgart 1

Ich möchte folgendes ankreuzen:

- ○ Jahresabo der ROTEN FAHNE (erscheint 14tägig), DM 13,–
- ○ REBELL, Organ des Revolutionären Jugendverbands Deutschlands (RJVD), Abo für 10 Nummern DM 5,–
- ○ Grundsatzerklärung und Arbeiterkampfprogramm des KABD, DM 1,50

Name: ....
Straße: ....
PLZ, Ort: ....
Beruf: ....

Herausgegeben von der Zentralen Leitung des KABD
Verantw. i. S. d. Presserechts: G. Flatow, 4030 Ratingen 8

KOMMUNISTISCHER ARBEITERBUND DEUTSCHLANDS KABD

Flugblatt von Flatows maoistischer Organisation KABD 1977
mit ihm als presserechtlich Verantwortlichem

Flatows 3. Ehefrau Pan Xiaoming im hohen Alter kurz vor ihrem Tod 2014 in Düsseldorf. Fotografiert von Horst Wackerbarth © VG Bild-Kunst, Bonn 2023

Passfoto von Gerhard Flatow kurz vor seinem Tod 1979 © Bernd Ziesemer

Liebe Freundinnen und Freunde,

wir haben die traurige Pflicht, Euch mitzuteilen, daß unser Freund und Genosse

GERHARD L. FLATOW

bereits vor einigen Monaten zu Beginn seiner Reise nach China überraschend gestorben ist.
Die Nachricht von seinem Tod, die uns erst jetzt erreichte, hat uns tief getroffen.
Gerd war uns durch seinen unermüdlichen selbstlosen Einsatz - sowohl in seiner politischen Tätigkeit für die Befreiung der Völker in aller Welt als auch im privaten Bereich für jeden, der Hilfe brauchte - immer Vorbild und Ansporn. Seine bescheidene, offene, ehrliche und warmherzige Art, seine Bereitschaft zur oft schmerzlichen Überprüfung der eigenen Auffassungen und seine optimistische Lebensauffassung beeindruckten jeden, der ihn kannte. Im Gegensatz zu vielen anderen zeigte er echte Menschlichkeit nicht durch große Worte, sondern in seinem täglichen Verhalten.
Wir werden ihm immer ein ehrendes Andenken bewahren.

Duisburg, den 7.8.1980

GERHARD L. FLATOW

1.12.1910 - 31.3.1980

Die Kräfte waren gering. Das Ziel
Lag in großer Ferne
Es war deutlich sichtbar, wenn auch für mich
Kaum zu erreichen.
So verging meine Zeit
Die auf Erden mir gegeben war.

Nachruf von Gesinnungsgenossen auf Gerhard Flatow 1980

KAPITEL 7

Wie man für Otto Wolff Geschäfte macht und Politik für die Chinesen

1960–65

Die drei Herren, die an diesem sommerlichen Tag vor der Otto-Wolff-Zentrale in Köln posieren, treten ohne Anzugjacken vor die Kamera, aber mit blütenweißen Hemden und Krawatten. In der Mitte sieht man Manfred Wilhelm mit leicht professoraler Miene, einem Aktenbuch unterm Arm und seiner Lesebrille in der Hand. Zur Rechten seinen Kollegen Friedrich Schoepfer und zur Linken einen wohlbeleibten Mann mit kahlem Schädel, den man auf den ersten Blick gar nicht erkennt, wenn man nur die Fotos des schmächtigen Burschen aus den dreißiger und vierziger Jahren gesehen hat: Gerhard Flatow. Die drei Direktoren des Ostasien-Büros lächeln allesamt in die Linse wie es sich gehört, aber unterscheiden sich doch in ihrer Körperspannung. Flatow rückt ein Stück von den beiden anderen ab, kurz bevor der Fotograf abdrückt, dreht die bulligen Schultern nach links und verbiegt seinen Oberkörper gleichzeitig leicht aus der Vertikalen nach hinten, eine ziemlich unbequeme Haltung.

Da geht jemand auf Distanz, möchte man meinen. Irgendetwas stört die kollegiale Harmonie in der kleinen Abteilung. Anders kann man das Foto, das vermutlich im Sommer 1960 entsteht, kaum deuten.[1] Einerseits läuft die Abteilung ja zunächst gut. In ihrem Jahresbericht meldet das Ostasien- Büro im ersten Jahr seines Bestehens Geschäftsabschlüsse in Höhe von 28,6 Millionen Mark, wobei 23,1 Millionen Mark auf China entfallen. Die drei Herren mit ihren drei Sekretärinnen halten auch die Ausgaben einigermaßen gut im Griff mit 221 121 Mark.[2] Aber andererseits gestaltet sich das weitere Geschäft in China von Monat zu Monat schwieriger, weil Maos gesamte Volkswirtschaft immer noch unter den verheerenden Folgen des gescheiterten »Großen Sprungs nach vorn« leidet.

Und bei Otto Wolff geht der Machtkampf um die richtige Asienstrategie weiter, den Flatow eigentlich nach seinem Sieg über seinen direkten Kölner Vorgesetzten schon für entschieden hielt. Doch jetzt macht der dänische Kollege Adolf Friis aus Hongkong Ärger, der sich über die hohen Kosten der vielen über ihre gemeinsame Kostenstelle abgerechneten Asienreisen Flatows ärgert und sich die meisten Erfolge des Ostasien-Büros selber zuschreibt.[3] Noch gefährlicher für Flatow: Der erfahrene China-Kenner, der lange Zeit für das konkurrierende Handelshaus Jebsen & Co. (das Vorgängerunternehmen von Jebsen & Jessen) vor Ort tätig war und in der Kronkolonie bestens verdrahtet ist, arbeitet offenbar politisch gegen ihn.

Am 18. Februar 1960 schreibt Flatows alter chinesischer Freund S.Y. Chen bereits aus Hongkong »strikt vertraulich«, Friis verbreite »lächerliche Gerüchte« über ihn. Was genau, erfahren wir aus dem Brief nicht. Aber eigentlich kann es sich nur um den Verdacht handeln, der Deutsche vertrete die politischen Interessen der Chinesen. Friis sei »gefährlich« und Flatow müsse »rechtzeitig« handeln, betont Chen.[4] Was auch prompt geschieht: Flatow schwärzt den China-Kaufmann bei Otto Wolff von Amerongen an, wirft ihm einen »erheblichen Mangel an eigener Initiative« vor und drückt schließlich dessen Entlassung durch.[5]

Doch auch zwischen Flatow und Manfred Wilhelm knirscht es in diesen Monaten. In dem Streit geht es zunächst um berufliche Fragen: Wilhelm teilt einige Kritikpunkte des Hongkonger Kollegen am kurzatmigen Aktionismus seines Chefs und seiner ausufernden Reiselust. Nach seinem Geschmack ist dabei zu viel Wunschdenken im Spiel und zu wenig harte Kleinarbeit. Und Manfred Wilhelm vernimmt aus anderen deutschen Unternehmen, die im China-Geschäft aktiv sind, immer mehr Kritik an Flatows einseitiger öffentlicher Parteinahme für das Regime.

An dessen Unterstützung für Mao kann niemand zweifeln, der ihn reden hört. Zum Beispiel hält Flatow am 6. Mai 1960 bei einem Nasi-Goreng-Essen in Bremen einen Vortrag vor den eher konservativen Mitgliedern des Ostasiatischen Vereins. Seine Eingangsworte: »Die Gründe für die kritische Sympathie, die ich der VR China, dem chinesischen Volk und seiner Führung gegenüber empfinde, beruhen auf einer langjährigen Erfahrung in diesem Land.« Anschließend notiert der Vorsitzende des Bremer Vereins, der Flatow bereits aus seiner Zeit als Vertreter des China-Handelshauses Melchers & Co. in Shanghai kennt: Flatows Gehirn sei während seiner Gefängniszeit offenbar »gewaschen« worden, das fühle man beim Anhören seines Vortrags.[6]

Die große persönliche Nähe zum Mao-Regime, die man bei Otto Wolff auf Initiative von Flatow pflegt, bleibt auch im rivalisierenden Taiwan nicht unbemerkt, wo Chiang Kai-shek seit seiner Niederlage im Bürgerkrieg herrscht. 1961 scheitert dort deswegen beinahe ein großes Geschäft, die Lieferung von 300 Daimler-Benz-Bussen an das staatliche Highway Bureau – wegen einer politischen Kampagne gegen den deutschen Konzern. Manfred Wilhelm verhandelt monatelang über das Projekt und steht kurz vor einem Abschluss, als mehrere Zeitungen auf der Insel auf einmal heftig gegen einen Vertrag mit einer Firma polemisieren, die so emsig mit den »roten Banditen« (so die damalige Presse) auf dem Festland zusammenarbeitet. Erst als ein bestochener Kuomintang-General einen besonders kritischen Journalisten in einer Nacht-und-Nebel-Aktion von bezahlten Schlägern kurzerhand krankenhausreif schlagen lässt und die Kritik leiser wird, kommt der Deal doch noch zustande.[7] In Köln begreifen einige die ganze Episode als Warnschuss gegen Flatows China-Kurs, allen voran sein Freund Manfred Wilhelm selbst.

Zusätzlich leidet das Verhältnis zwischen den beiden in dieser Zeit unter den privaten Eskapaden Flatows, der seine zweite Frau Mary betrügt und schließlich sitzen lässt. Manfred Wilhelm und noch mehr seine Frau Ruth Wang halten weiter Kontakt zu der völlig verstörten Chinesin, die in Köln als Hausfrau ohne Familie und ohne eigene deutsche Freunde vereinsamt und schließlich sogar zwei Selbstmordversuche unternimmt.[8]

Flatows neue Gefährtin Pan Xiaoming – eine Anglistin aus reicher Familie, Absolventin des renommierten Jinling College für Frauen in Nanjing, Doktorandin an der Kölner Universität und gleichzeitig freie Mitarbeiterin des Deutschlandfunks – passt sich seinem unruhigen Lebensstil viel besser an als seine Frau Mary. Und sie teilt auch die unkritische Begeisterung Gerhards für das »neue China« Maos. Schon bald sieht man das auffällige Paar regelmäßig auf politischen Veranstaltungen in Köln, was der »sehr vorsichtige« Manfred Wilhelm für ziemlich gefährlich hält und aus tiefster Überzeugung ablehnt.[9] 1962 ziehen Gerhard und Xiaoming (von ihren deutschen Freunden Susan genannt) in der Schwalbengasse 2A in Köln zusammen, nicht weit von der Otto-Wolff-Zentrale. Nach Gerhards zweiter Scheidung heiraten die beiden am 2. April 1963.[10] Er ist zu diesem Zeitpunkt 52, sie 48 – gibt sich aber als sehr viel jünger aus.

Mit seiner dritten Frau findet Gerhard zum ersten Mal eine Gefährtin, die sich genauso geschickt wie er selbst in seinen beiden so gegensätzlichen Welten bewegt. Die nur 1,51 Meter große und ungewöhnlich zierliche, charmante und weltoffene Chinesin, die fließend Deutsch und Englisch spricht, begleitet Flatow zu vielen offiziellen Repräsentationsterminen und zieht dabei mit ihren hochhackigen Schuhen und ihrem geschlitzten Kleid viele Blicke auf sich. Durch ihre wache Intelligenz und Schlagfertigkeit hält Xiaoming aber genauso gut auch bei allen politischen Diskussionen im Freundeskreis mit.

Die beiden führen schon bald ein großes offenes Haus im Ratinger Nobelviertel Hösel bei Düsseldorf. An den Wänden der Villa fällt der Blick auf die traditionellen Hängerollen berühmter chinesischer Maler – von dem »chinesischen Picasso« Zhang Daqian, dessen Werke schon damals teuer gehandelt werden und bei heutigen Auktionen Hunderttausende oder gar Millionen Euro einbringen, bis zu dem klassischen Tuschemaler Pu Ru, dem Cousin des letzten chinesischen Kaisers. 1973 sollte Pan Xiaoming 16 Bilder aus ihrer Sammlung dem Ostasiatischen Museum in Köln anbieten, dessen Direktor eines der Werke ankauft.[11]

Das Ehepaar Flatow umgibt sich auch sonst mit schönen Dingen und genießt mit großer Selbstverständlichkeit einen großbürgerlichen Luxus, denkt aber links und freundet sich vermehrt mit kritischen Intellektuellen und erklärten Gegnern der CDU-Politik an. Welche Rolle Flatows neue Gefährtin dabei genau spielt, welche eigenen Verbindungen in die Volksrepublik sie weiter pflegt, wie sie ihre Kunstsammlung in die Bundesrepublik bringen konnte, all das bleibt bis heute mysteriös. Obwohl Xiaoming ihre Heimat hinter sich gelassen hat, wie viele ihrer Verwandten auch, die nun in Hongkong leben, tritt sie auf jeden Fall in den sechziger und siebziger Jahren an der Seite ihres Mannes immer lauter für Mao auf.

In der Deutschen China-Gesellschaft sieht man das Paar nun häufig gemeinsam. Doch im Gegensatz zu den ersten drei Jahren ihres Bestehens finden nur noch selten Veranstaltungen statt. Der Vorsitzende Wolf Schenke betreibt einen langwierigen Rechtsstreit im Namen der Gesellschaft, der sie an den Rand ihres organisatorischen und finanziellen Ruins bringt. Es geht um den Vorwurf des CDU-Bundestagsabgeordneten Ernst Majonica, die DCG werde »in wesentlichen Fragen unmittelbar von Peking dirigiert«[12]. Der 40-jährige Parlamentarier gilt als großes politisches Talent und leitet bereits den außenpolitischen Arbeitskreis seiner Fraktion in Bonn. Er gehört zu den überzeugten Gegnern einer Annäherung an die Volksrepublik. Stattdessen setzt sich Majonica für das nationalchinesische Taiwan als »Sperrriegel gegen die kommunistische Aggression« in Asien ein.[13]

Nach einer Reise auf die Insel hatte der CDU-Politiker schon am 26. Februar 1957 eine »Deutsch-Chinesische Gesellschaft« gegründet, die sich für eine diplomatische Anerkennung Taiwans stark macht und die dortige Kuomintang-Regierung als einzige legitime Vertreterin des ganzen chinesischen Volkes betrachtet. Die nur ein halbes Jahr später entstandene DCG Flatows sieht Majonica deshalb von Anfang an als seinen direkten Gegner. Er bemüht sich, Bundestagsabgeordnete seiner eigenen und anderer Parteien von der Mitarbeit in Flatows Organisation abzubringen – zum Beispiel in einem Gespräch mit dem Vorsitzenden der SPD-Bundestagsfraktion, Herbert Wehner.[14]

Wolf Schenke sieht in den Äußerungen Majonicas den Versuch, die DCG »zu vernichten«[15], und zieht vor Gericht. Der CDU-Politiker munitioniert sich in den Bonner Ministerien mit Geheimmaterial über Schenke und die DCG,[16] darf es in den Prozessen jedoch nicht verwerten. Umgekehrt kann Schenke aber auch keinen endgültigen Widerruf durchsetzen. Am Ende vergleicht man sich – und die ohnehin finanzschwache DCG bleibt auf einem Großteil der Kosten sitzen.

Schlimmer noch: Im Zuge der Auseinandersetzungen zerstreitet sich Schenke erneut mit zahlreichen Mitgliedern und löst mit seinen larmoyanten öffentlichen Erklärungen, in denen er sich selbst als politisch »Verfolgten der Adenauer-Regierung« bemitleidet, einen regelrechten Mitgliederexodus in der DCG aus. Der junge, aufstrebende FDP-Politiker Hans-Dietrich Genscher, der viele Jahre später der prägende Außenminister der Bundesrepublik werden sollte, zieht sich mit seinen Parteifreunden angewidert aus der DCG zurück – nur zwei prominente FDP-Politiker bleiben bei Schenke zurück.[17]

Gerhard Flatow bemüht sich in dem Tohuwabohu, andere – vor allem wirtschaftliche – Themen in der Gesellschaft zu setzen, dringt damit jedoch zunächst kaum durch. Immerhin bringt er gemeinsam mit dem einflussreichen SPD-Bundestagsabgeordneten Ernst Wilhelm Meyer eine Erklärung in die Öffentlichkeit, in der sie im Namen der DCG »geeignete Maßnahmen zum Abschluss eines offiziellen Handelsvertrags mit der Volksrepublik China« fordern – ein bescheidener Erfolg im aufgeheizten Klima des politischen Streits mit Majonica.[18] Für Flatow aber zugleich auch eine Ermunterung, sich stärker auf die innenpolitische Gemengelage in der Bundesrepublik einzulassen.

Im Jahr 1961 kommt der nun 50-Jährige zum ersten Mal seit seinen Diskussionen mit deutschen Kommunisten in Shanghai 20 Jahre vorher wieder in Berührung mit der seit 1956 verbotenen, aber weiter in zahlreichen Tarngruppen und linken Bündnissen aktiven KPD. Die aus der DDR gelenkte und finanzierte Partei grenzt sich zu diesem Zeitpunkt noch nicht vom Kurs der KP Chinas ab und duldet in ihren Reihen noch einige Dutzend versprengter Mao-Anhänger, die man erst später ausschließt. Flatow sucht zu ihnen auf verschiedenen Wegen Kontakt – augenscheinlich in Absprache mit seinen Gesprächspartnern in der chinesischen Botschaft in Bern. Die KP Chinas arbeitet in diesen Monaten mit großer Anstrengung daran, rund um den Erdball die ersten prominenten Altkommunisten aus den moskautreuen Parteien herauszubrechen und für die Gründung neuer maoistischer Gruppen zu gewinnen.

Ab Ende 1962 formiert sich nach und nach eine kleine prochinesische Bewegung gegen die KPdSU, aus der später mehrere Kleinparteien hervorgehen. Sie pflegen den Mythos, sie seien selbstständig im »antirevisionistischen Kampf« gegen die ideologischen Abweichungen der UdSSR entstanden. Dabei verdanken sie ihre Entstehung aber vor allem dem Vorbild und der Unterstützung der KP Chinas. 1963 fordern die Chinesen alle »ausländischen Experten« in Beijing auf, in ihren jeweiligen kommunistischen Parteien offen für Maos Positionen zu werben. Die meisten Fachleute, die in chinesischen Verlagen und an den Universitäten arbeiten, schreiben nun eifrig Briefe an die Genossen in der Heimat und ermuntern sie, verdeckte innerparteiliche Netzwerke gegen ihre moskautreuen Parteiführungen zu bilden.[19]

Zu den ersten kommunistischen Bekannten der Flatows in der Kölner Zeit gehört der Journalist Peter Meter, ein früheres Mitglied der KPD-Landesleitung Nordrhein-Westfalen und ehemaliger Leiter der Kulturabteilung des Parteivorstands, der jetzt im verdeckten Auftrag der Ostberliner Exilführung die offiziell überparteiliche Linkspostille *Rheinische Stimme* herausgibt. Anfang 1960 war es zu einem kleinen Skandal in der Rheinmetropole gekommen, als Meter im städtischen

Saalbau Gürzenich auf einer Jugendweihe des prokommunistischen Freidenkerverbands öffentlich auftreten konnte. Die Staatsanwaltschaft klagte den KPD-Funktionär kurz darauf wegen »illegaler Betätigung« für die verbotene Organisation an. Am 6. Januar 1961 stand Meter vor der Ersten Politischen Strafkammer des Landgerichts Köln,[20] im Sitzungssaal eifrig unterstützt von einigen linken Sympathisanten, unter denen eine kleine Chinesin sofort auffällt: Pan Xiaoming.

Nach dem Ende des Meter-Prozesses tauchten Zivilbeamte der Staatsschutzabteilung bei Flatows Freundin auf und befragten sie nicht nur nach ihren eigenen Verbindungen zur KPD, sondern vor allem nach den politischen Kontakten ihres Ehemannes.[21] Zwei Jahre später, 1963, gerät Flatow selbst wegen der Teilnahme an einer Veranstaltung der ebenfalls KPD-nahen Arbeitsgemeinschaft Kölner Friedensverbände (AKF) ins Visier der örtlichen Staatsschützer, die peinlicherweise in seinem Ostasien-Büro in der Kölner Firmenzentrale vorsprechen und damit heftiges Getuschel unter seinen Kollegen auslösen.[22]

Seine Gegner im Konzern nutzen die Episode, um Flatows Stellung zu unterminieren. Registriert werden seine Aktivitäten aber auch noch ganz woanders: in der DDR. Später sollte sein Name zum ersten Mal in einer vertraulichen Mitteilung der Zentralen Parteikontrollkommission (ZPKK) der KPD auftauchen, die unter höchster Geheimhaltung in Ostberlin residiert und für den Schutz der illegalen Arbeit in Westdeutschland und die Verfolgung von Parteifeinden verantwortlich zeichnet. Vorerst führt sie ihn offenbar hauptsächlich als Leiter der »Asien-Abteilung« des Otto-Wolff-Konzerns, später aber auch als gefährlichen Maoisten.[23]

Die Idee der Moskau-Kommunisten, Flatow sei möglicherweise im Auftrag Otto Wolff von Amerongens auf die Suche nach maoistischen Gefolgsleuten in der KPD angesetzt, entspricht allerdings nicht der Wirklichkeit. Im Gegenteil: Flatows politischer Linksdrall in aller Öffentlichkeit sorgt für immer größeres Unbehagen im Konzern – bei seinem Freund und Mitarbeiter Manfred Wilhelm, aber vor allem in der Führungsetage. Der neue starke Mann im Unternehmen, Friedrich Graf von der Schulenburg, der gerade erst in den Konzern eingetreten ist, aber bereits als enger Vertrauter des Chefs gilt, rümpft die Nase und legt sich gleich mehrfach offen mit Flatow an. Das alte Zweckbündnis zwischen Flatow und Otto Wolff von Amerongen verliert zunehmend an Kraft.

In der Kölner Firmenzentrale findet sich nur ein einziger Manager, der seinen politischen Ideen mit einiger Sympathie begegnet: Kunrat Freiherr von Hammerstein-Equord. Der Pressechef des Otto-Wolff-Konzerns, ein Freund von Wolff, stammt aus einer Familie von Nazi-Gegnern: Vater Kurt, General und zeitweise Chef der Heeresleitung, gehörte zum militärischen Widerstand gegen Hitler; die vier Töchter tendierten alle zur KPD und konspirierten zum Teil für sowjetische Geheimdienste; die drei Söhne (unter ihnen Kunrat) schlossen sich als junge Offiziere den Verschwörern vom 20. Juli 1944 an.

Nach Kriegsende engagiert sich Kunrat für ein neutrales Deutschland, gegen Adenauers Wiederbewaffnungspläne und die Beschäftigung von alten Nazi-Generälen beim Aufbau der Bundeswehr. Zu seinen engen Freunden gehört der Verfassungsschutz-Präsident Otto John, der 1954 unter spektakulären Umständen in der DDR aufgetaucht war – ob freiwillig oder als Opfer einer Entführung, bleibt bis heute ungeklärt. Flatow und Hammerstein fühlen sich in vielen innenpolitischen Fragen auf »gleicher Wellenlänge« und pflegen ihre gemeinsame Abneigung gegen Adenauer und dessen Nachfolger Ludwig Erhard.[24]

Die beiden bemühen sich sowohl gemeinsam als auch unabhängig voneinander, den CDU-Mann Otto Wolff von Amerongen auf ihre Linie zu bringen. Während den Pressechef vor allem die Deutsche Frage umtreibt, geht es bei Flatow weiterhin vorrangig ums rote China. Sein eigenes Netzwerk reicht inzwischen tief ins Auswärtige Amt und in die Bonner Parteien. Flatow besucht regelmäßig nicht nur die chinesische Botschaft in Bern, sondern auch das deutsche Generalkonsulat in Hongkong und die Wirtschaftsabteilung des Auswärtigen Amts in Bonn. Seine vertraulichen Informationen fließen per Brief oder Aktenvermerk an Otto Wolff von Amerongen.[25] Und sie gelangen wohl immer auch nach Beijing, denn Flatow selbst spricht davon, er habe die Chinesen »über die Entwicklungen im Konzern und in der deutschen Wirtschaft auf dem Laufenden gehalten«.[26]

Während der Unternehmer meist vorsichtig taktiert, plädiert Flatow unermüdlich für mehr deutsche Eigeninitiative in der China-Frage: »Wir in der Bundesrepublik können die Dinge vielleicht leidenschaftsloser als die Politiker in den USA sehen.«[27] Vor allem solle man in Bonn und bei den Banken in Frankfurt aufhören, zu viel Rücksicht auf Taiwan zu nehmen. Die Bundesrepublik erkennt Taiwan trotz der Bemühungen Majonicas zwar weiterhin offiziell genauso wenig an wie die Volksrepublik China, pflegt aber im Kalten Krieg einen kurzen Draht zu den Nationalisten, denen man sich in der gemeinsamen Gegnerschaft zur kommunistischen Ideologie verbunden fühlt.

Flatow arbeitet daher fortlaufend daran, den Einfluss Taiwans in Bonn zu schwächen. Mal beschwert er sich bei der Dresdner Bank über eine angebliche Parteinahme für die Insel,[28] mal bombardiert er mehrere Bundestagsabgeordnete in Bonn mit einem rotchinafreundlichen Memorandum der britischen Labour Party,[29] mal bemüht er sich um einen persönlichen Protest Otto Wolff von Amerongens gegen den Besuch einer Theatergruppe aus Taiwan in der Bundesrepublik.[30] Auch als Redenschreiber für seinen Chef betätigt sich der Leiter des Ostasien-Büros – beispielweise im März 1963, als Otto Wolff von Amerongen eine chinesische Delegation von Stahlfachleuten in seinem Kölner Privathaus in Lindenthal empfängt.[31] Flatow versteht, wie man sich die Freundschaft zu den Chinesen erhält. Im Gegenzug versorgen sie ihn mit vertraulichen Informationen, die sich auch im Geschäftsbetrieb nutzen lassen.

Flatow ist auch schon frühzeitig vorab über die Bonner Pläne informiert,[32] endlich politisch auf Maos Regierung in Beijing zuzugehen: Im November 1963 reist ein bundesdeutscher Diplomat zum ersten Mal in dienstlicher Mission in die Volksrepublik China ein: Fritz »Fredy« Cordt, der Leiter der deutschen Wirtschaftsabteilung in Hongkong. Flatow kennt ihn gut als Mitkämpfer in der Deutschen China-Gesellschaft und aus vielen Gesprächen und ist mittlerweile mit ihm befreundet. In den Monaten danach ringen die Befürworter und Gegner einer weiteren Annäherung in der Bundesrepublik mit harten Bandagen um den weiteren Kurs in der China-Politik. Anfang 1964 verkündet Frankreich als zweiter NATO-Staat nach Großbritannien die Aufnahme diplomatischer Beziehungen mit der Regierung in Beijing und erhöht damit den Druck auf Bonn.

Wenig später bestätigt das Auswärtige Amt in Bonn offizielle Gespräche über die Frage, »in welcher Weise der deutsch-chinesische Handel in ein technisches Abkommen eingebettet« werden könne. Selbst über die Eröffnung einer offiziellen Handelsmission in der Hauptstadt redet man in Bonn. Otto Wolff von Amerongen und Gerhard Flatow stecken mehrmals in Köln die Köpfe zusammen, wie man die Bonner Regierungsparteien am besten zum Jagen trägt.

Aber am Schluss knickt Bundeskanzler Ludwig Erhard nach einer Washington-Reise aus »Rücksicht auf unsere amerikanischen Verbündeten« wieder ein. Alles bleibt beim Alten, die Bundesregierung legt alle Pläne ad acta, obwohl die Chinesen nach ihrem öffentlichen Bruch mit der Sowjetunion nun sogar mit der Unterstützung der Bonner Deutschlandpolitik locken und zum großen Ärger der DDR-Führung über die »friedliche Wiedervereinigung« der beiden deutschen Staaten reden.[33]

Die Chinesen reagieren auf die Entscheidung Ludwig Erhards so, wie sie es bis heute immer noch tun, wenn sich ein Land ihrer Meinung nach nicht angemessen verhält: Sie spielen es gegen andere Länder aus. »Die Barbaren benutzen, um die Barbaren zu schlagen« – so lautet das alte Sprichwort, das auch Mao gern zitiert. Die Chinesen strafen die Bundesrepublik demonstrativ mit Missachtung und kaufen für eine Weile nur noch das ein, was sie woanders überhaupt nicht bekommen können.

Otto Wolff von Amerongen erinnert sich später, die deutschen Exporteure seien in dieser Zeit »geradezu schlecht« behandelt worden: »Die Kaufleute mussten sich regelmäßig lange Litaneien über die falsche Politik der Bundesregierung anhören, die als willfähriges Werkzeug der teuflischen Amerikaner agiere«. Erst nach einem Kotau und »Loyalitätserklärungen« für die Volksrepublik China und einer eindeutigen Stellungnahme gegen das nationalistische Taiwan sei man damals noch ins Geschäft gekommen.[34] Viele Hoffnungen auf lukrative Aufträge aber zerschlagen sich ganz. Die Zurückhaltung der Bundesregierung kostet die deutsche China-Wirtschaft viel Geld.

Vielleicht wären die Bonner Politiker etwas mutiger, wenn die Nachfrage der Chinesen weiter auf Hochtouren liefe wie direkt nach dem Abschluss des ersten Handelsvertrags 1957. Doch die Folgen des verfehlten »Großen Sprungs nach vorn« belasten den Außenhandel weiterhin. Schon im Juni 1961 hatte Flatow gemeldet: »Seit Monaten haben wir mit den Chinesen kein Geschäft gemacht.«[35] 1962 war ähnlich schlecht verlaufen. Vor allem das besonders gewinnträchtige Geschäft als Generalvertreter von Daimler-Benz, das über eine eigene Tochterfirma in Hongkong läuft, kommt nicht voran. 1962 verkauft Otto Wolff gerade einmal 17 Busse und Lastkraftwagen nach China, 1963 sogar nur 15.[36] Auch die Versuche, sich mit anderen deutschen Unternehmen wie Klöckner zur besseren Durchdringung des chinesischen Marktes zusammenzutun, bringen die Umsätze kaum voran. Die Chinesen wollen sich zwar »von der früheren einseitigen Orientierung nach Russland und ihren Satelliten emanzipieren«, beobachten Schweizer Diplomaten in Beijing.[37] Aber es fehlt schlicht an harten Devisen, um mehr im Westen zu bestellen.

Was aber wäre, wenn sich die alte sozialistische Tauschwirtschaft aus dem Ostblock ins kapitalistische Handelsregime der westlichen Partner implantieren ließe? Die Chinesen erörtern ab 1963 neue Ideen für den Außenhandel, die man vereinfacht vielleicht so zusammenfassen könnte: Wir müssen endlich billiger im Westen einkaufen als bisher. Wir wollen deshalb, zweitens, die vielen Zwischenhändler ausschalten, vor allem, wenn es um den Import von teuren Maschinen und technischen Anlagen geht. Wir möchten, drittens, nicht mehr mit Devisen zahlen, sondern mit Waren. Und wir arbeiten, viertens, am liebsten mit alten China-Freunden zusammen, die sich für den sozialistischen Aufbau begeistern und im Zweifel auf unserer Seite stehen – wie Gerhard Flatow.

Ein Plan, der für westliche Firmen zwar einige Chancen, aber noch mehr Risiken birgt und auf wenig Gegenliebe stößt: Die etablierten deutschen China-Handelshäuser fürchten um ihr Geschäftsmodell. Die deutsche Industrie will sich nur höchst unwillig auf einen Tauschhandel mit der chinesischen Landwirtschaft einlassen, wie bei einer Diskussion im Düsseldorfer Industrieklub klar wird: »Was soll ich mit Schweineborsten für 40 Millionen Dollar?«[38] Und die normalen Geschäftsleute treibt die Sorge um, dass künftig prokommunistische Tarnfirmen in den Genuss einer Vorzugsbehandlung kommen. Je mehr Details allmählich aus Beijing durchsickern, desto chaotischer werden die Reaktionen im Westen. Aber es sind auch gute Zeiten für die westeuropäischen Mitläufer der KP Chinas, sich neue Sympathien in Beijing zu sichern.

Gerhard Flatow reist im Mai 1963 mit dem Daimler-Benz-Manager Hans A. Wuttke zu längeren Gesprächen nach Wuhan, Nanchang und Beijing. In der Hauptstadt trifft er auf alte Bekannte aus dem Waffenamt der Kuomintang, die jetzt verantwortliche Posten in kommunistischen Behörden und Organisationen bekleiden, aber auch seine neuen Kontaktpersonen in den staatlichen Außenhandelsgesellschaften. Die Gespräche bleiben zwar ohne greifbare Resultate, dennoch scheint es jetzt Anlass zur Hoffnung zu geben: Sein DCG-Mitstreiter Claus Rickmers, der ebenfalls in Beijing weilt, macht Flatow bei einem Treffen im Peking-Hotel mit einer »optimistischen Prognose« für den China-Handel Mut. Offenbar ist die chinesische Wirtschaft endlich dabei, sich wieder etwas zu erholen. In der Hauptstadt geben mittlerweile die Anhänger des formellen Staatspräsidenten und Pragmatikers Liu Shaoqi den Ton in der Wirtschaftspolitik an. Die ideologisierten Experimente Maos auf dem Land und in der Industrie scheinen vorerst beendet. Westlichen Gesprächspartnern berichtet Liu ausführlich von den »bitteren Erfahrungen« im Handel mit der Sowjetunion, die nur »minderwertige Maschinen zu überhöhten Preisen« geliefert habe. China wolle deshalb nun schnell »neue Bezugsquellen« in Westeuropa erschließen und suche feste Partner.[39]

Noch in Hongkong diktiert Flatow am 26. Mai 1963 einen ausführlichen Bericht voller hoffnungsfroher Botschaften für Otto Wolff von Amerongen. Der drängende Ton des ganzen Schreibens ist darauf angelegt, den Unternehmer unter Druck zu setzen, sich endlich eindeutig auf die neue Linie festzulegen. Flatow lobt die »eiserne Konsequenz und Kontinuität, mit der die Engländer ihr China-Geschäft betreiben«, und klagt im Gegenzug über die »viele Reiserei« in die Volksrepublik, die eine Dauerpräsenz im Lande nicht ersetzen könne. Sein Kernsatz: »Ich möchte noch einmal betonen, dass jetzt die Zeit gekommen ist, wo wir uns entscheiden müssen, ob wir uns für das China-Geschäft mit aller Kraft einsetzen wollen.«[40]

Flatow hat sich längst einen Plan zurechtgelegt, wie sich der Konzern seiner Meinung nach jetzt aufstellen soll. Die wichtigsten Punkte: eine dauerhafte Verlegung des Kölner Ostasien-Büros nach Hongkong, der Aufbau einer größeren Vertriebsorganisation in ganz China unter seiner Leitung und vor allem ein Gemeinschaftsunternehmen mit rotchinesischer Beteiligung, das in großem Stil Bartergeschäfte für die deutsche Wirtschaft betreiben soll. Und Flatow auch dort selbstverständlich mittendrin.

Auch einen Partner dafür gibt es bereits: Verder and Company, ein prokommunistisches Tarnunternehmen in Hongkong. Die kleine Handelsfirma im China Building an der noblen Queens Road pflegt schon längere Zeit Geschäftsverbindungen mit Otto Wolff.[41] Im Koreakonflikt und später im Vietnamkrieg war sie immer wieder als Blockadebrecher in das Visier der Amerikaner und der angelsächsischen Geheimdienste geraten, aber mit ihren europäischen Partnern gut zurechtgekommen.[42]

Der Gründer von Verder and Company, Wang Kuancheng, gehört als »chinesischer Patriot« zum innersten Herrschaftszirkel in der Volksrepublik China, auch wenn er formal kein Mitglied der Kommunistischen Partei ist.

Als Wang 1986 im Alter von 80 Jahren stirbt, lobt ihn die chinesische Parteipresse rückblickend über den grünen Klee: Der erfolgreiche Unternehmer habe die KP Chinas bereits in den vierziger Jahren im Kampf gegen die Japaner unterstützt, während des Koreakriegs ein Flugzeug und kriegswichtige Materialien beschafft, in den Jahren danach über 100 Millionen Dollar für wohltätige Zwecke in China gespendet und in über 20 Institutionen in der Volksrepublik gedient: »Sein Leben war ein Leben der Wahrhaftigkeit und der Vaterlandsliebe.«[43]

Aus Flatows Sicht steht 1963 mit Wangs Firma ein geradezu idealer, in Beijing hoch angesehener Partner für eine Gemeinschaftsfirma in Deutschland bereit, um künftig ein ganz großes Rad zu drehen. Die Chinesen sehen es umgekehrt offenbar genauso: Wer wäre für sie eine bessere Anlaufadresse in Westdeutschland als Otto Wolff von Amerongen, der ja ohnehin die Fäden für die ganze deutsche Industrie zieht? Und was wäre nützlicher, als einen treuen Genossen und Informanten wie Flatow mitten im künftigen Geschehen zu wissen? Die Chinesen planen mit ihm bereits eine gemeinsame Firma in Düsseldorf, die Gewinne aus den Bartergeschäften will man sich teilen.

Flatow macht seinen alten Vertrauten bei Verder and Company in Hongkong große Versprechungen – obwohl sich Otto Wolff bisher noch gar nicht klar positioniert. Monatelang passiert in Köln erst einmal gar nichts, niemand antwortet auf die vielen Vorschläge Flatows. Vor allem der konservative Graf Schulenburg, der Leiter des gesamten internationalen Geschäfts im Konzern, trägt in der Chefetage alle nur erdenklichen Bedenken vor – weiß aber nicht, dass Flatow bei den Chinesen längst mit ganz konkreten Zusagen im Wort steht. Nach Meinung der konzerninternen Skeptiker würde sich Otto Wolff mit einer Gemeinschaftsfirma in Düsseldorf als »verlängerter Arm der chinesischen Außenhandelskorporationen« positionieren. Ein empörter Aufschrei aller traditionellen deutschen China-Händler sei damit absehbar. Und auch politisch müsse man mit viel Ärger rechnen.[44]

Im April 1964 berät sich Flatow wieder mit seinen chinesischen Ansprechpartnern in Bern – und ahnt nicht, dass es das letzte Mal in seiner bisherigen Funktion sein sollte.[45] Anschließend fliegt der 53-Jährige wie jedes Jahr zur Frühjahrsmesse nach Kanton und verbreitet dort voreilig die Nachricht, Otto Wolff werde sein China-Geschäft massiv ausbauen. Sogar mit dem DDR-Botschafter redet er über diese Pläne.[46]

Doch aus der Eröffnung des neuen Hongkonger Büros wird nichts. Im Frühsommer 1964 wird Flatows Projekt aus einem Grund gestoppt, den offenbar niemand mehr auf dem Schirm hatte – am allerwenigsten er selbst: Die Behörden der britischen Kronkolonie verweigern Flatow das notwendige Permanent Residence Permit, eine Daueraufenthaltsbewilligung. Es ist ein durchaus außergewöhnlicher Vorgang, dem offiziellen Vertreter eines führenden deutschen Konzerns eine Aufenthaltsbewilligung zu verweigern. Doch die Begründung ist eindeutig: Flatow sei ein »Sicherheitsrisiko«.[47] Die Briten betrachten ihn als einen Agenten Maos.

Das kommt nicht von ungefähr. In Hongkong gilt Flatow inzwischen als offener Parteigänger der KP Chinas. Der deutsche Konsul in Hongkong bezeichnet ihn im Gespräch mit Landsleuten als »Kommunisten«. Der deutsche Verfassungsschutz, die amerikanische CIA und die britischen Sicherheitsbehörden tauschen offenbar ihre Erkenntnisse aus, wie Flatow selbst vermutet, und sehen ihn als gefährlichen Zuträger der Chinesen.

Und Flatow will seinen Gegnern nicht einmal widersprechen, wie er seinem Freund Kunrat von Hammerstein-Equord mit etwas umständlichen Formulierungen schreibt: »Wenn ich heute meine Gedanken zu vielen Dingen als politisches Dokument fixiere, dann würde ich, wenngleich ich auf Basis meiner persönlichen Erlebnisse vielleicht besser weiß, wo ich opponieren muss, doch als Fellow-Traveller beschmiert.«[48] Im Klartext: Flatow unterstützt zwar nicht alles, was in der Volksrepublik China vor sich geht, steht aber unterm Strich fest zur Politik der KP Chinas.

Anfang August 1964 bricht Flatows ganze Konstruktion endgültig in sich zusammen, nachdem seine voreiligen Versprechungen an Verder and Company nach Köln durchsickern. Graf Schulenburg ärgert sich gewaltig: »Zu meiner großen Überraschung hat Herr Flatow seit einem Jahr mit dieser Firma recht weitgehend dahingehend verhandelt«, beschwert sich der Manager bei Otto Wolff von Amerongen, »dass Verder bei der Einrichtung einer Firma in Düsseldorf von uns Schützenhilfe erhält und Otto Wolff durchaus an einer möglichen Beteiligung an dieser Firma interessiert ist.« In Beijing habe diese Mitteilung zwar »erhebliche Freude hervorgerufen«, auf deutscher Seite bringe sie aber nichts als Ungemach: »Man ersieht aus dieser Geschichte«, fügt Graf Schulenburg hinzu, »wie unverantwortlich solche einsamen Aktionen eines nicht beauftragten Mitarbeiters sind.«[49] Damit ist Flatows Idee der gemeinsamen chinesisch-deutschen Handelsfirma tot – und ihr Urheber endgültig im Unternehmen desavouiert.

Der Schlag könnte Flatow zu keinem ungünstigeren Zeitpunkt treffen. Die Chinesen reagieren äußerst verärgert und verweigern ihm sogar ein Visum für einen bereits seit Langem geplanten wichtigen Geschäftstermin in Beijing. Es geht um die Lieferung von Schnellbootmotoren der Marke Maybach mit einem gewaltigen Auftragswert von 30 bis 40 Millionen Mark.[50] An Flatows Stelle reisen sein Intimfeind Graf Schulenburg und Manfred Wilhelm. Nach seiner Rückkehr verfasst der wütende Adlige eine Generalabrechnung mit Flatows Praxis, Waren aus der Volksrepublik China einzuführen, um mit den Erlösen die Maschinen- und Fahrzeug-Exporte zu finanzieren.

Die Weiterführung »auch nur des Restes unseres Importgeschäfts« mache keinen Sinn. Bei vielen Einfuhren wie zum Beispiel Quecksilber arbeite Otto Wolff »de facto mit einer Verlustmarge«. Flatows Argument, man müsse solche Geschäfte abschließen, um die Beziehungen zur Volksrepublik China zu pflegen, sei »kompletter Unsinn«. Es herrsche jetzt eine ganz andere Lage als 1958, als Bartergeschäfte der einzige Weg gewesen seien, »in das gelobte Land zu kommen«.[51] Und ein paar Monate später kritisiert Graf Schulenburg sogar die Annahme des chinesischen Großauftrags selbst als »nicht gut durchdacht«. Man habe sich vom bloßen Umsatz des Motorendeals blenden lassen, die sehr hohen Risiken und die niedrige Gewinnmarge aber ausgeblendet: »Wir denken manchmal zu groß.«[52] Politisch motivierte Freundschaftsgeschäfte mit den Chinesen wie unter Flatows Regie soll es von nun an bei Otto Wolff nicht mehr geben.

Otto Wolff von Amerongen selbst verhält sich in der ganzen Angelegenheit merkwürdig still – jedenfalls wenn man der Aktenlage im Firmenarchiv des Konzerns glauben darf. Ihm ist sicher bewusst, dass Flatow nach den Vorgängen in Hongkong aus innenpolitischen Rücksichten nicht mehr im Unternehmen zu halten ist. Die Erkundigungen, die Graf Schulenburg bei den Briten einholt, machen die letzten Hoffnungen zunichte, man könne die Sperre gegen Flatow vielleicht wieder beseitigen. In der Kronkolonie kann er sich auf längere Sicht nicht mehr blicken lassen.

Auch eine mögliche Verlagerung des Ostasien-Büros nach Beijing ist nicht mehr durchführbar, wie Flatow selbst einsieht: Nach dem »Hin und Her« der westdeutschen China-Politik, die nach wie vor jeden offiziellen Handelsvertrag ablehnt, und dem »unglaubwürdigen« Vorgehen des Konzerns herrsche momentan »dicke Luft« in der chinesischen Regierung.[53] Und auch die Hilfsidee Flatows, erst einmal in der verschlafenen portugiesischen Kolonie Macao Quartier zu beziehen, trifft im Konzern sofort auf einhellige Ablehnung. Otto Wolff von Amerongen beruft Flatow deshalb Ende 1964 offiziell als Leiter des Ostasien-Büros ab, entzieht ihm seine Prokura und bietet ihm pro forma nur noch einen Posten als Delegierter in Ostpakistan an. Eine Idee, die Flatow nun seinerseits sofort zurückweist.

Nach einigen Monaten einigt man sich auf einen äußerst lukrativen Aufhebungsvertrag, den man vielleicht als ein Stück Wiedergutmachung für seine Haftzeit und auch als eine Art von Schweigegeld verstehen muss: Otto Wolff zahlt ihm noch fünf weitere Jahre Gehalt, aber verzichtet fortan auf seine Dienste.[54] Seine alten Kollegen in Köln rätseln noch lange nach Flatows Ausscheiden vergeblich, wie es dazu eigentlich kommen konnte.[55]

Am 6. April 1965 stellt sich Flatows Nachfolger in der chinesischen Botschaft in Bern vor und bezieht danach Posten in Hongkong – ein grauer Konzernbeamter, über den es nichts zu sagen und auch in den nächsten Jahren nichts zu berichten gibt. Für Gerhard Flatow ist es nach 30 Jahren in den Diensten des alten Otto Wolff und seines Sohns Otto Wolff von Amerongen das Ende einer Ära – aber keineswegs das Ende seiner Mission für China.

Vielleicht kann die Deutsche China-Gesellschaft dabei wieder eine wichtigere Rolle spielen: Frei von allen politischen Rücksichtnahmen auf Otto Wolff rückt Flatow am 6. November 1965 auf der Jahresversammlung im Frankfurter Hotel Hamburger Hof erstmals in den Vorstand der DCG auf. Wolf Schenke gibt den Vorsitz endlich ab – an Flatows Freund »Fredy« Cordt, der seinen Posten in Hongkong verlässt und als Diplomat in Pension geht.[56] Gemeinsam wollen die beiden die

Gesellschaft, die sich nach den Majonica-Prozessen nur mühsam berappelt, wieder stärker in der Öffentlichkeit profilieren.

Für den Vorabend der Jahresversammlung organisieren die beiden im Hörsaal 1 der Frankfurter Goethe-Universität eine Podiumsdiskussion mit dem reißerischen Titel »China – Weltfeind Nummer eins?«, die für einiges Aufsehen sorgt. Mit dem Heilbronner Verleger Frank Distelbarth treten vier »Old China Hands« auf, die einander seit ihren ersten Begegnungen vor nunmehr einem Vierteljahrhundert in Chongqing persönlich und politisch umkreisen und sich nun erstmals in dieser Konstellation wiedertreffen: Gerhard Flatow, Wolf Schenke, der nun 70 Jahre alte Walther Stennes – und Anna Wang.

Für die 48-jährige ist es einer ihrer ersten größeren öffentlichen Auftritte in der Bundesrepublik. Hinter ihr liegen widersprüchliche Jahre: Nach der Scheidung von Wang Bingnan siedelt sie 1955 nach Ostberlin über und lehrt als Geschichtsdozentin an der Humboldt-Universität, reist aber regelmäßig in die Volksrepublik. Die führende China-Wissenschaftlerin in der DDR hält Vorträge über die chinesische Revolution auf zahlreichen SED- und FDJ-Versammlungen. Die mit vielen Geldprämien ausgezeichnete Aktivistin begeht völlig überraschend am 22. August 1961, nur wenige Tage nach dem Mauerbau in Berlin, »Republikflucht«[57] und geht nach Hamburg. Dort heiratet sie den Weltenbummler und Tierforscher Karl Martens und veröffentlich 1963 ein Buch, das zum Bestseller wird und den Mythos der chinesischen Kommunisten kräftig befördert: *Ich kämpfte für Mao*. In Westdeutschland zieht sie nun mit Gerhard Flatow an einem Strang, das Misstrauen der vierziger Jahre spielt keine Rolle mehr.

In den sechziger und siebziger Jahren sollte Anna Wang, die in späteren Jahren unter dem Namen Anneliese Martens auftritt, zu einer der wichtigsten Propagandistinnen der Volksrepublik China in Deutschland werden. In ihren Erzählungen schöpft sie weidlich aus ihren persönlichen Begegnungen mit Mao, Zhou Enlai und anderen führenden Kommunisten und porträtiert sie als volksverbundene und bescheidene Helden der Revolution. Wo immer sie in den nächsten Jahren auch auftritt, wem immer sie Interviews gibt: Sie erzählt dieselben Anekdoten über die Führer der KP Chinas.

Vieles aus ihrem eigenen wirklichen Leben aber bleibt bis heute im Dunkeln, weil sie niemals ein Wort darüber verliert – etwa über ihre kommunistische Kampfzeit in den frühen dreißiger Jahren, ihre Arbeit für die sowjetische Handelsvertretung in Berlin zwischen 1933 und 1936 (möglicherweise nur das Deckblatt für Geheimdienstarbeit),[58] ihre Verbindung zur Komintern in Moskau, die genauen Begleitumstände ihrer Flucht aus der DDR. Für Gerhard Flatow aber gehört Anna Wang, die er bei der Veranstaltung in Frankfurt trifft, in den nächsten Jahren zu seinen wichtigen Kontakten in der wachsenden bundesdeutschen China-Szene der sechziger Jahre. Ihr Draht in die oberste chinesische Parteiführung, meist über ihren Ex-Mann, funktioniert nach wie vor prächtig.

Der 55-jährige Flatow arbeitet nach seinem Abschied von Otto Wolff mit aller Kraft daran, solche alten Beziehungen wiederaufzunehmen und auch neue China-Freunde aufzutun. Und das nicht nur in der Bundesrepublik: In der Einladung zu der Frankfurter Veranstaltung firmiert Flatow erstmals mit dem Zusatz »Exportkaufmann, Luxemburg«.

KAPITEL 8

Wie in Europa ein merkwürdiges Netz von Maoisten und Industriellen entsteht

1966–68

Der elegante Mann mit Schnurrbart und randloser Brille eilt an dem Sommertag im Jahr 1966 durch den Grünewald in Luxemburg – wie immer pünktlich um halb drei Uhr nachmittags abgeliefert von seinem Chauffeur, einem verarmten französischen Baron. Der Spaziergang gehört für den 66-jährigen Multimillionär zu seinen täglichen Ritualen. Selbst dabei verliert er keine Zeit, wie auch sonst nicht in seinem Leben.[1]

Dreimal musste der Industrielle aus Oberschlesien in den letzten Jahrzehnten wieder ganz von vorn beginnen. Hans Heinrich Leipziger verdiente schon als Endzwanziger in Deutschland ein kleines Vermögen im Metallhandel, bevor ihn die Nazis 1933 aus Deutschland vertrieben. Mit nichts als einem kleinen Pappkoffer in der Hand, so jedenfalls die Legende, traf der deutsche Jude einige Monate nach Hitlers Machtergreifung in Luxemburg ein – und gründete nur zwei Monate später seinen eigenen Metallhandel, der schon bald weltweit Geschäfte und fantastische Gewinne machte: die Société Anonyme des Minerais. Im Dezember 1939 floh Leipziger bereits weiter nach New York City, nahm dort den Namen Henry J. Leir an und baute zum dritten Mal eine neue Firma auf.

1966 steht der naturalisierte Amerikaner, der seit dem Kriegsende die Hälfte des Jahres wieder in Luxemburg verbringt, auf dem Höhepunkt seines Erfolgs und leitet ein undurchsichtiges Geflecht von unabhängigen Handelsfirmen und Beteiligungen rund um den Erdball. In der schweigsamen Branche gilt Leirs Unternehmensgruppe als drittgrößter Metallhändler der Welt. Seine große Spezialität: hochriskante Geschäfte mit international verfemten Staaten wie der Sowjetunion, der Volksrepublik China und dem Apartheid-Regime in Südafrika.

Der exzentrische Unternehmer führt seine vielen Firmen zwischen Tokio, New York und Düsseldorf ohne fest gefügte Organisation und klare Verantwortungslinien. Ein Kontrollfreak, der sich in alles einmischt, aber zwischendurch auch immer wieder lange Leine gibt. Ein kleiner Diktator, der stets Abstand hält zu seinen Untergebenen, die fleißigsten aber zugleich wie Familienmitglieder zum Abendbrot bittet. Arbeitswütig und jeden Tag stundenlang selbst am Telefon, um auf der ganzen Welt Informationen zu sammeln und Geschäfte anzubahnen.

Ein Spielertyp, der unglaublich viel Geld macht, aber auch viel davon wieder versenkt. Eng verdrahtet mit aller Welt, ein Freund der regierenden Fürstenfamilie in Luxemburg und der Familie des amerikanischen Präsidenten Franklin Delano Roosevelt – und gleichzeitig auf Du und Du mit afrikanischen Operettenpotentaten und hohen kommunistischen Funktionaren in der Sowjetunion. Verstrickt in heikle Geschäfte mit Uran und möglicherweise auch in den weltweiten Kriegswaffenhandel. Nicht abgeneigt, sich politische Protektion zu kaufen, wo immer und wann immer es denn nötig erscheint. Ein Anti-Intellektueller, der keine Akademiker mit ihrer »vergeudeten Studienzeit« einstellt. Vor allem aber eines: ein begnadeter Dealmaker. So gelingt es Leir zum Beispiel mitten im Kalten Krieg, mit den Sowjets einen Exklusivvertrag über den Export von Chrom in die Vereinigten Staaten abzuschließen, der Millionen Dollar einbringt.

Als Gerhard Flatow Ende 1965 bei der Minerais in Luxemburg anfängt,[2] bringt er so gut wie alles mit, was Leir von seinen Mitarbeitern verlangt: viel Erfahrung, eine gehörige Portion Geschäftstüchtigkeit, aber auch eine natürliche Weltläufigkeit, jede Menge nützlicher Kontakte und die notwendige Prise an Skrupellosigkeit, ohne die es nach Meinung seines neuen Chefs nicht geht.

Vieles verbindet die beiden – sogar die eher seltsame Mischung aus kapitalistischer Rücksichtslosigkeit und linkem Weltbild. Wie bei Flatow kann man sich auch bei Leir niemals ganz sicher sein, wo die Politik aufhört und das Geschäft anfängt. Zu seinen Freunden zählen linke Wiener Sozialdemokraten wie der spätere österreichische Bundeskanzler Bruno Kreisky, die ihm einen besonders lukrativen Vertrag zuschustern: Leir vertritt weltweit die Linzer Stickstoffwerke und liefert die gesamte Düngemittelproduktion mehrere Jahre lang mit guten Gewinnen in die Volksrepublik China. Zu Leirs Kreis gehören aber auch kommunistische Intellektuelle, die für ihn ihre Kontakte in die DDR und den ganzen Ostblock spielen lassen.

Über viele Jahre finanziert der Unternehmer die 1961 gegründete linke Dritte-Welt-Zeitschrift *Jeune Afrique* in Tunis, während gleichzeitig eines seiner größten Geschäfte mit Südafrika läuft: ein Zehn-Jahres-Vertrag mit dem Apartheid-Staat über die Lieferung von jährlich 500 000 Tonnen Roheisen im Gesamtwert von 250 Millionen Dollar nach Japan. »Das konnte Leir ohne Probleme auf einen Nenner bringen«, kommentiert später einer seiner engsten Mitarbeiter: »Seiner Auffassung nach waren das keine Widersprüche.«[3]

In China wittert Leir spätestens seit dem großen Stickstoffdeal viel mehr und größere Geschäfte als bisher. Die Volksrepublik braucht Stahl für die Industrie und Dünger für die Landwirtschaft – und kann im Gegenzug seltene Metalle wie Wolfram bieten, mit denen man im Westen viel Geld verdienen kann. Anders als Otto Wolff von Amerongen sieht Leir viele Chancen in einem breit gefächerten Bartergeschäft mit China. Gerhard Flatow soll helfen, die bisherigen Umsätze zu vervielfachen. Und denkt dabei in denselben großen Dimensionen wie Leir selbst – zu dessen großer Freude.

Die beiden sind sich darüber einig, dass man unorthodoxe Wege gehen muss, um ins Geschäft zu kommen. Leir schreibt später, er habe sich »seit Jahren« für direkte politische Gespräche mit den chinesischen Parteiführern eingesetzt.[4] Flatow soll dabei mitwirken – vor allem durch seine Beziehungen als Vorstandsmitglied der Deutschen China-Gesellschaft. Über Anna Wang (inzwischen ebenfalls Mitglied der DCG) bemüht sich Flatow um eine Verbindung zu ihrem Ex-Mann Wang Bingnan, der jetzt als Vize-Außenminister in Beijing zum inneren Machtzirkel gehört. Auch zu anderen Prominenten, die über einen kurzen Draht nach Beijing verfügen, sucht Flatow Kontakt – zum Beispiel zu der Schriftstellerin Han Suyin, die zu dieser Zeit gerade mit offizieller Unterstützung der Chinesen an einer Mao-Biografie arbeitet.[5] Der Deutsche fühlt sich in Luxemburg wieder ganz in seinem Element.

Die aufziehende Kulturrevolution macht jedoch alle Projekte wieder zunichte – und beendet 1967 auch die Planungen für eine »offizielle Delegationsreise« nach Beijing zum 10. Jahrestag der DCG-Gründung.[6] Gleichzeitig verliert die China-Gesellschaft in der Bundesrepublik rapide an öffentlichem Zuspruch, weil die Berichte über die Kulturrevolution zwar radikale Jugendliche anziehen, die bürgerliche Klientel der Gesellschaft jedoch nachhaltig verschrecken. Ende 1966 zählt die DCG nur noch 300 Mitglieder,[7] mit abnehmender Tendenz. Die DCG versinkt für mehrere Jahre in weitgehender Untätigkeit. Gerhard Flatow sucht deshalb in Luxemburg nach einem neuen und besseren China-Netzwerk.

Zwar verfügen die Luxemburger Industriellen seit 1949 über so gut wie keine direkten Kontakte nach China mehr, wohl aber die Mao-Freunde in der Kommunistischen Partei Luxemburgs. Eine winzige Schar von alten Kommunisten und jungen Radikalen, die sich regelmäßig auf den Sitzungen der Freundschaftsgesellschaft Luxemburg-China treffen und auf das Wort ihres Präsidenten schwören: Adolphe Franck. Der charismatische Menschenfänger Henry Leir kennt den kommunistischen Funktionär schon länger, kann aber zunächst nicht allzu viel mit ihm anfangen – bis Flatow ins Spiel kommt. Für ihn erweist sich Franck als doppelt wertvoll.

Franck gehört Mitte der sechziger Jahre zu den ersten Maoisten mit einer kleinen Anhängerschaft in Westeuropa, denen die Chinesen den Aufbau neuer großer kommunistischer Parteien zutrauen. Mit Leuten wie Franck bemühen sich die Chinesen seit 1963, ein neues europäisches Netzwerk zur massenhaften Verbreitung der Mao-Bibel und ihrer anderen Schriften aufzuziehen. Ihre Nützlichkeit wächst in den Augen der KP Chinas, je mehr sich die Volksrepublik in Wahrheit durch die aufziehende Kulturrevolution erneut isoliert. Auch die chinesische Parteizeitung *Renmin Ribao* veröffentlicht regelmäßig Berichte über die »Freunde und Genossen in der ganzen Welt«.[8] Neben der Propaganda für die Volksrepublik geht es den Chinesen vor allem aber auch um die Anbahnung von Wirtschaftsbeziehungen: Die Freunde in den kapitalistischen Ländern sollen helfen, den Handel mit China anzukurbeln und dringend benötigte Experten anzuwerben, die nach dem Abzug der sowjetischen Berater an allen Ecken und Enden fehlen. Was auf den ersten Blick wie eine vollkommen irrwitzige Idee aussieht, stammt aus der langjährigen internationalen Praxis der sowjetischen Komintern.

Schon in den frühen zwanziger Jahren hatten die Emissäre der jungen UdSSR die ersten kommunistischen Tarnfirmen in aller Welt gegründet, mit denen sie damals gleich mehrere Aufgaben gleichzeitig erledigen wollten: die Einfuhr dringend benötigter Industriegeräte und Waffen, die sich auf legalem Weg nicht beschaffen ließen; die Ausfuhr von sowjetischen Waren, um mehr Devisen zu verdienen; und last but not least die verdeckte Finanzierung der jeweiligen kommunistischen

Parteien vor Ort. Die Chinesen machen in den sechziger Jahren nur nach, was sie über viele Jahre im ideologischen Kosmos der KPdSU lernen konnten.

Gerhard Flatow erhält über Franck chinesische Zeitungen zum Weitervertrieb – und kommt dadurch mit einigen deutschen Maoisten in Kontakt, die später zu den Gründungsmitgliedern der prochinesischen KPD/Marxisten-Leninisten gehören (siehe folgendes Kapitel).[9] 1963 landeten die chinesischen Materialien zum ersten Mal in hohen Stückzahlen auf verwundenen Wegen in der Bundesrepublik: Ein hoher Funktionär der verbotenen KPD wunderte sich damals, als plötzlich mit einem Brief aus Paris ohne Absender die deutsche Übersetzung der vollständigen Rede des chinesischen Delegierten auf dem VI. Parteitag der SED in seinem Briefkasten steckte – eine Philippika gegen den Kommunismus Moskauer Lesart.[10] Seit dem September 1964 erscheint die *Peking Rundschau* auch in deutscher Sprache, die zum wichtigen Instrument beim Anwerben von Mao-Sympathisanten in der Bundesrepublik wird.[11]

Franck führt Flatow auch in den kleinen Kreis der europäischen Maoisten ein, die sich im benachbarten Belgien, in Österreich und Großbritannien organisieren. Der Luxemburger gehört zu den »alten Freunden Chinas« und maoistischen Parteigründern, die im Laufe der Jahre immer höher in der Wertschätzung der KP Chinas steigen. 1967 empfängt Mao, »die rote Sonne in den Herzen der revolutionären Völker der Welt«, Franck zur ersten Privataudienz in Beijing.[12] Zugleich zeigt sich der Luxemburger aber auch geschäftstüchtig genug, den Handel mit der Volksrepublik anzukurbeln. Einige Jahre später begleitete Franck Luxemburgs Erzherzog Jean und eine große Wirtschaftsdelegation zum ersten offiziellen Besuch nach China.[13] Und 1979 überzeugte er die Chinesen, gemeinsam mit dem Luxemburger Finanzminister Jacques Poos (einem engen Vertrauten Henry Leirs) die weltweit erste Auslandsfiliale der Bank of China in dem Großherzogtum zu eröffnen. »Die Chinesen rollten immer den roten Teppich für Franck aus. Mao empfing ihn mehrere Male persönlich«, erinnert sich Poos später: »Das war die beste Visitenkarte, um gute Wirtschaftsbeziehungen zwischen China und Luxemburg herzustellen.«[14] Noch im hohen Alter von über 80 Jahren betrieb der Maoist ein Geschäft für chinesisches Porzellan in der Luxemburger Rue du Marché aux Herbes.[15] 1989 meldete die amtliche Nachrichtenagentur Xinhua den 55. China-Besuch des nunmehr 96 Jahre alten Luxemburgers.[16]

Flatow bewundert und nutzt Francks Kontakte in alle drei Richtungen: in die maoistische Szene Westeuropas, nach China und in die Luxemburger Industrie – und hält bis in seine späten Jahre hinein Verbindung mit ihm und anderen europäischen Genossen, die er damals Mitte der sechziger Jahre kennenlernt.[17] Flatow möchte eine ähnliche Rolle spielen wie Franck und so den Bedeutungsverlust kompensieren, der mit seinem Abschied aus dem engsten Kreis um Otto Wolff von Amerongen zwangsläufig verbunden war. Wer jetzt im China der Kulturrevolution eine größere Rolle spielen will – und das will Flatow –, muss sich als Unterstützer der neuen radikalen Mao-Parteien bewähren.

Im europäischen Netzwerk der KP Chinas sorgen zu dieser Zeit neben Luxemburg vor allem drei Knotenpunkte für Querverbindungen zwischen der sich schnell entwickelnden maoistischen Szene Westeuropas: Brüssel, Wien und London. In der belgischen Hauptstadt eröffnen die Chinesen im Februar 1963 ein Büro ihrer staatlichen Nachrichtenagentur als Zentrale für Westeuropa.[18] Dort genießt der Altkommunist Jacques Grippa seit Anfang 1963 die volle propagandistische und finanzielle Unterstützung der Chinesen. Die Parteizeitungen in Beijing drucken Grippas bombastische Reden ab, Mao empfängt ihn persönlich, an der Parteischule des Zentralkomitees der KP China hält er stundenlange Vorträge über den »wahren Marxismus-Leninismus« und wird auf zahlreichen Empfängen in Beijing wie ein hoher Staatsgast behandelt. Die amerikanische CIA führt den belgischen Funktionär als »führenden prochinesischen Abweichler« unter den Kommunisten Europas.[19] Seine maoistische Partei bringt zwar selbst in ihren Glanzzeiten Mitte der sechziger Jahre nie mehr als ein paar Hundert Anhänger auf die Straße und erhält bei den Parlamentswahlen im Mai 1965 landesweit gerade einmal 23 903 Stimmen (0,46 Prozent)[20]. Gleichwohl verfügt die Kommunistische Partei Belgiens/Marxisten-Leninisten über nahezu unbegrenzte Mittel, um nicht nur ihre Heimat mit chinesischer Propaganda zu überziehen, sondern auch maoistische Bewegungen in anderen Ländern zu unterstützen – vor allem in Frankreich, Italien und Spanien. Grippa reist in diesen Jahren ständig zwischen Bern, Paris, Rom, Tirana und Beijing hin und her. Seine Genossen tummeln sich auf maoistischen Versammlungen in Frankreich und Italien. In Brüssel schieben sie unter spanischen und portugiesischen Emigranten die Gründung von maoistischen Exil-Parteien (PCE/ML und PCP/ML) an.

Im Gespräch mit den Genossen in Albanien behauptet Grippa, seine Partei verfüge über Kontakte zu 60 (!) maoistischen Gruppen in der ganzen Welt.[21] In Belgien leistet sich seine Organisation zahlreiche hoch bezahlte Funktionäre, eine dreistöckige Parteizentrale in Brüssel und mehrere Publikationen wie die Wochenzeitung *Die Stimme des Volkes*. Das Geld dafür stammt aus drei Quellen: aus der chinesischen Botschaft im niederländischen Den Haag, aus eigenen Geschäften und aus dem Schmiergeldtopf belgischer Industrieller, die sich auf diesem Wege gewinnträchtige Verbindungen zur Volksrepublik China erhoffen.[22] Grippas persönliche Vertraute Suzy Rosendor leitet offiziell nur die Parteibuchhandlung »Le Livre International« in Brüssel, koordiniert insgeheim jedoch die Geldströme der Maoisten und reist regelmäßig nach Den Haag, um in der chinesischen Botschaft Dollarscheine abzuholen.[23]

Grippas Zentralkomitee-Genosse Xavier Relecom und der ehemalige Jugendfunktionär Henri Lederhandler betreiben in Brüssel seit 1963 auf dringende Bitte der Chinesen[24] die Handelsgesellschaft Sodexim. Als Generalvertreter belgischer Stahl-, Chemie- und Elektrokonzerne machen sie in China viel Geld.[25] Auch Flatows alter Freund Freddy Dahlmann, zwischen 1936 und 1949 Leiter des belgischen Elektrokonzerns ACEC in Shanghai, nutzt die Verbindungen der kommunistischen Tarnfirma und reist gemeinsam mit dem Maoisten Relecom mehrfach nach China. Über Dahlmann berichtet Flatows Freund Manfred Wilhelm, der Belgier sei bei »allen großen Geschäften, die in seine Sparte fielen, stets großzügig berücksichtigt (worden), auch später noch von Brüssel aus«.[26] Unter deutschen China-Händlern kursiert das Gerücht, Dahlmann habe im Bürgerkrieg vor 1949 einem hochrangigen KP-Funktionär das Leben gerettet und werde nun dafür belohnt. Flatow nutzt seine neue Aufgabe in Luxemburg, um seine Kontakte mit dem Belgier aufzufrischen.

Die chinesischen Geldquellen versiegen allerdings mit einem Schlag, als sich Grippa auf dem Höhepunkt der Kulturrevolution 1967 plötzlich gegen Maos radikalen Kurs stellt. Seine Partei zerfällt danach in viele Fraktionen und spaltet sich mehrmals. Lederhandler bleibt auf Maos Linie, löst die Sodexim von der Grippa-Partei und macht noch jahrzehntelang viele gute Geschäfte mit der KP Chinas. Die Parteizeitung *China Daily* setzt »Lao Li« (so sein chinesischer Name) 2011 ein Denkmal als »Mann mit zwei Mutterländern«.[27] Gerhard Flatow lernt aus dieser Geschichte, auf jede öffentliche – noch so kleine – Kritik an den Chinesen zu verzichten. Nur so kann man seinen Status als »alter Freund« Chinas bewahren.

In Wien stützen sich die Chinesen auf den ehemaligen KPÖ-Funktionär Franz Strobl, der seit Oktober 1963 die maoistische Zeitung *Rote Fahne* herausgibt und mit 33 Genossen die »Marxisten-Leninisten Österreichs« (später MLPÖ genannt) gründet.[28] Mit dem Geld aus der Volksrepublik richtet Strobl eine Druckerei und eine Parteizentrale ein, die zugleich als Anlaufstelle für Maoisten aus dem deutschsprachigen Ausland dient. Ein Großteil der Zeitungsauflage geht nach Westdeutschland.[29] Die dortigen Genossen erhalten schriftlich ideologische Belehrungen von Strobl über die richtige politische Linie – oft mit hochnäsigen Sticheleien über ihre Bedeutungslosigkeit.[30]

Der gewitzte Österreicher vermittelt seine Besucher nach Albanien weiter, den einzigen Verbündeten Chinas im sozialistischen Lager. Offenbar bleibt noch genügend Geld übrig, um ihm eine Fünf-Zimmer-Wohnung in bester Wiener Lage zu finanzieren. Seine maoistischen Besucher aus Westdeutschland wundern sich über die Filzpantoffel, die sie überstreifen müssen, um Strobls Teppiche zu schonen, nutzen aber seine Hilfe.[31] So druckt Strobl 1966 die ersten eigenen Pamphlete westdeutscher Maoisten, die *Spartakus-Briefe* des Kommunalbeamten Klaus Schaldach. Die moskautreue Konkurrenz hält Strobl schon seit 1964 unter strenger Beobachtung, weil er chinesische Schriften in großer Zahl an die Privatanschriften von KPD-Genossen in Westdeutschland schickt. Das »Sicherheitskollegium« in Ostberlin spricht verärgert von »Versuchen, von außen in unsere Partei zu wirken«.[32]

Offenbar soll Strobl zunächst ein großes Vertriebszentrum der KP Chinas für ganz Westeuropa aufbauen – nach dem Vorbild der moskautreuen Kommunisten in Wien, die mit ihrem Globus Verlag sowjetische Schriften in großer Zahl importieren und drucken, um sie in zahlreiche Länder zu expedieren.[33] Strobl weiß als ehemaliger Globus-Angestellter genau, wie man das macht, nimmt lange Adressenlisten von seinem alten Arbeitgeber mit und dreht zeitweise ein großes Rad. Einige seiner Genossen, die sich schon bald abspalten, entdecken »privatkapitalistische Tendenzen« bei diesem Unterfangen: »Franz Strobl weigerte sich nicht nur konsequent, das für den Kampf der Marxisten-Leninisten gestiftete Vermögen der *Roten Fahne* in gemeinschaftliches Eigentum umzuwandeln, er lehnte auch jede finanzielle Kontrolle unter den verschiedensten Ausflüchten ab. Im Zusammenhang damit gaben auch gewisse Formen seiner Lebenshaltung zu denken.«[34] Der Großbürger Gerhard Flatow kann über solche kleinlichen Mäkeleien vermutlich nur mit den Schultern zucken.

In der Volksrepublik China gilt Strobl zeitweise als so wichtig, dass seine Briefe sogar auf dem Schreibtisch Maos landen. 1966 beschweren sich ausgerechnet die österreichischen Maoisten in Beijing über das »bourgeoise Leben« chinesischer Diplomaten in Wien, die für die chinesische Handelsmission mit zwei Mercedes-Limousinen in der Stadt unterwegs seien. Mao lobt Strobls Kritik, gibt am 9. September eine geharnischte »Weisung« heraus und beordert weltweit alle Botschafter zurück nach China: Sie sollen in den nächsten Monaten gefälligst persönlich »an der Kulturrevolution teilnehmen« und sich »von den Massen umerziehen lassen«.[35]

Außerdem sollen alle chinesischen Stützpunkte im Ausland alle anderen Dinge beiseitelegen und von nun an vorrangig genutzt werden, um Maos Schriften unters Volk zu bringen. Eine Aufgabe, der sich auch Gerhard Flatow mit wachsender Inbrunst widmet – mit dicken Paketen deutschsprachiger Übersetzungen aus Strobls schönem Vertriebszentrum in Wien. Die westlichen Geheimdienste helfen dabei verdeckt mit: Der Verfassungsschutz versorgt die Chinesen mit Adressenlisten von KPD-Mitgliedern, um Streit in der moskautreuen Partei zu schüren und damit zugleich den Einfluss der DDR in der Bundesrepublik zu schwächen.[36] Strobl hält im Vorfeld der ersten maoistischen Parteigründung enge Kontakte zu mehreren Gruppen in der Bundesrepublik, die mit seiner Hilfe die jeweils anderen konkurrierenden Gruppen ausstechen möchten.[37]

Die winzigen maoistischen Organisationen sorgen so schon Mitte der sechziger Jahre für die erste große Propagandawelle Maos in Europa, den USA und in der Dritten Welt – lange bevor die Studentenbewegung 1968 seinen Schriften endgültig Kultstatus verleiht. Ohne diesen frühen Mao-Import kann man die plötzliche Popularität des Großen Vorsitzenden in der Jugendrevolte nicht erklären, auch wenn sich bis heute hartnäckig der Mythos von der »spontanen« Bewunderung der Achtundsechziger für Mao hält.

Allein von Oktober 1966 bis Mai 1967 verschickt der chinesische Auslandsvertrieb Guozi Shudian mehr als 800 000 kostenlose Exemplare der berühmten Mao-Bibel mit dem roten Plastikeinband in 117 Länder und Regionen. Und im November 1967 meldet die Nachrichtenagentur Xinhua bereits die Verbreitung von 4,6 Millionen Schriften des großen Vorsitzenden in 14 Sprachen.[38] Die maoistischen Freunde erhalten alle Lieferungen aus Beijing kostenlos – und Mao verkauft sich schon bald so »blendend«, wie der westdeutsche Maoist Günther Ackermann 1967 feststellt, dass man damit den Aufbau der eigenen Partei finanzieren kann.[39]

In der Bundesrepublik gründen sich in diesen Monaten zahlreiche linke Verlage, die mit Maos Schriften viel Geld verdienen. Zum Beispiel der Münchner Trikont-Verlag, der 120 000 Mao-Bibeln verkauft.[40] Und auch China-Läden machen sich in deutschen Großstädten breit, die billig eingekauften Nippes aus der Volksrepublik (in Berlin beispielsweise »Ballonmützen, grün und blau«[41]) verkaufen, um damit die maoistische Arbeit zu finanzieren. Gerhard Flatow kann sich mit seinem Enthusiasmus für China plötzlich als Teil einer breiteren Strömung fühlen – eine ganz neue Erfahrung. Nie war das Interesse für das, was der China-Kenner erzählen kann, so groß wie in dieser Zeit.

In fast allen westlichen Ländern ringen von nun an untereinander heftig verfeindete Mao-Gruppen um die offizielle Anerkennung als »Bruderpartei« – um in den Genuss direkter oder zumindest indirekter finanzieller Unterstützung aus Beijing zu kommen. Als Ausweis der »engen Beziehungen« zur KP Chinas gilt der Abdruck von Grußadressen in der chinesischen Presse und die Einladung zu einem offiziellen Besuch in der Volksrepublik. Glaubt man den Ermittlungen des sowjetischen Geheimdienstes im November 1967, gibt die KP Chinas auf dem Höhepunkt der Kulturrevolution für Auslandspropaganda und die finanzielle Unterstützung maoistischer Gruppen allein in Westeuropa die gewaltige Summe von 460 Millionen Dollar aus.[42]

Am schnellsten entwickelt sich Mitte der sechziger Jahre zunächst die maoistische Szene in Großbritannien. Einige hohe Gewerkschaftsführer wie Reginald »Reg« Birch verlassen mit ihren persönlichen Anhängern die moskautreue Kommunistische Partei Großbritanniens und gehen ganz auf Mao-Kurs. Treue Genossen wie Michael Shapiro, die in China seit Jahren für die Kommunisten arbeiten, propagieren in Artikeln und auf gut besuchten Veranstaltungen in ihrer Heimat den »sozialistischen Aufbau«. Prominente Intellektuelle wie der Sinologe Joseph Needham, die Ökonomin Joan Robinson, der Altphilologe George Thomson und die Schauspielerin Vanessa Redgrave gründen 1965 gemeinsam mit Hunderten von Briten, darunter acht Unterhausabgeordnete, die schnell wachsende Gesellschaft für Anglo-Chinesische Verständigung (SACU).[43]

Als Generalsekretär der Vereinigung wirkt ein alter Bekannter Flatows und enger Freund Otto Hamburgers: der frühere Diplomat Derek Bryan. Man kennt sich seit den dreißiger Jahren, als der Brite in Chongqing als Vize-Konsul wirkte.[44] Nun begeistert Bryan bürgerliche Kreise für Mao. Auch Hamburger unterstützt die Vereinigung, obwohl der Unternehmer eigentlich überhaupt nichts von Kommunisten hält. Wenige Jahre zuvor bricht Hamburger sogar eine private Beziehung ab, weil ihm das ständige linke Gerede seiner Bekannten auf die Nerven geht.[45] Innenpolitisch konservativ, gleichzeitig aber prochinesisch zu sein erscheint ihm aber nicht als Widerspruch. Und vielen anderen auch nicht. Die britische Mao-Begeisterung Mitte der sechziger Jahre vereint für einige Zeit ganz unterschiedliche Menschen: alte Kommunisten und junge Linksradikale, Old China Hands und neue Fellow-Traveller, geschäftstüchtige Kaufleute und professionelle Sinologen, ehemalige Diplomaten und Intellektuelle, Dritte-Welt-Enthusiasten und Anhänger fernöstlicher Heilslehren. Während die Moskau-treuen Kommunisten in Großbritannien zunehmend an Einfluss verlieren und sich kaum noch namhafte Schriftsteller und Künstler für die Sowjetunion engagieren, tummelt sich die maoistische Konkurrenz überall im Lande – und die Volksrepublik China segelt vorübergehend auf einer Welle der öffentlichen Sympathie. Gerhard Flatow bewundert die breit angelegte »Einheitsfrontarbeit« der britischen Mao-Enthusiasten und vertieft seine Kontakte auf der Insel.

Für die fortlaufende Finanzierung der vielen britischen Mao-Filialen und China-Publikationen sorgt ein fähiger Kommunist und Geschäftsmann mit jahrelanger Erfahrung in verdeckten Transaktionen aller Art: Jack Perry. Der Engländer betreibt bereits in den frühen fünfziger Jahren die London Export Corporation als Drehscheibe für den Ost-West-Handel und als exklusive britische Handelsagentur für die stattliche chinesische Im- und Export-Gesellschaft CNIEC in Ostberlin. 1952 leitete Perry die britische Delegation auf der Internationalen Moskauer Wirtschaftskonferenz, die sich offiziell um eine Wiederbelebung der Handelsbeziehungen zwischen dem Ostblock und dem Westen bemühte, in Wahrheit aber vor allem neue Wege zur Umgehung des amerikanischen Embargos nach dem Koreakrieg suchte. Im Mai 1953 organisierte Perry die erste Reise einer offiziellen britischen Handelsdelegation in die Volksrepublik (die erste derartige Visite aus Westeuropa überhaupt) und gründete anschließend mit »The 48 Group Club« eine offizielle Lobbyorganisation für den China-Handel, die sein Sohn Stephen bis heute leitet.[46]

Der Engländer tritt in diesen Jahren offiziell stets als Geschäftsmann auf, die CIA identifiziert ihn jedoch schon früh als Mitglied und Finanzier der prosowjetischen Kommunistischen Partei Großbritanniens (KPGB).[47] Als sich die Maoisten Anfang der sechziger Jahre von der KPGB trennen, wechselt Perry bruchlos auf ihre Seite – und unterstützt von nun an die Versuche, eine Pro-Peking-Partei zu organisieren. Am 10. November 1963 ist der Geschäftsmann im Saal des Londoner Pubs Lucas Arms dabei, als sich die erste maoistische Gruppe in Großbritannien bildet. Im Herbst 1964 entwickelt Perry bei einem gemeinsamen Beijing-Besuch mit Joseph Needham und Joan Robinson auch die Idee der SACU-Gründung und sorgt anschließend für ihre Finanzierung.[48] Im November 1966 schiebt Perry außerdem die neue Zeitschrift *The Marxist* an, die der junge Maoist Tom Hill leitet, den Flatow in London kennenlernt und schon bald als Freund betrachtet. Der Deutsche abonniert das Heft, studiert es in Luxemburg und unterstützt es später mit den Beiträgen deutscher Genossen.[49] Flatow rühmt sich noch viele Jahre später seiner »sehr guten« Beziehungen zu den Londoner Maoisten und China-Freunden wie Tom Hill und Professor Thomson, die ihm auch Kontakte zu anderen Gruppen (zum Beispiel in Italien) verschafften.[50]

Das Büro der London Export Corporation in der Chamber Street 5 mutiert in diesen Jahren zugleich zur geheimen Schaltzentrale für die chinesische Propaganda in der gesamten englischsprachigen Welt. Der Leiter der Amerika-Abteilung der KP Chinas, Tang Mingzhao, bemüht sich 1963 mit Unterstützung Perrys um die Entwicklung einer maoistischen Szene in den USA.[51] Schon bald geben sich amerikanische Linksaktivisten in dem Büro die Klinke in die Hand.[52] Einige von ihnen reisen danach gleich in die anderen Zentren des westeuropäischen Maoismus in Brüssel und Wien weiter.[53] Eine Zeit lang operiert einer der engsten und ältesten persönlichen Vertrauten Maos, Israel Epstein, offenbar Hand in Hand mit dem chinesischen Geheimdienst aus Perrys Büro, um weitere Mitkämpfer aus den Reihen der moskautreuen Kommunistischen Parteien herauszubrechen.

Ein Funktionär, den Tang und Epstein ins Gebet nehmen, berichtet später, man habe ihn und seine Familie zu einem längeren Aufenthalt in die Volksrepublik China eingeladen, wo er als Autor arbeiten könne und wo man ihn »als wichtige politische Persönlichkeit ehren« werde. Für die Reisekosten sollte offenbar Perry aufkommen, der »mehrere Millionen Dollar pro Jahr« mit seinen China-Geschäften verdiene und »ein Agent der Chinesen« sei.[54] Ob als Geheim- oder lediglich als Einflussagent, lässt sich anhand der vorhandenen Quellen nicht endgültig sagen.

Ohne den Kapitalisten Perry, die von ihm maßgeblich finanzierte britische China-Freundschaftsgesellschaft SACU und die Drehscheibe London wären die frühen Versuche der Chinesen zur Gründung maoistischer Parteien in Westeuropa wohl gleich zu Anfang stecken geblieben. Flatow erhält über die Londoner Maoisten auch Kontakt zu Gruppen in anderen Ländern wie Italien. Die großzügigen Einladungen in die Volksrepublik, die Perry und andere Helfer der KP Chinas organisieren, erhöhen die Anzugskraft Maos in vielen westeuropäischen Ländern – vor allem unter Intellektuellen. Was sie zu sehen bekommen, ist, was sie sehen wollen: das neue China, den sozialistischen Menschen, die Weisheit der roten Massen, die kollektiven Erfolge in Industrie und Landwirtschaft. Der SACU-Mitbegründer George Thomson, dessen Mao-Buch Flatow später in deutscher Übersetzung herausbringt, schildert seine eigene Visite bei der offiziellen Parade zum chinesischen Nationalfeiertag am 1. Oktober 1964 wie ein religiöses Erweckungserlebnis: »750 000 Menschen zogen Welle für Welle mit Farben, Bewegung und Musik an uns vorbei; ein fantasievolles Bild, das einem manchmal den Atem verschlug, so schön war es. Die brillante Manifestation einer sehr alten und reichen Zivilisation, die plötzlich neu zum Leben erweckt wird und neu belebt durch den Marxismus.«[55] Den wahren Zustand der bitterarmen Volksrepublik will keiner der Maoisten zur Kenntnis nehmen, die sich damals neben Mao auf der Balustrade des Tiananmen-Tors versammeln, unter ihnen auch der Luxemburger Adolphe Franck und der Österreicher Franz Strobl.

Die Chinesen organisieren den Empfang ausländischer »Freunde« mit großem Aufwand und viel Geld. In einer einzigen Woche in den sechziger Jahren halten sich in Beijing eine Frauendelegation aus Burma, eine Gruppe norwegischer Studenten, eine Handelsmission aus Singapur, eine Parteiabordnung aus Italien, französische Cineasten und finnische Gewerkschafter gleichzeitig auf, um eine kostenlose Rundreise durchs Land anzutreten. Allein in den ersten zehn Jahren nach Gründung besuchen 100000 Ausländer auf Einladung des Staatsapparats die Volksrepublik. Die Parteikomitees vor Ort proben die Begegnungen mit wichtigen Besuchern oft Wochen im Voraus wie ein Theaterstück, um eine »einwandfreie Vorstellung« abzuliefern.[56] Man spielt mit genau verteilten Rollen, niemand darf einen Fehler machen. Robert Loh, bis 1957 Direktor einer Fabrik in Shanghai, gaukelte den Reisegruppen einen »reumütigen ehemaligen Kapitalisten« vor, der sich nun in den sozialistischen Aufbau einfügt. Nach seiner Flucht schildert er in seinen Memoiren die unglaublichen Bemühungen der KP Chinas, »die Ausländer hinters Licht zu führen«.[57]

Selbstverständlich bringt man die Gäste in den besten Hotels unter, organisiert für sie Bankette mit ausgesuchter »Palastküche« und überhäuft sie mit Kunstgeschenken. Und je wichtiger der Gast für die chinesische Propaganda, umso hochrangiger sein Gastgeber im Parteiapparat. Die Führer der KP Chinas geben ihren wichtigsten Freunden im Westen das Gefühl allergrößter Wichtigkeit – ein besonderer Anreiz für Intellektuelle, die nach mehr öffentlicher Aufmerksamkeit lechzen. Hoch gebildete Maoisten wie Professor Thomson, ein Altphilologe und ausgewiesener Kenner des antiken griechischen Dramas, überwölben die Schriften Maos Mitte der sechziger Jahre mit einem philosophischen Überbau, der sie plötzlich auch für Intellektuelle mit einem etwas höheren theoretischen Anspruch interessant macht.

In der Bundesrepublik führt der Publizist und NDR-Hörfunkredakteur Joachim Schickel Mao als angeblichen Meister der Hegel'schen Dialektik und chinesischen Philosophen-König in die Debatte ein. Nach einer ersten China-Reise 1964 veröffentlicht der studierte Philosoph in schneller Folge Aufsätze über Mao, übersetzt dessen Gedichte ins

Deutsche und preist die Kulturrevolution im *Kursbuch* seines Freundes Hans Magnus Enzensberger.[58] Schickel stellt den Terror der Roten Garden mit sinologischer Finesse und marxistischer Haarspalterei als epochales Großereignis in der Tradition der Oktoberrevolution 1917 dar und spricht in zahlreichen Radio-Essays in geschliffener Sprache über ein Land, das es so nur in seiner Imagination gibt. Viele halten den eloquenten Tausendsassa für einen ausgewiesenen Sinologen, obwohl er nur einige Semester als Gasthörer von chinawissenschaftlichen Vorlesungen an der Universität Hamburg vorweisen kann.[59] 1968 erscheint im Stuttgarter Ernst Klett Verlag Schickels Buch *Große Mauer, Große Methode*, das von nun an als Meisterstück der gehobenen Mao-Rezeption gilt und in keinem Regal linker Intellektueller fehlen darf. Auch für Gerhard Flatows Deutsche China-Gesellschaft tritt Schickel auf. In den groben K-Gruppen mag sich der Feingeist nicht organisieren, schwimmt aber in ihrem Umfeld mit und veröffentlicht beispielsweise 1978 in einem Verlag der maoistischen KPD ein weiteres China-Buch.[60] Schickel hält jedoch auch engen Kontakt zu rechten Vordenkern wie Ernst Jünger und dem berüchtigten »Kronjuristen Hitlers« Carl Schmitt. Eine Plauderei mit dem Rechtsgelehrten über Maos Guerillatheorie erscheint später im linken Merve-Verlag.[61]

Das Bild, das die ersten maoistischen Gruppen in den verschiedenen Ländern Europas bieten, ähnelt sich ziemlich stark. Einzelne entrückte Intellektuelle wie Thomson oder Schickel, einige wenige stalinistische Funktionäre aus den moskautreuen Parteien und ein paar »alte Freunde Chinas« mit ihren dazugehörigen Geschäftsverbindungen wie Flatow gehören überall zum Gründungskern. Erst durch den Zustrom von unbedarften Studenten, die sich für Mao begeistern, ohne irgendetwas über China zu wissen, erhalten die Mini-Parteien für eine kurze Minute der Geschichte in der zweiten Hälfte der sechziger Jahre Auftrieb – in einigen Ländern mehr und in anderen sehr viel weniger.

Ohne die aktive Mithilfe der KP Chinas und die direkte oder indirekte Finanzierung der neuen Gruppen aus der Volksrepublik geht während der ersten Parteigründungswelle Mitte der sechziger Jahre gar nichts. Das begreifen zuallererst die direkten ideologischen Konkurrenten: die moskautreuen kommunistischen Parteien, die ja selbst ohne das Geld und die tätige Unterstützung aus ihrem politischen Mutterland Sowjetunion nicht überlebensfähig wären und nach dem Ende der

KPdSU nach 1991 deshalb auch schnell zusammenbrechen. In den sechziger Jahren bespitzeln sie die »maoistischen Spalter« mit großem Aufwand und richten mehrere internationale Konferenzen aus, um die richtige Taktik gegen die kleinen Gruppen festzulegen. Über einen hohen Funktionär der amerikanischen KP, der unter dem Decknamen »Solo« jahrzehntelang für das FBI spioniert, erfahren die westlichen Geheimdienste ausgerechnet aus Moskau alles, was sie über die neuen radikalen China-Gruppen wissen müssen.

In Frankreich bilden sich die ersten Mao-Zirkel 1964 aus Mitgliedern der China-Freundschaftsgesellschaft AAFC, die bereits 1952 auf Initiative der Kommunistischen Partei Frankreichs (KPF) entstanden war. Französische Experten, die in Beijing als Übersetzer und Hochschuldozenten arbeiteten, sorgten für Unterstützung der Vereinigung aus der Ferne. Der kommunistische Journalist Régis Bergeron, zwischen Juli 1959 und Januar 1961 Angestellter des chinesischen Propaganda-Apparats in Beijing, organisiert ab 1963 die Verbreitung der französischsprachigen *Pékin Information* in Frankreich, gründet mit chinesischem Geld die Buchhandlung »Librairie Le Phénix« am Pariser Boulevard Sébastopol,[62] verkauft dort schon bald 4000 Mao-Bibeln und gibt schließlich auch die maoistische Zeitschrift *L'Humanité Nouvelle* heraus.

Die KP Chinas bestellt sogleich 10000 Exemplare des neuen Blatts für insgesamt 50000 Francs und sichert den Gründern der ersten maoistischen Gruppe, in der neben Bergeron der frühere KPF-Funktionär und Steuerinspekteur Jacques Jurquet das Kommando führt, damit eine dringend notwendige Anschubfinanzierung: »Damals für uns eine bedeutende Summe«, wie Jurquet selbst später offen zugibt.[63] Auch Bargeld fließt: Die Schweizer Fremdenpolizei erwischt Jurquet im Juni 1965 nach einem Besuch in der chinesischen Botschaft in Bern mit einem großen Koffer voller kleiner Dollar-Noten und verweist ihn des Landes.[64] Zeitweise telefonieren zwei Funktionäre der Jurquet-Gruppe fast täglich mit Bern.[65] Gleichzeitig laden die Chinesen Dutzende von Mitgliedern der KPF in das Reich der Mitte ein, um sie für den Aufbau einer neuen Mao-Partei in Frankreich zu begeistern, die sich schließlich im Dezember 1967 gründet. Jurquet reist zwischen September 1965 und August 1967 dreimal nach Beijing, um sich die Unterstützung der Chinesen zu sichern. Später treten offizielle Vertreter der KP Chinas auf seinen Parteiveranstaltungen in Paris auf.[66]

In Stockholm finanzieren die Chinesen den Kauf von zwei Immobilien in der Haupteinkaufsstraße Kungsgatan, wo ihre schwedischen Genossen den Buchladen »Oktober« als Vertriebszentrum für chinesische Schriften in ganz Skandinavien eröffnen. 1967 erwischt der schwedische Zoll die beiden Führer der schwedischen Maoisten, Nils Holmberg und Frank Baude, bei ihrer Rückkehr aus China mit 10 000 Dollar, die für die baldige Gründung einer prochinesischen Partei gedacht sind.[67] Holmberg gehört seit seiner Zeit in Beijing zwischen 1959 und 1961, wo er Mao-Schriften ins Schwedische übersetzt und für die ideologische Ausbildung jüngerer Genossen gesorgt hatte, zu den wichtigsten Kontaktmännern der Chinesen in Europa. Chinas Geheimdienstchef Kang Sheng empfängt ihn sogar persönlich. Seine deutschen Genossen wie Gerhard Flatow halten Holmberg für einen großen marxistisch-leninistischen Theoretiker.

In Dänemark stützen sich die Chinesen beim Aufbau einer maoistischen Partei auf den Altkommunisten Gotfred Appel, der seit 1963 ein offizielles Bulletin der chinesischen Botschaft in Kopenhagen herausgibt und das Verlagshaus Futura als Vertriebszentrale für chinesische Propaganda betreibt. 1968 schiebt der Däne im kleinen Grenzverkehr die Gründung der westdeutschen KPD/ML in Hamburg mit an.[68]

In den Niederlanden fallen die Chinesen auf den angeblichen Marxisten-Leninisten Chris Petersen herein, der in Wahrheit Pieter Bové heißt und für den holländischen Verfassungsschutz BVD arbeitet. Als Vorsitzender der niederländischen Mao-Partei MLPN reist der Mathematiklehrer 25 Mal nach Beijing und kommt sogar in die Gunst einer Audienz bei Mao. Nach dem Ende des »Projekts Mongol« (so der niederländische Geheimdienstcode) berichtet Bové der Presse, die Chinesen hätten ihm »viel Geld gegeben« – nach heutiger Kaufkraft rund 15 Millionen Dollar – für den Aufbau einer Partei, die es in Wahrheit gar nicht gab.[69]

In der Schweiz besorgt der dorthin ausgewanderte Schwede Nils Andersson, der mit einer Schweizerin verheiratet ist, die Geschäfte der Chinesen, bis ihn die eidgenössische Fremdenpolizei 1967 wegen seiner zahlreichen Aktivitäten für die Auslandspropaganda Beijings abschiebt. Zeitweise vertreibt sein Verlag La Cité prochinesische Schriften aus Belgien, Spanien, Frankreich und anderen Ländern.[70]

Italien gehört zu den wenigen europäischen Ländern, in denen die KP Chinas zeitweise einen etwas größeren Anhang auf die Beine bringt.

Die CIA schätzt die italienischen Maoisten Mitte der sechziger Jahre auf etwa 100000 Mitglieder und Sympathisanten. Die Chinesen stützen sich zunächst vor allem auf einen sehr erfahrenen und organisatorisch besonders begabten Funktionär der kommunistischen Partei PCI, Giuseppe Regis, der für die etablierten Kommunisten in Italien über viele Jahre Handelsgeschäfte mit dem Ostblock organisiert. Von 1957 bis 1961 hatte der Altgenosse zusammen mit seiner Ehefrau Maria Arena, einer Übersetzerin am chinesischen Außenhandelsinstitut, gleichzeitig als Berater italienischer Unternehmen und chinesischer Handelsorganisationen in Beijing gearbeitet. Nach seiner Rückkehr gründet Regis 1963 in Mailand sofort das Verlagshaus Edizioni Oriente und eine Ex- und Importagentur, die sich auf Geschäfte mit der Volksrepublik China konzentriert.[71] Im April 1964 erscheint mit seiner Hilfe (und mit einem langen Artikel von ihm auf der Titelseite) die erste Zeitung der italienischen Maoisten, *Nova Unità*. Auch bei der Gründung der dazugehörigen Partei auf einem Kongress in Livorno gehört Regis zu den wichtigsten Drahtziehern.

Innerhalb kurzer Zeit erscheinen danach in Italien Dutzende von Büchern und Zeitschriften, die Mao vergöttern. Schon im Dezember 1964 empfangen die Chinesen Regis und drei seiner Genossen als offizielle Delegation einer »Bruderpartei« in Beijing.[72] Zwei Jahre später zeigt sich Mao persönlich mit dem Italiener bei einer Parade der Roten Garden auf der Balustrade des Tiananmen-Tors – damals der ultimative Ritterschlag in der maoistischen Szene Europas.

Auch wirtschaftlich erweisen sich die italienischen Maoisten als äußerst nützlich für die KP Chinas: Regis und seine jungen Genossen gründen in Abstimmung mit der chinesischen Botschaft in Bern eine Reihe von Handelsfirmen wie die Overtrade S.r.l. und die Generale Mercantile, die schon bald zu wichtigen Anlaufadressen für die italienische und europäische Industrie werden. Der staatliche italienische Energiekonzern ENI schaltet die Maoisten in Mailand und ihren ständigen Vertreter vor Ort in Beijing ein, um einen spektakulären Erdöldeal unter Dach und Fach zu bringen. Ein Handelsfunktionär der italienischen Maoisten schreibt später, Regis habe sich in den »besten bürgerlichen Kreisen« der Industriestadt Turin wie ein Fisch im Wasser bewegt.[73]

Die Abteilung für internationale Verbindungen der KP Chinas bemüht sich eifrig darum, die europäischen Maoisten enger an sich zu binden und zu stärken. Die Fäden zieht Maos gefürchteter Geheimdienstchef Kang Sheng, der sich mit den kommunistischen Verbündeten in Albanien auf eine Arbeitsteilung einigt, um die zahlreichen Gruppen besser zu steuern: Die Albaner sollen sich um die maoistischen Gruppen in Europa und Lateinamerika kümmern, die Chinesen selbst um Asien und Afrika. 1964 richten die beiden Länder einen »Solidaritätsfonds« ein, um die Arbeit langfristig zu finanzieren. 500000 Dollar kommen zum Start aus Beijing, 200000 Dollar steuern die armen Albaner bei. 1967 steht bereits eine Million Dollar für den Revolutionsexport zur Verfügung.[74] Die Chinesen schauen den Albanern dabei in den wichtigsten europäischen Ländern genau auf die Finger.

Die Albaner verwalten die maoistische Kriegskasse daher nur in »enger Abstimmung« mit der chinesischen Botschaft in Tirana, die eine besondere Abteilung für diesen geheimen Zweck einrichtet. Auf Seiten der Albaner kümmert sich die Nummer drei in der Parteihierarchie, Hysni Kapo, um den Aufbau der maoistischen Gruppen in Europa. In den Genuss der ersten größeren Dollarsummen aus Albanien kommen unter seiner Regie unter anderem die Maoisten in Belgien, Italien, Spanien, Portugal, den Niederlanden und Großbritannien.[75] Bevor sie sich auf die Reise nach China machen, absolvieren die maoistischen Parteien in den nächsten Jahren meist eine Art Gesinnungs-Check in Tirana. Ihnen präsentiert sich das bitterarme Land »in vieler Hinsicht wie eine Miniaturausgabe von China«, wie britische Maoisten nach einem Besuch schwärmen: »Überall sieht man chinesische Maschinen, Ausrüstungen und technische Experten. Alle verehren Mao. Seine Bilder und Worte findet man in jeder albanischen Fabrik.«[76]

Je mehr sich die Volksrepublik zwischen 1966 und 1968 durch die Kulturrevolution von so gut wie allen Staaten und ihren Regierungen isoliert, umso mehr klammert sie sich an die maoistischen Gruppen in aller Welt. Der Export der Mao-Ideologie gilt in dieser Zeit als allerwichtigste Aufgabe der gesamten chinesischen Außenpolitik. Die vielsprachigen Sendungen von Radio Peking, der weltweite Vertrieb von Zeitschriften und Mao-Bibeln sowie die direkte Hilfe für die Mao-Parteien verschlingen knappe Devisen in gewaltiger Höhe. Allein die Anzahl der ausländischen Experten, die für Radio Beijing jeden Tag fremdsprachige Sendungen mit Revolutionsparolen in den Äther schicken, verdreifacht sich innerhalb kürzester Zeit auf 685.[77]

Die Botschaften und Büros der chinesischen Nachrichtenagentur Xinhua verwandeln sich ausnahmslos in Zentren zur Propagierung der Mao-Ideen und geraten dabei häufig mit den Behörden in den jeweiligen Ländern aneinander. Je heftiger die Kulturrevolution in China fortschreitet, umso inhaltsleerer präsentiert sich ihre Propaganda im Ausland. Die ausländischen Maoisten übernehmen die chinesischen Phrasen vom »großen Steuermann«, dem »größten Marxisten-Leninisten seiner Zeit« und »Führer des Weltproletariats« – nicht zuletzt, um sich die finanzielle und organisatorische Unterstützung der KP Chinas zu sichern.

Die albanischen Kommunisten plädieren bereits früh für die Gründung einer durchorganisierten maoistischen Internationale nach dem Vorbild der Komintern zur Zeit Stalins. Vom 8. bis zum 26. August 1964 versammeln sich erstmals 150 Maoisten aus aller Welt in der Hauptstadt Tirana, um über eine feste Verbindung aller Mao-Gruppen zu verhandeln.[78] Und zu ihrem 5. Parteitag im November 1966 holen die Albaner dort gemeinsam mit der KP Chinas 28 Bruderparteien zusammen und diskutieren erneut über die Gründung einer straffen internationalen Vereinigung. Sie scheitern jedoch am Widerstand der Chinesen. Die wollen mit den jeweiligen Mao-Parteien lieber weiter auf bilateraler Ebene zusammenarbeiten – um sie zur Not auch besser gegeneinander auszuspielen. Einzelne Vertrauensleute der KP Chinas wie der amerikanische Maoist Richard Frank oder der Australier Edward »Ted« Hill klappern die Bruderparteien zwar regelmäßig ab – aber weniger, um sie miteinander zu vernetzen, sondern mehr, um ihre Treue zu den jeweiligen Wendungen der offiziellen chinesischen Politik zu testen und die jeweilige neue Linie auszugeben.[79] Abweichungen dulden die Chinesen nicht, sondern bestrafen sie durch Liebes- und Geldentzug sofort.

So sehr die Maoisten 1967/68 auch in Europa Anhänger hinzugewinnen, ihre Parteien können sich nicht stabilisieren. Im Gegenteil: Egal ob in Belgien, Großbritannien, Österreich oder Italien, die Mao-Parteien spalten sich fortlaufend in immer neue Gruppen auf, die miteinander in Konkurrenz treten und um die Gunst Beijings buhlen und die sich gegenseitig bis aufs Messer bekämpfen. So lange sie sich strikt an die ideologischen Vorgaben halten und die jeweiligen Wendungen der KP Chinas nachvollziehen, erhalten sie auch alle weiter Einladungen in ihr gelobtes Land und dürfen auf die eine oder andere Art der Unterstützung hoffen – allerdings im Laufe der Zeit immer weniger auf Bargeld.

Der albanische Staats- und Parteichef Enver Hoxha fordert von den Chinesen vergeblich »mehr politische, ideologische, technische und materielle Hilfe«, die nur noch an jeweils eine neue Partei in jedem europäischen Land gehen soll und nicht mehr an verschiedene miteinander rivalisierende Gruppen. Doch die KP Chinas zieht nicht mit. Wo immer möglich, bauen die Chinesen stattdessen besondere Vertrauenspersonen in den einzelnen Gruppen auf, die zum Teil auch für ihren Geheimdienst arbeiten.[80] Dieselben Leute kümmern sich häufig auch um die geheimen Finanzen der neuen Parteien und ihrer China-Freundschaftsgesellschaften.

Gerhard Flatow ist damals wohl der einzige Deutsche in diesem westeuropäischen Geflecht von Maoisten und Industriellen. Aus Luxemburg verfolgt er eifrig die Presse der maoistischen Gruppen und pflegt Kontakte nach Belgien, Großbritannien, Frankreich, Österreich und Italien. Aber anders als Regis in Mailand oder Perry in London gelingt es Flatow nicht, die Fäden irgendwie zu verknoten. Ihm fehlt eine deutsche Organisation, die sich in Beijing als »Bruderpartei« präsentieren ließe, und es fehlen die notwendigen Kontakte in die verbotene KPD, in der sich Mitte der sechziger Jahre die ersten Genossen auf die Seite Maos schlagen, um eine solche Gruppe selbst aufzubauen.

Schlimmer noch: Seine eigenen direkten Verbindungen nach China schwächen sich immer mehr ab. Maos radikale Kulturrevolution sorgt ab 1966 für ein immer größeres Chaos in der Volksrepublik. Viele alte Bekannte und Freunde Flatows aus dem chinesischen Handelsapparat landen im Gefängnis oder zur »Umerziehung durch körperliche Arbeit« in entlegenen Dörfern. Auch die chinesischen Diplomaten in Bern und anderswo, die er gut kannte, müssen allesamt zurück in die Heimat. So sehr sich Flatow auch bemüht, er kommt in dieser Zeit weder politisch noch geschäftlich mit China voran.

Seit seinem Abschied bei Otto Wolff ergibt sich für ihn keine Gelegenheit mehr zu einem China-Besuch. Die chinesischen Botschaften erteilen grundsätzlich keine Einzelvisa mehr für Reisen in die Volksrepublik, nur noch ausgewählte Gruppen dürfen auf besondere Einladung in einige wenige »offene« Großstädte reisen. Besuche in der Provinz bleiben tabu. Kein Ausländer soll das zunehmende Durcheinander, den Hunger und die gewaltsamen Kämpfe zwischen den rivalisierenden Fraktionen der Roten Garden mitbekommen. Vergeblich bemüht sich Flatow 1966 und 1967, wenigstens etwas Genaueres über das Schicksal seiner verschwundenen chinesischen Schwägerin zu erfahren. Die Schwester von Pan Xiaoming muss in einem entlegenen Dorf in der Provinz Sichuan zwei Jahre Zwangsarbeit ableisten, wie sich erst später herausstellt.[81]

Flatow reist für Henry Leirs Firma zwar weiter um den halben Erdball, aber ein großer China-Deal kommt dabei nicht heraus. Am 18. Dezember 1967 landet er nach einem langen Flug mit Zwischenstopp in Mauritius in Melbourne, um Geschäfte mit der australischen Firma Heine Brothers abzuschließen. Ihr Inhaber, der deutschstämmige Emigrant Walter Heine, handelt seit vielen Jahren sehr erfolgreich mit der DDR, der UdSSR und der Volksrepublik China und tummelt sich geschickt in den konspirativen Kreisen kommunistischer Politiker und Geheimdienstler – ein Mann vom Schlage Leirs und Flatows mit einer ähnlichen Biografie und ähnlichen Gepflogenheiten.[82]

Doch der Besuch in Australien sollte, wenn die vorliegenden Quellen über das Leben Flatows nicht täuschen, die letzte große Fernosttour des früheren Dauerreisenden bleiben. Sein kauziger Chef Leir verkauft 1968 große Teile seines Geschäftsimperiums, trennt sich von den meisten seiner Mitarbeiter in Luxemburg, kehrt selbst in die USA zurück und steckt eine beträchtliche Menge seines Vermögens in diverse Stiftungen, die bis heute eine Vielzahl von akademischen und sozialen Projekten in aller Welt fördern. Warum? Der 68-jährige, kinderlose Amerikaner ist 1968 fest davon überzeugt, dass er mit 70 Jahren stirbt, und will vorher seinen Nachlass ordnen. In Wirklichkeit sollte Leir erst im biblischen Alter von 98 Jahren in New York das Zeitliche segnen – aber für Flatow endet nach der unerwarteten Entscheidung seines Chefs schlagartig und unwiderruflich die Arbeit in Luxemburg.[83] Bis zum Frühsommer 1968 trifft man ihn noch regelmäßig im Düsseldorfer Büro des Leir-Konzerns an, dann ist ganz Schluss mit seinem Job bei der Minerais, der ihn zurück ins ganz große China-Geschäft hätte bringen sollen.

In einem schlichten vierstöckigen Geschäftshaus in der Kurfürstenstraße 28, nicht weit vom Düsseldorfer Hauptbahnhof, beginnt der mittlerweile 57-Jährige am 1. Juli 1968 noch einmal geschäftlich von vorn. Schon einige Monate vorher trägt Flatow die IBEHA Industrie-Beratungs- und Handelsgesellschaft mbH unter dem Namen seiner Frau Pan Xiaoming ins örtliche Handelsregister ein.[84] Nach dem Ende seines Vertrags mit der Minerais übernimmt Flatow Anfang Juli gemeinsam mit seinen Partnern Otmar Gurk und Adam Wirtz die Geschäftsführung der kleinen Firma, die zunächst mit einem Grundkapital von 20 000 D-Mark ausgestattet ist.

Gemeinsam wollen die drei im Stahlhandel ihr Geld verdienen – aber das ist auch das Einzige, was die Geschäftspartner verbindet. Flatow sieht das kleine Unternehmen als Sprungbrett für große Exportgeschäfte aller Art und den China-Handel im Besonderen und schürt bei Gurk und Wirtz anfangs große Hoffnungen. Doch die schnellen Erfolge stellen sich nicht ein. Und die beiden Partner wundern sich schon bald über die offenbar geschäftlich fruchtlosen, oft stundenlangen teuren Auslandstelefonate, die Flatow und seine Frau auf Chinesisch führen – und die komische Geheimniskrämerei, die das Ehepaar in dem kleinen Büro betreibt. Und sie ärgern sich vor allem über die ständigen hohen Kosten, die auf das Konto Flatows gehen.[85]

Die »Chemie« zwischen Otmar Gurk, dem Kopf des neuen Unternehmens, und Gerhard Flatow »stimmt von Anfang an nicht«.[86] Gurk stammt aus einer erzkatholischen Kölner Familie, macht aus seinem latenten Antisemitismus keinen Hehl (»Die Juden haben immer ein Näschen für gute Geschäfte«), jedes »linke Gehabe« ist ihm »ein Gräuel«, den Kommunismus verabscheut er. Flatow und Gurk kennen sich zwar bereits eine Weile aus Luxemburg, wo der Französisch sprechende Stahlhändler Gurk häufiger Geschäftsfreunde besucht, aber die beiden wissen zunächst nicht viel übereinander. Wirtz und Gurk kommen eher aus Zufall auf Flatow: Die beiden suchen auf die Schnelle einen neuen GmbH-Mantel für ihr Geschäft, nachdem ihre alte Firma ausfällt – und Flatow kann ihn aus dem Handgelenk bieten: Er ändert einfach den Geschäftszweck der bereits früher auf seine Frau eingetragenen Gesellschaft, die sich ursprünglich auf den Import chinesischer Teppiche verlegen wollte. So können die drei Partner Mitte 1968 sofort loslegen, verständigen sich aber nicht wirklich auf eine gemeinsame Geschäftsphilosophie.

Gurk und Wirtz wollen nur das risikoarme »Streckengeschäft« betreiben: den Einkauf von Stahl in Luxemburg, Belgien und Nordfrankreich, den sofortigen Wiederverkauf an deutsche Konzerne, ganz ohne eine eigene Lagerhaltung. Flatow drängt dagegen in den riskanteren Eigenhandel auf eigene Rechnung, in dem höhere Margen zu erzielen sind, wenn alles gut läuft. Ein größeres Geschäft mit der Volksrepublik

China geht aber gleich komplett schief: Hunderte Tonnen von Stahlblechen rosten wochenlang im Hafen von Antwerpen vor sich hin, weil die geplante Abnahme nicht klappt. Am Schluss gehen sie mit großem Verlust nach Afrika.[87]

Gurks Sohn Martin, der als Praktikant in der Firma aushilft, erinnert sich an »lautstarke und heftige Auseinandersetzungen« zwischen den beiden Geschäftsführern und Flatow. Dabei geht es zunächst einzig und allein um das gemeinsame Geschäft. Im Familienkreis spricht der Vater in dieser Zeit vom »größten Fehler seines ganzen Berufslebens«, sich mit Flatow überhaupt eingelassen zu haben. Zunehmend schwant Otmar Gurk aber auch, dass »irgendetwas« mit seinem Partner »nicht stimmt«. Flatow »hockt« in seinem vom Rest des Büros abgetrennten Arbeitszimmer immer wieder »mit Chinesen zusammen«, hält es in seiner Abwesenheit stets hermetisch verschlossen und lässt niemanden hinein.[88]

Was seine beiden Partner anfangs noch nicht wissen: Über seinen Kontakt zu den österreichischen Maoisten hat Flatow in diesen Monaten endlich Anschluss an eine kleine Gruppe deutscher Altkommunisten im Raum Düsseldorf gefunden, die den moskautreuen Kurs und »revisionistischen Verrat« der illegalen KPD-Führung in Ostberlin bekämpfen und sich mit einigen Gleichgesinnten vor allem aus Hamburg, Köln und Mannheim seit einigen Monaten um die Gründung einer neuen Partei bemühen. Am 28. Oktober 1968 nimmt Flatow erstmals an einem Vorbereitungstreffen der Maoisten teil, das in einer Kölner Gaststätte stattfindet, und stürzt sich von diesem Tag an mit einem Großteil seiner Energie in das Projekt Parteiaufbau.[89]

So sollte die neue Firma Flatows ein kurzfristiges Unterfangen bleiben: Im Keller des IBH-Büros druckt Flatow im Frühjahr 1969 ein Flugblatt mit dem flammenden Appell »Hände weg von China!«, das die »sowjetischen Grenzprovokationen« und bewaffneten Zusammenstöße am Grenzfluss Ussuri geißelt. Eine damalige Genossin erinnert sich später an die Schwierigkeiten des Kopfmenschen Flatow, die »Kurbelmaschine« zur Vervielfältigung der Druckschrift in Gang zu setzen: »Uns war die Farbe in die Maschine gelaufen.«[90] Später klappt es immer besser und ein Großteil der damaligen maoistischen Schriften in Nordrhein-Westfalen sollte in dem kapitalistischen Bürokeller produziert werden.

Damit riskiert und besiegelt Flatow aber zugleich das ungewollte Ende seiner Geschäftstätigkeit: Die konservativen Gurk und Wirtz reagieren mehr als überrascht, aufgebracht, ja entsetzt, als sie den versteckten Druckapparat und einen ganzen Stapel maoistischer Flugschriften schließlich in der Kurfürstenstraße 28 entdecken.[91] An eine Fortsetzung der geschäftlichen Partnerschaft ist unter diesen Umständen nicht mehr zu denken. Eine Weile nutzt Flatow noch das gemeinsame Büro, dann drängen ihn seine Kompagnons ganz aus der Firma. Am 10. April 1972 löscht ihn das Amtsgericht Düsseldorf als Geschäftsführer der IBEHA.[92]

An Geschäfte denkt der Kaufmann in den nächsten Jahren nicht mehr, das Ehepaar lebt hauptsächlich vom Ersparten. An Geld hatte es schließlich jahrzehntelang nicht gemangelt. Einen linken Aufruf zur Verteidigung der Grundrechte unterschreibt Gerhard Flatow später mit dem Zusatz »Rentner«.[93] Zur Ruhe aber kommt er nicht: Gerhard Flatow ist zu diesem Zeitpunkt bereits vollständig in das gehetzte und sektiererische Vereinsleben der deutschen Maoisten abgetaucht.

KAPITEL 9

Wie eine Bruderpartei der KP Chinas erblüht und schnell wieder verwelkt

1969–80

Am Silvestertag 1968 versammeln sich 33 Männer und Frauen im Hinterzimmer der Hamburger Gastwirtschaft »Ellerneck«. An der Wand lehnen große schwarz-weiße Baumwollbilder mit den Köpfen von Marx, Engels, Lenin, Stalin und Mao Zedong. Die meisten Männer trinken ein Glas Bier. In der Versammlung führt der 45-jährige Ernst Aust das große Wort und beschwört leicht näselnd und mit Eimsbütteler Tonfall das »sozialistische China, den ruhmreichen Leuchtturm der Weltrevolution«. Der schmächtige Mann mit zurückgekämmten Haaren bringt seit einem Jahr ein hektografiertes Monatsblatt mit dem Namen *Roter Morgen* heraus und fordert darin die »Vereinigung aller Marxisten-Leninisten«. Vergessen sind an diesem Tag seine langen Dienstjahre als besoldeter Funktionär der 1956 verbotenen KPD und als Herausgeber ihrer Tarnzeitschrift *Blinkfüer*. Jetzt beklagt Aust den »revisionistischen Verrat« in der Exil-Führung der Partei, in der DDR und vor allem in der Sowjetunion. Das neue Vaterland aller Werktätigen sei die Volksrepublik China, gefolgt von ihrem treuen Verbündeten Albanien.[1]

Seine Genossen in der Bramfelder Kneipe befeuern sich an diesem Tag gegenseitig, reden über die »Errichtung der proletarischen Diktatur« und gründen noch in der Nacht die erste richtige maoistische Partei Deutschlands, die KPD/ML. Neben Ernst Aust und seiner Frau Waltraud gehört der cholerische Wirrkopf Günter Ackermann zum innersten Kreis der Gründer, ein ehemaliger Volkspolizist aus der DDR, der sein Geld zeitweise als Vertreter einer Versicherung verdient und sich seit einigen Jahren um Kontakt zur Volksrepublik China bemüht.

Rund ein Drittel der sogenannten Delegierten, die oft nicht mehr als sich selbst vertreten, stößt aus der alten moskautreuen KPD zu der neuen Mao-Partei. Dazu zählen zum Beispiel der Mannheimer Daimler-Arbeiter Emil Ludwig und der 54-jährige Hamburger Werner Konczak, die beide schon zwischen 1960 und 1962 auf eigene Faust einzelne Mao-Schriften in Westdeutschland verbreitet hatten und sich deshalb prompt ein Parteiausschlussverfahren in der Moskau-treuen KPD einhandelten. Einige Delegierte wie der Mannheimer Helmut Günther kommen gerade von ihren Einladungsreisen aus Beijing als noch überzeugtere Anhänger Maos zurück.[2]

Auch der eigentliche Chefideologe des Gründungskerns Klaus Schaldach stammt aus der alten KPD. Der Kommunalbeamte aus Düsseldorf bleibt der Silvesterrunde aber aus »Sicherheitsgründen« fern und schickt nur seine junge Frau Erika.[3] Nicht ohne Grund: In der maoistischen Runde schreibt ein Mitarbeiter des geheimen Abwehrapparats der alten Moskau-KPD, der Zentralen Parteikontrollkommission (ZPKK), eifrig jedes Wort der neuen ideologischen Konkurrenten mit. Die ZPKK-Protokolle wiederum gelangen durch einen westdeutschen Spion in Ostberlin prompt zum Verfassungsschutz in Bonn, der also ebenfalls gut über die Maoisten informiert ist.

Studenten aus Kiel, Tübingen, Hannover und Berlin finden sich auch unter den KPD/ML-Gründern – aber keiner von ihnen spielt im SDS oder anderen radikalen Uni-Gruppen eine nennenswerte Rolle. Über einige Gefolgsleute verfügen allenfalls die blutjungen Anführer einer radikalen Schülergruppe, die sich als »Rote Garde Berlin« auf die Seite Austs schlagen und prompt mit Spitzenämtern in der neuen Partei belohnt werden. Ihr Sprecher ist der Sohn des Schriftstellers und Verlegers Rainer Maria Gerhardt, der 18-jährige Oberschüler Ezra Gerhardt. Der neue »Jugendbeauftragte der KPD/ML« holt gleich ein paar Dutzend Klassenkameraden aus Berliner Gymnasien und der ehemaligen »Terrorgruppe Neuruppin« (so die Selbstbezeichnung) in die Partei, die dort eine Weile mit ihren blauen Mao-Baumwolljacken auffallen, es aber nicht lange in der autoritären Truppe aushalten.[4]

Der Hauptnenner, der die Männer (und sehr wenigen Frauen) der neuen KPD/ML verbindet, ist das kommunistische China. »Unser Leitbild war nun einmal die Volksrepublik China«, erinnert sich später einer der Parteiväter: »Das war das Hauptanliegen, sonst hätten wir keine neue Partei zu gründen brauchen.«[5] In der wenige Monate zuvor gegründeten, strikt an der UdSSR orientierten DKP hatten solche Gedanken keinen Platz. Auch ein langjähriger Funktionär erkannte im Nachhinein, die ganze Veranstaltung in der Bundesrepublik sei »untrennbar mit dem Import der Mao-Ideen und der *Peking Rundschau* verbunden« gewesen.[6]

In der kurzen Grundsatzerklärung, die Aust im Januar 1969 im *Roten Morgen* veröffentlicht, fällt Maos Name gleich sechsmal. Sie beginnt mit einem langen Zitat des »Großen Vorsitzenden« und endet mit einem Bekenntnis zu seiner »revolutionären Theorie«. Nur ein einziger Absatz befasst sich mit der Lage in der Bundesrepublik. Die KPD/ML fühlt sich von Anfang an als deutsche »Bruderpartei« der KP Chinas und schickt ein Grußtelegramm an Mao, in dem seine deutschen Anhänger die »erfolgreiche Zündung der zweiten Wasserstoffbombe« als »große Ermutigung für die revolutionären Volksmassen der ganzen Welt« feiern.

Aber nur ein einziger in der aufgeregten Silvester-Runde in der Hamburger Kneipe kennt die Volksrepublik wirklich genauer von innen: ein sehr kleiner, wohlbeleibter Mann mit Glatze, der in seinem dunklen Anzug eher wie ein Oberbuchhalter wirkt und nicht wie ein Revolutionär. Doch der »Genosse Gerd« hält sich an diesem Tag ganz gegen sein Naturell erst einmal im Hintergrund. Erika Schaldach erinnert sich heute so: »Gerd brachte uns mit seinem Auto von Düsseldorf nach Hamburg, mehr als Chauffeur. Das war eigentlich sein wichtigster Part bei dieser Sache.«[7]

Die 33 Anwesenden wählen den 58-jährigen nicht in ihr Zentralkomitee wie etwa Ackermann und Aust. Zusammen mit Klaus Schaldach rückt Gerhard Flatow aber in die Zentrale Kontrollkommission ein – eine Art Aufsichtsrat, der vor allem für die Einhaltung des Statuts zuständig ist.[8] Dabei könnte der Altgenosse nicht nur über seine eigene Zeit in China zwischen 1934 und 1956 reden, sondern auch über die Mini-Internationale von chinatreuen Parteien in Europa, in der er sich als Einziger in der Runde gut auskennt und über zahlreiche Kontakte verfügt.

Doch so sehr die neue Partei auch die Spalten ihrer Flugblätter und Zeitungen mit wortreichen Bekenntnissen zu Mao füllt, so wenig interessiert sie sich für das, was in China wirklich passiert. Aust und seine Genossen sind spät dran mit ihrer Gründung und wollen nun rasch Anhänger gewinnen – vor allem unter den Arbeitern in den Großbetrieben, um der dort besser verankerten DKP das Wasser abzugraben. Flatows Lebenserfahrung und vor allem sein China-Wissen interessieren deshalb nur am Rande. Fürs Erste reicht es ihnen, die Artikel aus der *Peking Rundschau* abzuschreiben. Und den Chinesen reicht es offensichtlich auch, um sie zu unterstützen.

Schon lange vor der KPD/ML-Gründung in Hamburg hatten die Chinesen die Entwicklung der maoistischen Szene in Westdeutschland genau beobachtet – und auf verschiedenen Wegen gefördert. Seit dem Sommer 1964 betreiben sie ein Büro der staatlichen Nachrichtenagentur Xinhua in Bonn-Bad Godesberg, das Informationen aller Art sammelt, die Propagandaschriften vertreibt und zur regelmäßigen Anlaufstelle westdeutscher Mao-Anhänger wird.[9]

Zur Hand geht den Chinesen dabei über Jahre ein alter Vertrauter Gerhard Flatows aus dem Dunstkreis der Deutschen China-Gesellschaft (DCG) und Mitarbeiter Wolf Schenkes in der rechten Zeitschrift *Neue Politik*: Karsten Dettmann. Der Hamburger gibt mit finanzieller Unterstützung aus Beijing mehrere China-Schriften heraus wie das offizielle Bulletin der Nachrichtenagentur Xinhua sowie die Zeitschriften *China* und *Dongfeng* (chinesische Bezeichnung für »Ostwind«). Gleichzeitig gehört Dettmann zu den Drahtziehern der maoistischen Szene in der Hansestadt, die sich schnell zur bedeutendsten in der ganzen Bundesrepublik entwickelt hatte.

Im maoistischen Mikrokosmos der 1,5-Millionen-Stadt überschneiden sich Ende der sechziger Jahre gleich mehrere sehr unterschiedliche Milieus. Dort trifft sich bereits seit den frühen fünfziger Jahren eine »China-Runde« einmal pro Monat in einem Restaurant, organisiert von dem früheren Beijing-Korrespondenten des Deutschen Nachrichten-Büros DNB Herbert Mueller. Ein alter Bekannter Flatows und Schenkes aus der Deutschen China-Gesellschaft (DCG), der in den dreißiger und vierziger Jahren möglicherweise neben seiner Tätigkeit für das Dritte Reich auch ein Agent der Kommunistischen Internationale war.[10] An ihren Treffen nehmen Ende der sechziger Jahre regelmäßig 20 bis 30 Bewunderer der Volksrepublik China wie Anna Wang teil, die seit der Übersiedlung in den Westen mit ihrem Mann in der Nähe Hamburgs in Geesthacht wohnt.

Gleichzeitig sammeln sich einige Linksabweichler aus der alten KPD wie Ernst Aust oder Dieter Schütt in wechselnden Mao-Zirkeln, die miteinander konkurrieren und zugleich zusammenarbeiten. Und da bildet sich schließlich an der Hamburger Universität im SDS eine zwar zerstrittene, aber sehr lebendige maoistische Jugendfraktion rund um die Aktivistin Inge Jahnke. Die chinesische Botschaft in Bern und die Xinhua-Vertretung in Bonn pflegen intensive Kontakte zu dieser Hamburger Gruppe. Jahnke schildert später die schöne Szene, wie zwei Xinhua-Vertreter plötzlich unangemeldet in eine studentische Marx-Schulung im »SDS-Keller« an der Universität platzen, um etwas Wichtiges mit der »Genossin« zu besprechen.[11]

Die Chinesen locken ihre deutschen Sympathisanten von Anfang an vor allem mit äußerst freigiebigen Einladungen in die Volksrepublik. Auch Jahnke reist zweimal kostenlos durchs Land. Zur Anlaufadresse für Jahnke und die anderen maoistischen SDS-Aktivisten in Hamburg wird die Lehrerin Lisa Niebank, die sich nach einer Einladungsreise im Sommer 1964 zur Übersiedlung in die Volksrepublik entschlossen hatte. Ab Juli 1965 übersetzt die glühende Mao-Verehrerin Propagandatexte ins Deutsche, schreibt für Schenkes rechte Zeitschrift *Neue Politik* genauso wie für Austs linksradikale Postille *Roter Morgen*, korrespondiert regelmäßig mit Jahnke und Dettmann und verschickt mehrmals Einladungen an SDS-Aktivisten, in die Volksrepublik zu kommen.[12] Wer gern möchte, kann mit ihrer Vermittlung zu einem »völlig kostenlosen« Studienjahr in die Volksrepublik reisen.[13] Sie versorgt Aust gleichzeitig regelmäßig mit großen Paketen von Mao-Schriften, revolutionärem Blechschmuck und bunten Plakaten.

Vom Sommer 1967 bis Ende 1968 hatten sich die Hamburger Maoisten mit ihren Aktionen für China geradezu überschlagen. Inge Jahnke hielt Dia-Vorträge mit ihren eigenen Fotos aus dem Reich der Mitte, die auch Flatows Interesse weckten, und organisierte ein erstes großes China-Seminar an der Universität. Weitere folgten, auf denen auch Wolf Schenke und andere »Old China Hands« referierten. Unter Jahnkes Führung pilgerten SDS-Anhänger mit der Mao-Bibel in der Hand im Hamburger Hafen zum chinesischen Frachter »Li Ming«, um sich mit den Seeleuten zu verbrüdern.

Ab Dezember 1967 gibt Flatows DCG-Freund Dettmann die *Xinhua-Nachrichten* heraus, Jahnke arbeitet zwischen April und Ende Dezember 1968 als angestellte Übersetzerin für ihn.[14] Dettmann bemüht sich gleichzeitig, einen »zentralen Literaturvertrieb« für die KP Chinas aufzuziehen, und gründet den Verlag und Filmverleih Scolaris mit einem Grundkapital von 20000 Mark, das offenbar zum Teil aus chinesischen Quellen stammt.[15] In Austs Zeitung *Roter Morgen* erscheinen mehrmals Anzeigen. Die Ultralinken stört es nicht, dass Dettmann in seinen Zeitschriften ganz wie sein Mentor Wolf Schenke immer mal wieder in ein eher deutschnationales Vokabular verfällt (»Unsere Sorge gilt dem deutschen Volk«) und ehemalige Nazis »mit merkwürdigem Hintergrund« (so die amerikanische CIA[16]) wie den schwer belasteten SS-Hauptsturmführer Hermann Hubig als China-Experten einführt.[17] Unter dem Banner Maos wächst zusammen, was ideologisch eigentlich nur sehr schwer zusammenpasst. Gerhard Flatow, der sich noch gut an Maos Einheitsfront mit der nationalistischen Kuomintang erinnert, hält dieses Zweckbündnis für normal.

Fast alle führenden Maoisten spielen Ende 1968 mit der Idee einer Parteigründung. Als Ernst Aust zur Gründung der KPD/ML ruft, kann sich aber kaum einer dazu durchringen mitzumachen. Flatow ist damit einer der ganz wenigen Vertreter der alten Mao-Szene, der nach der Silvester-Veranstaltung an Bord bleibt.

Die Chinesen stecken damit in einem Dilemma: Sollen sie die neue deutsche Mao-Minipartei offen unterstützen, obwohl die meisten ihrer Vertrauensleute dort am Ende gar nicht mitmachen? Nach einigem Zögern entschließen sie sich, die KPD/ML zwar kostenlos mit Mao-Literatur zu versorgen und sie in ihrer heimischen Presse zu erwähnen, sich aber nicht final auf Austs Truppe als »Bruderpartei« festzulegen. Doch allein der Verkauf der Mao-Schriften stützt die neue Partei; schon nach kurzer Zeit überschreiten die Einnahmen des Literaturvertriebs die Grenze von einer Million Mark.[18]

Auf jeden Fall bedanken sich die Führer der KPD/ML noch viele Jahre später in Beijing für die »tatkräftige Unterstützung bei der Gründung« und in den »ersten schwierigen Jahren des Parteiaufbaus«. Die KP Chinas habe ihren Genossen in der Bundesrepublik stets »brüderliche, vom proletarischen Internationalismus geprägte Hilfe« geleistet.[19] Wie sie im Einzelnen aussah, weiß man bis heute nicht. Aus dem innersten Kreis lebt niemand mehr.

Um eines allerdings bemühen sich die organisierten Maoisten zunächst erfolglos: größere Bargeldgeschenke aus der Volksrepublik. Nach ihren bösen Erfahrungen mit den »frühen Genossen« wie Jacques Grippa in Belgien und Franz Strobl in Österreich sitzt das Geld in Beijing nicht mehr so locker. Günter Ackermann reiste schon Ende 1967 vergeblich nach Tirana, um eine regelmäßige Unterstützung loszueisen – und ein Gehalt für sich selbst in Höhe von 2000 Mark.[20] Im »Namen der chinesischen Genossen« teilten ihm die Albaner aber mit, die bestehenden maoistischen Gruppen in Westdeutschland müssten sich erst in einer »großen, einheitlichen Partei« versammeln, bevor sie mit »einer grundsätzlichen und laufenden Unterstützung« aus China und Albanien rechnen könnten. Auch sei erst dann mit einer offiziellen Anerkennung als Bruderpartei zu rechnen.[21]

Trotz aller propagandistischen Anstrengungen sollten danach tatsächlich noch Jahre vergehen, bevor sich die Führer der KPD/ML im Glanz einer offiziellen Einladung nach Beijing sonnen konnten. Denn von einer großen und gar einheitlichen Partei kann nach der euphorischen KPD/ML-Gründung in der Silvesternacht 1968/69 wahrlich keine Rede sein. Zwar schließen sich zunächst einzelne weitere Altkommunisten an – allen voran der frühere Spitzenfunktionär Willi Dickhut, der in der moskautreuen KPD eine Zeit lang die zentrale Kaderabteilung des Parteivorstands mitleiten durfte und über lange Erfahrungen als Parteisekretär in Solingen verfügt. Aber der erhoffte große Zustrom organisierter Kommunisten bleibt aus. Und auch die Gespräche im Sommer 1969 mit SDS-Führern wie Christian Semler, die jetzt ebenfalls vollständig auf Mao-Kurs liegen, bringen kein neues Blut in die Partei.[22] Im Gegenteil: Kaum gegründet, grassiert bereits der Spaltpilz. Auf den ZK-Sitzungen der kleinen Truppe beschimpft man sich schon nach wenigen Monaten gegenseitig mit übelsten Anwürfen (»Du Lump«, »Revisionist«, »Arbeiterverräter«), obwohl es eigentlich um Petitessen geht.[23]

Gerhard Flatow spielt in den wüsten Fraktionskämpfen im ersten Jahr nach der Gründung der KPD/ML keine führende Rolle und versucht vergeblich, Streit zu schlichten.[24] Dann gerät er aber selbst in eine erste große Intrige. Als ehemaliger Direktor des Otto-Wolff-Konzerns und wohlhabender Kaufmann bietet sich Flatow geradezu als Feindbild in den kleingeistigen ideologischen Schlachten an. In Hamburg halten ihn einige überzeugte Maoisten für einen »Kriegsgewinnler« und »Falschspieler«, der nur auf Geschäfte mit China aus sei.[25] Den 20- bis 25-Jährigen in der KPD/ML, die nach der Gründung immer mehr in den Vordergrund drängen und mit Lenin- und Mao-Zitaten nur so um sich werfen, gilt der Ältere als zu wenig radikal, zu wenig beflissen, zu wenig militant.

Unbeliebt macht sich Flatow unter den Jung-Maoisten auch, weil er schon bald nur noch im Schlepptau des Altgenossen Willi Dickhut aufkreuzt, der den größten Landesverband der kleinen Partei in Nordrhein-Westfalen genauso bürokratisch verwalten möchte wie einst seine zentrale Kaderabteilung im Apparat der damals sehr viel größeren moskautreuen KPD. Viele junge Genossen nehmen Flatow nur als Stellvertreter des misstrauischen Stalinisten Dickhut wahr, »dessen Welt nur aus Feinden bestand« – auch wenn Flatow durchaus »freundlich und weltoffen« auftritt.[26]

Flatow selbst bewundert Dickhut gleich in mehrfacher Hinsicht: Für ihn repräsentiert der ehemalige KPD-Kader die »historische Verbindung« der organisierten Maoisten zur »deutschen Arbeiterbewegung«.[27] Außerdem gelingt es Dickhut, lange theoretische Aufsätze mit zahllosen Lenin-, Stalin- und Mao-Zitaten zu bestücken – eine Fähigkeit, die Flatow völlig abgeht. Und last but not least bringt der Altgenosse in den zahllosen Grabenkämpfen genau die eiserne Härte mit, die nach Meinung Flatows einen echten Kommunisten auszeichnet. Dickhut schätzt umgekehrt die absolute Loyalität und das organisatorische Geschick seines »alten Freundes und Genossen«, der beispielsweise das geheime Parteiarchiv verwaltet und eigenes Geld in die Organisation pumpt.

Ein anderer ehemaliger Genosse beschreibt Flatows damalige Rolle so: »Er hatte dieses Väterliche und Joviale, das denen fehlte, die hinter seinem Rücken mehrfach herausstellten, er habe die dunkelblauen und dunkelroten Bücher (gemeint sind die Gesammelten Werke von Marx, Engels und Lenin, d. Verf.) zuletzt vor fünfunddreißig Jahren gelesen und habe, seiner Klassenlage entsprechend, bei aller Gutwilligkeit ein borniertes bürgerliches Welt- und Geschichtsbild. Dennoch bemühten sich gerade diese Genossen um ihn; sie benötigten Helfer, Finanzierer und Aushängeschilder.«[28]

Am 8. März 1970 übernimmt Gerhard Flatow den Landesvorsitz der KPD/ML in Nordrhein-Westfalen, während in Wahrheit Dickhut als Chef der Landeskontrollkommission aus dem Hintergrund die Fäden zieht. Die Mao-Partei zählt zu diesem Zeitpunkt im größten Bundesland gerade einmal 38 Mitglieder.[29] Am 1. Mai versammelt sie nur gut 300 Anhänger auf einer landesweiten Demonstration in Dortmund, zieht aber in den nächsten zwei Jahren weitere Jugendliche an. Im April 1970 trennt sich der größere Teil der Landespartei unter Führung Dickhuts und Flatows vom Hamburger Zentralkomitee unter dem Parteigründer Ernst Aust, zerfällt aber nach wenigen Monaten auch bereits wieder in zwei verfeindete Gruppen.

Nun hagelt es aus den Spaltprodukten (nach der Zählung eines ehemaligen Genossen nennen sich zeitweise gleich sechs Gruppen allesamt »KPD/ML«)[30] zum ersten Mal öffentlich heftigste Vorwürfe gegen die »rechtsopportunistische Dickhut-Flatow-Clique«. Flatow sei nicht nur ein ganz gefährlicher Abweichler, sondern ein »Stahlkapitalist« und »Oberagent«, der seit vielen Jahren eine »Spionagetätigkeit im Sold eines Nachrichtendienstes« gegen das rote China durchführe[31] und in die KPD/ML eingedrungen sei, um eine »weiße Verschwörung« gegen die junge Partei anzuzetteln. Ausgerechnet Flatow ein Agent gegen China!

An Ende des ganzen Tohuwabohus bleiben der 60-jährige Flatow und der 66-jährige Dickhut mit gerade noch 25 meist blutjungen Anhängern in vier Städten zurück,[32] verhandeln unter dem bombastischen Namen »KPD/ML Revolutionärer Weg« aber bereits mit einer anderen Mao-Gruppe aus Tübingen über eine Vereinigung und gründen schließlich Anfang August 1972 eine neue Organisation, den Kommunistischen Arbeiterbund Deutschlands (KABD).[33]

Die beiden liegen damit im Trend: Nach und nach entstehen zwischen 1970 und 1973 immer mehr K-Gruppen, die allesamt den Anspruch erheben, eine große kommunistische Massenpartei nach dem Vorbild der zwanziger und frühen dreißiger Jahre aufzubauen und sich ideologisch eisern auf China stützen. In der ersten Mao-Partei, der KPD/ML, macht umgekehrt nach zahllosen Abspaltungen schon 1972 niemand aus dem Gründerkreis vom Silvester 1968 mit – außer Ernst Aust und seiner Frau Waltraud.[34] Stattdessen füllt sie ihre Reihen hauptsächlich mit Aktivisten aus der zerfaserten Schüler- und Studentenbewegung. Nicht wenige von ihnen gehen trotz Abitur als Bandarbeiter oder Lehrlinge in die Großbetriebe, um dort »Betriebszellen« zu organisieren. Genauso machen es die anderen K-Gruppen. Einige ihrer Mitglieder machen später in den Gewerkschaften Karriere – zum Beispiel der langjährige Ulmer KABD-Funktionär, Bewunderer Gerhard Flatows und spätere IG-Metall-Chef Berthold Huber. Nur noch Eingeweihte behalten in diesen Jahren den Überblick, worin sich die Gruppen überhaupt unterscheiden oder warum sie sich gegenseitig so hart bekämpfen.

Bis zu ihrem Höhepunkt 1975 schließen sich zeitweise über 100 000 Jugendliche den K-Gruppen an – die meisten allerdings nur für kurze Zeit. Maos China zieht sie als Vorbild eines »anderen Sozialismus« an, der sich angeblich positiv von der DDR und der in ihren Augen ideologisch »entarteten« Sowjetunion abhebt. Und ausgerechnet die brutale Kulturrevolution mit ihren Millionen von Opfern feiern die deutschen Maoisten in seltener Eintracht als epochalen Fortschritt in der Entwicklung des Marxismus-Leninismus, den Schlüssel zur »Fortsetzung des Klassenkampfs unter den Bedingungen der Diktatur des Proletariats«.[35]

Maos große Anziehungskraft reicht in den frühen siebziger Jahren in Deutschland weit über den harten Kern der K-Gruppen-Mitglieder hinaus. Ehemalige Köpfe des zerfallenen SDS ziehen einen kleinen Anhang von Studenten, Uni-Assistenten und einigen wenigen Professoren mit in die Bewegung. In der Schaubühne am Halleschen Ufer in Westberlin proben Mitglieder einer neuen K-Gruppe die Eroberung des bürgerlichen Theaters. Etliche China-Begeisterte drängen ins Sinologie-Studium und organisieren sich gleichzeitig in den K-Gruppen. Viele von ihnen sollten nach dem Ende ihrer kommunistischen Verirrung ihre China-Studien fortsetzen und in den achtziger und neunziger Jahren zu angesehen Wissenschaftlern werden. Fast die ganze Generation von Sinologen, die im »roten Jahrzehnt« zwischen 1968 und 1978 an deutschen Unis ihre Ausbildung absolvierten, liebäugelte damals in der einen oder anderen Weise mit dem Maoismus.

Im deutschen Fernsehen besetzt die pakistanische Journalistin Roshan Dhunjibhoy in den siebziger Jahren die Rolle der enthusiastischen »Mao-Erklärerin«, die schon im Herbst 1969 mit Gerhard Flatow eine »deutsch-chinesische Freundschaftswoche« in Köln organisiert hatte und seitdem zu seinem Bekanntenkreis gehört.[36] Im populären »Internationalen Frühschoppen« Werner Höfers im ersten Programm sorgt die Frau im Sari mit ihrer exotischen Erscheinung für öffentliches Aufsehen. Hinter den Kulissen pflegt die Marxistin, seit ihrer frühen Jugend Mitglied der KP Indiens, ein großes maoistisches Netzwerk in aller Welt.

In den frühen siebziger Jahren erscheinen in den renommiertesten Verlagen der Republik – bei Rowohlt, Fischer, Luchterhand, ja sogar im konservativen Ullstein-Haus – Mao-Schriften und kritiklose China-Berichte westlicher Bewunderer. Die größten Erfolge erzielt die belgisch-chinesische Autorin Han Suyin, mit der Flatow seit seiner Luxemburger Zeit in Verbindung steht. Ihre Sachbücher und autobiografischen Werke (*Die Morgenflut*, *Der Flug des Drachen*) stilisieren Mao und die anderen KP-Führer mit poetischen Metaphern zu klassischen Helden der chinesischen Geschichte und beeindrucken, genau wie ihre Romane, weltweit Hunderttausende von Lesern. Aus den jeweiligen Neuauflagen ihrer Bücher entfernt sie alle Lobgesänge auf diejenigen chinesischen Kommunisten, die zu dem entsprechenden Zeitpunkt in Beijing gerade in Ungnade gefallen sind.

Auch konservative Journalisten rücken ins Reich der Mitte aus, um den »neuen Menschen« zu suchen, und registrieren nichts von der Verheerung des ganzen Landes durch die Kulturrevolution. Die jeweiligen Windungen der chinesischen Politik vollziehen nicht nur die K-Gruppen völlig kritiklos nach, sondern auch erstaunlich viele selbsternannte Experten in den europäischen Medien. Der allgemeine Enthusiasmus, den nur wenige Kenner des Landes stören, verschafft den K-Gruppen ein intellektuelles Milieu, in dem sie sich noch eine Weile bewegen und Bündnispartner gewinnen können. Schließlich aber verprellen sie durch ihr stetes Sektierertum und die völlige Unfähigkeit zur offenen Diskussion Mitte der siebziger Jahre auch noch die letzten Sympathisanten und ziehen sich ganz in ihr eigenes Innenleben mit einem ganzen Kosmos von winzigen Vorfeldgruppen zurück.

Es scheint auf den ersten Blick wie ein Paradoxon: Je mehr Popularität Mao und die Volksrepublik China in der Bundesrepublik gewinnen und Teil des kulturellen Mainstreams werden, umso weniger können seine radikalsten Anhänger auf der Mao-Welle reiten. Was noch schlimmer für die K-Gruppen ist: Die Chinesen brauchen sie auch immer weniger als Verbindungsstellen im kapitalistischen Ausland, um die politische Isolation in der Welt zu durchbrechen.

Der Besuch des amerikanischen Präsidenten Richard Nixon in Beijing eröffnet im Februar 1972 ein neues Kapitel in den Beziehungen zwischen der Volksrepublik und den westlichen Staaten. Es ist für viele chinesische Intellektuelle das Ende der dunklen Jahre der Isolierung und ideologischen Verblendung. Im Oktober desselben Jahres nimmt die Bundesrepublik endlich diplomatische Beziehungen zu dem kommunistischen Regime auf. Alles, was bis dahin schwierig oder gar unmöglich war, kommt nun Schritt für Schritt in Gang: der weitgehend freie Handel (mit Ausnahme von Waffen und strategischen Gütern), der akademische Austausch, die Entsendung von Journalisten, Regierungskonsultationen, Tourismus, Städtepartnerschaften, ja selbst Gespräche zwischen der KP Chinas und konservativen Parteien wie CSU und CDU.

»Inzwischen sind Chinoiserien groß in Mode – nicht nur linksaußen und rechtsaußen«, schreibt der *Spiegel* damals in einer Titelgeschichte. 1972 sprechen sich 78 Prozent aller Bundesdeutschen für diplomatische Beziehungen mit dem kommunistischen China aus; 1964 waren es gerade einmal 27 Prozent gewesen. In nur acht Jahren hat sich das Bild des Landes in der deutschen Öffentlichkeit vollständig gewandelt. Politische Abgrenzung spielt keine große Rolle mehr. Stattdessen entwickelt sich ein spezifischer deutscher China-Kitsch mit einer Mischung aus fernöstlicher Exotik und entpolitisierter Mao-Emblematik. In vielen deutschen Wohnstuben hängen plötzlich knallbunte chinesische »Bauernbilder« – etwa das berühmte Plakat mit chinesischen Kindern, die mit gemeinsamer Kraft eine große Zuckerrübe aus der Erde ziehen.[37]

Innerhalb kürzester Zeit steigt die Zahl der akkreditierten chinesischen Diplomaten in Bonn von 4 auf 62.[38] Die ausländischen Mao-Parteien und die westlichen Mitläufer der chinesischen Kommunisten verlieren in dieser Gemengelage rasch an Bedeutung für die Führer in Beijing, auch wenn sie noch für einige Jahre regelmäßig Einladungen aller Art an ihre alten Freunde verschicken und sie bis heute gelegentlich für ihre Zwecke einspannen. 1973 merkt Geng Biao, damals Leiter der Abteilung für internationale Beziehungen der KP Chinas, im Gespräch mit den Albanern an, die Führung in Beijing sei nicht mehr an der Gründung weiterer Mao-Parteien im Ausland interessiert. Die allzu vielen Besuche westlicher Maoisten in China seien zu einer regelrechten »Plage« geworden.[39]

Der amerikanische Geheimdienst brachte die Entwicklung schon kurz vor dem Nixon-Besuch in einem längeren Arbeitspapier auf den Begriff: »Statt die Außenpolitik auf einen weitgehend fiktiven Kreis von ›revolutionären Linken‹ in der ganzen Welt auszurichten, die sich dem maoistischen Ziel einer gewaltsamen Revolution verschrieben haben, kehrt Beijing jetzt zum vor-kulturrevolutionären Konzept Maos einer breiten internationalen Einheitsfront zurück, die Regierungen und Völker gegen die sogenannte Hegemonie der beiden Supermächte USA und Sowjetunion zusammenbringen soll. Statt auf eine Politik zu setzen, die sich stark auf Ideologie (und den Export der Mao-Zedong-Ideen) zur Durchsetzung ihrer Ziele stützt, verlässt sich Beijing jeder wieder auf die konventionelleren Mittel der Großmacht-Diplomatie (einschließlich Wirtschaftshilfe und Handel) zur Ausdehnung seines Einflusses im Ausland.«[40]

In der Praxis heißt das: Die chinesischen Auslandsvertretungen in Bern und anderswo, die bisher als Drehscheiben für Revolutionsexport funktionierten, brechen die Verbindungen zu den kleinen Mao-Parteien und China-Freundschaftsgesellschaften zwar nicht ab, aber sie dimmen sie merklich herunter. Und sie achten von nun an peinlich darauf, die offiziellen diplomatischen Kanäle nicht mehr durch die offene Unterstützung radikaler Gruppen zu gefährden wie auf dem Höhepunkt der Kulturrevolution. Politiker wie Franz Josef Strauß (CSU) oder Helmut Schmidt (SPD) gelten nun realistischerweise als wesentlich wichtiger als die K-Gruppen-Führer Ernst Aust oder Christian Semler. Und in Beijing empfängt man am Ende dieser Entwicklung Erzkonservative wie Otto von Habsburg, den Sohn des letzten österreichischen Kaisers, mit dem gleichen Brimborium wie einst die radikalen Maoisten: »mit Spruchbändern und Wandzeitungen«.[41]

Gerhard Flatow hält über die ganzen siebziger Jahre hinweg den Kontakt zu seinen chinesischen Ansprechpartnern und verbreitet ihre Positionen, aber es geht nicht mehr um grandiose Projekte, sondern um kleine Münze. Gemeinsam mit seinen Genossen bringt Flatow chinesische Filme in Umlauf – zum Beispiel über den 9. Parteitag der KP Chinas, der Maos unbeschränkte Macht nach dem Ende der Kulturrevolution festschreibt.[42] Auch die Übersetzung des Buchs seines britischen Bekannten George Thomson, *Von Marx zu Mao Tsetung*, bringt er noch auf den Weg.[43]

Aber anders als einige Maoisten der ersten Stunde in Italien oder Frankreich gelingt es Flatow nicht, seine politischen und geschäftlichen Kontakte in die Volksrepublik China nutzbringend für den Aufbau seiner neuen K-Gruppe einzusetzen. Er zieht zwar im August 1972 in die »Zentrale Leitung« des KABD ein, spielt dort aber nur eine untergeordnete Rolle und findet sich in den bürokratischen Strukturen nur schlecht zurecht, die Willi Dickhut perfekt auf sich selbst zuschneidet.

Die Zeitungen der Gruppe dokumentieren in diesen Jahren nur einen einzigen größeren Auftritt Flatows in der Öffentlichkeit: Im Juni 1973 eröffnet der 62-Jährige in Stuttgart eine Großveranstaltung mit rund 2000 Teilnehmern zum 10. Jahrestag der chinesischen »Polemik über die Generallinie« der kommunistischen Weltbewegung. Ein Foto in der *Roten Fahne* zeigt Flatow mit zahlreichen alten Bekannten aus der maoistischen Szene Europas, zum Beispiel seinem alten Freund Tom Hill aus England. Seine Frau Pan Xiaoming hält dort als »Bürgerin der Volksrepublik China« eine Brandrede gegen die Sowjetunion.[44]

Flatow selbst hält dort keinen Vortrag, und auch sonst steht mittlerweile Xiaoming im Vordergrund: Sie besucht mehrmals Zeltlager der kommunistischen Jugend, spricht vor Studenten in Marburg über die chinesische Außenpolitik und berichtet in einem längeren Interview mit der Zeitschrift *Roter Pfeil* in höchsten Tönen über die »Erziehung durch körperliche Arbeit«, die ihre Geschwister – ein Physiker an der Akademie der Wissenschaften und eine Mathematik-Professorin – unter Mao in der Kulturrevolution genossen hätten.Sich selbst porträtiert Xiaoming in diesem Gespräch als früher »unpolitische« und »verbildete« Frau, die in ihrer Jugend nur »Komfort und bequemes Leben« gekannt habe, nach 1949 aber durch die »sozialistische Umgestaltung« in ihrer Heimat aufgewacht sei und seit den späten fünfziger Jahren in Deutschland nun alles tue, um das »Verständnis für China zu fördern und internationale Solidarität zu praktizieren«.[45]

Was Xiaoming in dieser Zeit bei ihren Auftritten von sich gibt, ähnelt in seinem doktrinären Tonfall den plattesten Tiraden der *Peking Rundschau*. Auf der linken »Friedenswoche« in West-Berlin hält sie am 22. Juni 1973 im ÖTV-Haus vor 400 Zuschauern einen Vortrag über die chinesische Außenpolitik (»Schließen wir uns zusammen, um den Imperialismus und alle Reaktionäre zu besiegen«), der nur aus aneinandergereihten Mao-Zitaten und Auszügen aus offiziellen Verlautbarungen der Regierung besteht.[46] Als Veranstalter ihres Auftritts fungiert die bürgerliche »Deutsch-Ostasiatische Gesellschaft« (nicht zu verwechseln mit der Deutschen China-Gesellschaft), die mit der Verbreitung von Maoismus eigentlich nichts am Hut hat.

Flatow ist in diesen Jahren wahrscheinlich der einzige organisierte Partei-Maoist in der K-Gruppen-Szene, der gleichzeitig auch immer noch als bürgerlicher China-Experte auftritt. Zum Beispiel mit einem Aufsatz in der FDP-Zeitschrift *liberal*, der unter der Überschrift »Interessenlage Bonn – Peking« erscheint und ganz ohne Linksdrall auskommt. Ein Plädoyer, die weltpolitische Rolle der Volksrepublik China endlich anzuerkennen und sich in Deutschland stärker mit dem Land zu beschäftigen. Sogar mit den bilateralen Handelsperspektiven beschäftigt sich Flatow (»Die BRD hat eine bessere Ausgangsposition China gegenüber als die USA«) – als ob da noch der Leiter des China-Büros eines deutschen Stahlkonzerns spräche.[47]

Und tatsächlich verdankt Flatow die Möglichkeit, einen Aufsatz in dieser FDP-Zeitschrift zu veröffentlichen, höchstwahrscheinlich Otto Wolff von Amerongen, der in der vorhergegangenen Nummer mit einem eigenen Text vertreten war. Jedenfalls vermutet das im Nachhinein ein Experte der Friedrich-Naumann-Stiftung, der das publizistische Erbe dieser Zeit hütet.[48] Offensichtlich verkehren die beiden also in Sachen China weiter miteinander, obwohl man darüber nichts Genaues weiß.

Trotz verstärkter Auftritte des Ehepaars Flatow im ganzen Land laufen die konkurrierenden K-Gruppen ihrem KABD in Beijing den Rang ab. Während sich ihre Gruppe auf die »Betriebsarbeit« konzentrieren will und nie wieder eine Veranstaltung wie in Stuttgart auf die Beine stellt, macht sich die aus dem SDS heraus entstandene Konkurrenz systematisch bei der Führung der KP Chinas lieb Kind. Allen voran die 1970 neu gegründete maoistische KPD und der Kommunistische Bund Westdeutschland (KBW, gegründet 1973). Wer die meisten chinesischen Propagandamaterialien und Bücher vertreibt, gilt in Beijing als bevorzugter Gesprächspartner, wie einer ihrer Genossen nach einem Besuch vor Ort feststellt.[49] Und wer sich als »Bruderpartei« darstellen darf, hofft auf größere Aufmerksamkeit in der Öffentlichkeit und mehr Zulauf unter den »revolutionären Massen«.

Schon am 2. Dezember 1973 ziehen KBW und KPD die Strippen bei der Gründung einer neuen »Gesellschaft für Deutsch-Chinesische Freundschaft« (GDCF) in Stuttgart. Nach außen gibt man sich strikt überparteilich und schiebt einige »bürgerliche« Mitglieder in den Vordergrund, nach innen kontrollieren die stramm organisierten Maoisten alles. Einer ihrer verdeckt arbeitenden Kader übernimmt die Geschäftsführung der GDCF-Bundeszentrale, die auf ihrem Höhepunkt rund 3000 Mitglieder in 40 Städten koordiniert. In den siebziger Jahren organisiert die GDCF regelmäßig touristische Reisen nach China, importiert in großem Stil Propagandamaterial und Bücher aus der Volksrepublik, veranstaltet Ausstellungen und Tourneen chinesischer Künstler und holt sich regelmäßig Ratschläge für die »richtige politische Linie« in Beijing ab.

Das Ehepaar Flatow tritt der Düsseldorfer GDCF-Gruppe bei, wie immer auf der Suche nach neuen Betätigungsfeldern für China. Ihr KABD spielt dort jedoch keine große Rolle. Gerhard und Xiaoming treten immerhin auf eigene Initiative 1974 auf mehreren GDCF-Veranstaltungen auf, zum Beispiel am 18. November 1974 in Bremen.[50] Das Interesse ist erheblich, teilweise finden sich Hunderte von Studenten und anderen Jugendlichen ein. Doch bald zerstreiten sich die K-Gruppen-Fraktionen in der GDCF so heftig, dass sie die Organisation streckenweise lahmlegen.

Flatow selbst reibt sich derweil immer mehr in den Alltagsgeschäften seiner bürokratisch aufgeblähten Organisation auf, wo sich Kampagnen und Veranstaltungen, Zellen- und Leitungssitzungen, Flugblattaktionen und Zeitungsverkauf stetig abwechseln und das Verfassen seitenlanger Positionspapiere und Wortprotokolle langweiliger Sitzungen zum revolutionären Alltag gehören. Die 268 Mitglieder des KABD im gesamten Bundesgebiet verteilen sich auf 43 Ortsgruppen, 55 Zellen, mindestens ein Dutzend Kommissionen und Redaktionen (*Rote Fahne*, *Rebell*, *Lernen und Kämpfen*), vier Landesaufbaugruppen, zwei Landesverbände, eine zentrale Leitung und ein beigeordnetes Sekretariat[51] – mit der absurden Folge, dass sich die »Kader« in wechselnder Zusammensetzung permanent miteinander treffen und fast ausschließlich mit sich selbst beschäftigen.

Es ist gewiss nicht die Welt des Abenteurers Flatow, doch er bemüht sich streckenweise redlich, die ungewohnten Ansprüche zu erfüllen. Verteilt Flugblätter in Düsseldorf, demonstriert fleißig in Dortmund mit, tritt sogar in die Gewerkschaft IG Druck und Papier ein (wie es sich für einen ordentlichen Kommunisten gehört), übersetzt auf Veranstaltungen die Beiträge ausländischer Genossen, verwaltet penibel die Kasse der Organisation, drangsaliert schriftlich disziplinlose Mitglieder seiner »Grundeinheit«, droht den »Halunken« verfeindeter Gruppen Schläge »in die Fresse« an und verteidigt seinen Freund Willi Dickhut gegen alle Zweifel und internen Angriffe. Der gelernte Schlosser und überzeugte Stalinist mit den dicken Brillengläsern steht an der Spitze der Pyramide. Vom kleinen Solingen aus gibt er die jeweils gültige Linie der Organisation aus – vorzugsweise mit dem Briefkopf »Zentrale Kontrollkommission«.

Man fragt sich im Nachhinein, wie es ein Mensch mit der Lebenserfahrung und Weltläufigkeit, der Klugheit und dem Humor Flatows in den sinnfreien Debatten über Parteiaufbau und Proletariat, Betriebs- und Gewerkschaftsarbeit, »Monopoloffensive« und »Linksentwicklung der Massen« aushält, in der sich Halbwüchsige mit der Gebärde russischer Altbolschewiki gegenseitig Lenin-Zitate entgegenschleudern. Träumt der Mann im Rentenalter den Traum seiner radikalen Jugend in den dreißiger Jahren noch einmal? Glaubt Flatow wirklich an das, was er da hört und redet und selber schreibt? Genießt er nach Jahren als Einzelkämpfer das Gefühl der Gemeinschaft? Wahrscheinlich sieht er die Mao-Gruppen tatsächlich als besten Weg, die Interessen der Chinesen weiter zu befördern – auch wenn die anderen Gründe sicherlich mitschwingen. Ganz sicher ist aber nur: Vieles aus diesen Jahren kommt ihm später sehr peinlich vor, fur einiges entschuldigt er sich sogar ausdrücklich.

Einer seiner ehemaligen KABD-Genossen schreibt später in einem Nachruf auf Flatow, er sei stets »mehr Kämpfer als Denker« gewesen und in den siebziger Jahren immer dort zu finden gewesen, »wo etwas los war«.[52] Das passt eher zu dem unsteten Abenteurer der dreißiger und vierziger Jahre als seine offizielle Rolle als kommunistischer Berufsfunktionär in den siebziger Jahren. Viele Mitglieder halten ihn für die »graue Eminenz« der Gruppe, ihn umgibt aufgrund seiner langen China-Jahre »etwas Geheimnisvolles«, er lebt von »dieser Aura« und »bewegt sich mit großbürgerlicher Souveränität«. Einzelne Mitglieder vermuten sogar hinter vorgehaltener Hand, Flatow sei der geheime Verbindungsmann des KABD zur Führung der KP Chinas. Die Auftritte seiner Frau als »Bürgerin der Volksrepublik« tragen zu dem allgemeinen Geraune bei.

Als Aktivist im eigentlichen Sinne aber tut sich Flatow nicht hervor – und er verfasst, anders als praktisch alle anderen Leitungsmitglieder, auch keine langen Parteipapiere. Den Stalinisten Dickhut fürchten im KABD fast alle, den Maoisten Flatow fürchtet niemand.[53] Aber stille Bewunderung und Skepsis gegenüber dem Mann, der so gar nicht in die Schablone der K-Gruppe passen will, liegen nah beieinander. Solange sich der Genosse Gerd im Windschatten Dickhuts hält, offensichtlich gar eine freundschaftliche Beziehung mit dem eigentlichen Vordenker der ganzen Organisation pflegt, nimmt man ihm seine gelegentlichen ideologischen Patzer und plötzlichen Abwesenheiten für geschäftliche und private Zwecke – beispielsweise die regelmäßigen jährlichen Familienurlaube bei seiner Schwester in Positano – offiziell nicht weiter krumm.

»Gerd genoss unter Dickhut, anders als alle anderen Leitungsmitglieder, eine gewisse Narrenfreiheit«, erinnert sich ein ehemaliger Genosse. Weil Flatow jedoch nicht der jederzeit beliebig einsetzbare »Kader« ist, auf zu vielen Sitzungen fehlt, sich zu wenig an den Linienkämpfen beteiligt, wählen ihn die Delegierten des KABD schon im Oktober 1974 wieder aus der »Zentralen Leitung« ab.[54] Von nun an soll sich der 63-Jährige als »Beauftragter« der Führung um den Aufbau einer »Abteilung für internationale Beziehungen« kümmern – und gerät dabei erstmals ernsthaft in Konflikt mit Dickhut.

Es geht, wie sollte es anders sein, um China. 1973 hatte Mao einen seiner mächtigsten Gegner in der Kulturrevolution, den früheren Generalsekretär Deng Xiaoping, aus der Versenkung wieder in die engere Parteiführung zurückgeholt. Der ausgewiesene Pragmatiker, eben noch von den Roten Garden als »kapitalistischer Machthaber« verfolgt, soll die Wirtschaft des Landes endlich wieder in Gang bringen und später die Nachfolge des todkranken Ministerpräsidenten Zhou Enlai antreten.

Die Rehabilitierung Dengs sorgt nicht nur in der Volksrepublik selbst, sondern in praktisch allen maoistischen Parteien im Ausland für heftige Verwerfungen. Sein steiler Aufstieg stellt Maos ganze Kulturrevolution nachträglich in Frage und damit auch den Gründungsmythos der maoistischen Mini-Parteien in der ganzen Welt – auch wenn Deng zunächst kein kritisches Wort über die Exzesse in den sechziger Jahren verliert.

Stattdessen konzentriert sich der neue starke Mann auf die Außenpolitik – und verkündet im April 1974 in einer großen Rede auf der Vollversammlung der Vereinten Nationen in New York eine neue Doktrin: die Theorie der drei Welten. Danach sollen sich die Länder der Dritten Welt mit den kapitalistischen Mächten Europas und Asiens, der Zweiten Welt, gegen die beiden Supermächte USA und Sowjetunion, die Erste Welt, zusammenschließen. In Europa gelte es, die »gefährlichere« der beiden Supermächte – die Sowjetunion – in den Mittelpunkt des Kampfes zu stellen. In den Ohren der meisten Maoisten hört sich Dengs neues Konzept wie »Verrat an den Interessen des europäischen Proletariats« an, das sich nun mit Reaktionären wie Franz Josef Strauß im Dienst der Landesverteidigung gegen die Sowjetunion verbünden soll.

Es ist der Anfang vom Ende der K-Gruppen: Einige vollziehen die 180-Grad-Wende der chinesischen Außenpolitik und die kapitalistischen Reformen im Inneren noch einmal willig nach, preisen sie genauso wie vorher das kulturrevolutionäre Gegenteil, verlieren dabei aber 1975/76 einen gehörigen Teil ihrer ernüchterten Mitgliedschaft und versinken nach und nach völlig in der Bedeutungslosigkeit.

Andere wie die KPD/ML verbannen ihren bisherigen Säulenheiligen Mao über Nacht aus dem Kanon der »Klassiker des Marxismus-Leninismus« und sein Profil aus dem Kopf ihrer Zeitungen, erklären die chinesischen Kommunisten zu »Revisionisten« und bemüht sich mit den ebenfalls abtrünnigen Albanern um den schnellen Aufbau einer neuen Mini-Internationale mit dem dortigen Parteichef Enver Hoxha als Häuptling. Die Chinesen frieren daraufhin alle Beziehungen zu ihrer allerersten Bruderpartei ein und fördern nur noch die K-Gruppen durch kostenlose Literatur und bezahlte Einladungen in die Volksrepublik, die sich ohne Wenn und Aber hinter die neue Führung stellen.

Im KABD bricht erst einmal die große Ratlosigkeit aus. Als neuer Vormann der Abteilung Internationale Verbindungen plädiert Flatow im Juli 1975 für verstärkte Kontakte mit den chinesischen Genossen, um die Theorie der drei Welten und die anderen ideologischen Volten in Beijing erst einmal ausführlich zu studieren, bevor man ein Urteil fällt. Im September 1975 empfangen die Chinesen zwei KABD-Vertreter in Beijing und erläutern ihnen ihre neue Linie – zum Ärger der protokollbewussten deutschen Maoisten nimmt sich allerdings kein hochrangiger Parteiführer Zeit für die Genossen, sondern nur ein Direktor des Auslandspressevertriebs Guozi Shudian.

Einer der beiden Abgesandten beschwert sich später, der chinesische Funktionär habe bei einem Abendessen »immer und immer wieder dogmatisch auswendig gelernte Worte von Mao Zedong« von sich gegeben.[55] Auf schriftliche Fragen, die beide in Beijing hinterlassen, bekommen sie keine Antwort. Eine weitere Debatte spart man sich. Im Januar 1976 klagt Flatow in einem Brief an einen Parteifreund über das mangelnde Interesse der KABD-Führung an der internationalen Diskussion über die neue Linie der KP Chinas.[56]

Während also Flatow sichtlich darum kämpft, eine Entscheidung gegen die Chinesen zu verhindern, geht sein bisheriger Mentor Dickhut im stillen Solinger Kämmerlein schrittweise auf Gegenkurs. Der Tod Maos am 9. September 1976 beschleunigt die Abkehr des KABD. Dickhut schwört den zentralen Delegiertentag Ende 1976 auf seine »Bedenken«

gegen die KP Chinas ein. Noch gibt es jedoch keine offizielle Stellungnahme des KABD für die Öffentlichkeit – und auch Flatow hält sich nach außen bedeckt mit seiner Kritik am Vorgehen Dickhuts. Im Gegenteil: Zum Januar 1977 übernimmt der 66-Jährige sogar die presserechtliche Verantwortung für das Zentralorgan *Rote Fahne*. In den Wochen und Monaten danach kommt es jedoch zum offenen Bruch.

Flatow bemüht sich im Bonner Büro der Nachrichtenagentur Xinhua um weitere Diskussionen mit den Chinesen und schlägt parteiintern regelmäßige Kontakte zur KP Chinas vor. Aber Dickhut schafft Fakten. Anfang April 1977 erklären die KABD-Führer Deng Xiaoping in einem Rundbrief an alle Mitglieder zum gefährlichen »Revisionisten«. Danach bitten sie pro forma noch einmal um einen Termin in der chinesischen Botschaft in Bonn, bereiten aber bereits eine Erklärung in der *Roten Fahne* und eine 70-seitige Broschüre mit knallgelbem Einband gegen die Volksrepublik vor, die im August schließlich unter dem Titel »Die Führung Chinas segelt im Wind von rechts!« erscheint.[57]

So endet sang- und klanglos und ohne größere Diskussion unter den Mitgliedern das Bekenntnis zur Kommunistischen Partei Chinas, ohne die es den KABD und die anderen K-Gruppen gar nicht gegeben hätte. Nur wenige Mitglieder lehnen sich auf – unter anderem der spätere IG-Metall-Chef Bertold Huber, der mit seiner Ulmer KABD-Ortsgruppe den neuen Kurs der Chinesen verteidigt und zwei Jahre später mit seinen örtlichen Genossen das Weite sucht.

Für Gerhard Flatow kommt die antichinesische »Seglerbroschüre« (so später der Spott einiger Abtrünniger) zu einem denkbar schlechten Zeitpunkt. Am 20. April 1977 stirbt sein Bruder Dieter im Alter von 61 Jahren überraschend in einer Reha-Klinik in Timmendorfer Strand. Die Familie rückt zusammen, um Wu Mei und Michael beizustehen. Zur Beerdigung auf dem Hamburger Waldfriedhof reisen die Geschwister, Verwandten und Freunde aus ganz Deutschland, Südfrankreich, Italien und Hongkong an.[58] Mit dem Tod seines jüngeren Bruders, der bis zuletzt als Importeur von chinesischen Textilien und Kunsthandwerk die Verbindung in die zweite Heimat der beiden hält, reißt ein weiterer Faden in Gerhards China-Netzwerk.

Noch ein Grund mehr für ihn, die schon länger geplante Reise mit seiner Frau in die Volksrepublik China endlich anzugehen. Aber kann er als presserechtlich Verantwortlicher einer Zeitung, die sich offen von der KP Chinas distanziert, überhaupt noch mit einem Visum rechnen? Am 29. Juli bittet er die Zentrale Leitung seiner Gruppe in einem Brief um Rücksicht: »Ihr wisst, dass ich mit einer Chinesin verheiratet bin. Mein Sohn war bereits zweimal in China, meine geschiedene Frau mehrfach. Meine Frau und ich selber beabsichtigen, unsere Verwandten in China zu besuchen, sobald Einzelreisen wieder gestattet werden. Bitte berücksichtigt diesen Tatbestand, wenn im Zentralorgan Erklärungen und Beschlüsse veröffentlicht werden, die als ›Angriff‹ (dazu gehören nicht kritische Fragen!) auf die Regierung der VR China aufgefasst werden müssen.«[59]

Dickhut aber hält sich mit diesem »kleinbürgerlichen Dilemma« Flatows nicht auf und verlangt Gehorsam. Flatow gibt seinen Plan einer baldigen China-Reise vorerst auf, weil ihm als KABD-Mitglied nach eigener Einschätzung »Schwierigkeiten« drohen.[60] Die Chinesen geben sich mit ihren ausländischen Parteifreunden nur noch ab, solange die ihrer neuen Politik genauso kritiklos folgen wie der alten und sie öffentlich preisen.

In den nächsten Monaten kämpft Flatow vergeblich darum, seine Genossen von ihrer Kritik an der Wende in Beijing abzubringen. Verteidigt Deng Xiaoping als erfahrenen Politiker mit großen Verdiensten in der Geschichte der KP Chinas, erklärt wieder und wieder die chinesische Theorie der drei Welten, kritisiert das »Stänkern gegen China« und überzieht die Führung des KABD mit immer neuen Briefen zur Verteidigung der neuen Linie in Beijing.[61]

Auch in Solingen schlägt Flatow immer wieder auf, um die Diskussion zu suchen – bis Dickhut endgültig der Kragen platzt. Am 22. Juni 1978 fordert er Flatow per Brief ultimativ auf, eine »grundlegende Wende« in Sachen China zu vollziehen. Nur vier Tage später wirft er seinem bisherigen Freund vor, schon in der Vergangenheit mehrmals »Bockmist« produziert zu haben. Am 17. Juli antwortet Flatow mit dem Gegenvorwurf, Dickhut sei für »Untertanengeist und Konformismus« in der Organisation verantwortlich – eine merkwürdig verspätete Erkenntnis nach zehn Jahren in einer stalinistischen Sekte. Und im Juli erklärt er sich außerstande, die Haltung seiner Organisation zur Volksrepublik China nach außen zu vertreten.

Ohne Flatow noch einmal formal anzuhören, beschließen die KABD Führer daraufhin am 8. August 1978 seinen Ausschluss wegen »Bruch der Organisationsdisziplin«, teilen es ihm aber erst nach seiner Rückkehr von einer vierwöchigen Spanien- und Portugalreise – seiner letzten Mission als »Internationalismus-Beauftragter« – am 18. September auch mit.[62]

Der Rest seiner maoistischen Parteikarriere ist schnell erzählt: Flatow konspiriert eine Weile mit anderen KABD-Mitgliedern vergeblich gegen Dickhut, arbeitet sich an dessen »verhängnisvoller Doktrin ›Die Partei hat immer recht‹« ab, entdeckt in der Polemik seinen früheren Humor wieder und macht sich über die »Auslegungsstreitigkeiten der Bibelforscher« in der maoistischen Bewegung lustig. Er distanziert sich ausgiebig von Stalin (dem Lieblingsklassiker Dickhuts), gründet gemeinsam mit einem Studenten die winzige »Gruppe Ratinger Kommunisten« und schaut sich erstmals außerhalb der Mao-Sekten in der deutschen Linken um (zum Beispiel bei einem Treffen mit Rudi Dutschke in Düsseldorf).[63]

Das hermetische Weltbild des K-Gruppen-Mitglieds fällt auseinander, die Bewunderung Chinas bleibt: »Was mich angeht, so schäme ich mich bis tief in meine Socken meiner ›Nibelungentreue‹ oder auch meines Gehorsams, das heißt meines Mangels an kritischem Denken. Insoweit bin ich den Ereignissen in China und dem WD (= Willi Dickhut) dankbar, dadurch nämlich erst habe ich rückblickend zu zweifeln angefangen.«[64]

Seine früheren Genossen reagieren mit Gift und Galle, weil sie um die Einheit ihrer kleinen Restgruppe fürchten, in der Flatow immer noch über einige Popularität verfügt. Dickhut setzt ein gutes Dutzend von internen Mitteilungen im Umlauf, um alle Genossen gegen den »Spalter« aufzuhetzen. Flatow wolle die Organisation auf die »revisionistische Linie Deng Xiaopings zwingen«, sei deshalb ein »gefährlicher Feind«, führe einen »Generalangriff der Liquidatoren« gegen den KABD an, betreibe »Zersetzungsarbeit«. Jeder aufrechte Genosse müsse sofort jeden Kontakt zu ihm abbrechen und jeden Kontaktversuch Flatows unverzüglich der Zentralen Leitung melden.[65]

Was in der monatelangen Polemik auf beiden Seiten fehlt, sind Argumente zum eigentlichen Ausgangspunkt des Streits: zur Entwicklung in der Volksrepublik China. Den verbliebenen Mao-Anhängern in der K-Gruppen-Szene fällt genauso wenig ein wie den neuen Anti-Maoisten in ihren Reihen. Deng Xiaoping greift im Jahr 1979 in Beijing nach der ganzen Macht: Die verfemten Gegner Maos kehren in ihre Ämter zurück, die Kulturrevolution gilt nun als geschichtliche Tragödie, die KP Chinas beschließt die größten marktwirtschaftlichen Reformen ihrer Geschichte und öffnet das Land nach außen – das alles jedoch, ohne Mao formal vom Sockel zu stürzen und die Geschichte der Partei nachträglich in Frage zu stellen.

Damit beginnt der grandiose wirtschaftliche Aufstieg Chinas: die immer engere Verflechtung mit ausländischen Konzernen, die ersten Wellen des westlichen Konsums im Reich der Mitte, die großen Investitionsprojekte mit Partnerkonzernen, der Bauboom und die Schaffung riesiger Armeen von chinesischen Wanderarbeitern, die in den großen Städten eine Fabrik nach der anderen bevölkern und China zur Werkbank der Welt machen. Das Pro-Kopf-Einkommen sollte sich in den nächsten 30 Jahren vervielfachen, 700 Millionen Chinesen der absoluten Armut entkommen, die chinesischen Unternehmen zu ernsten Konkurrenten auf dem Weltmarkt werden. Die kleinen Freiheiten der Chinesen wachsen mit Geschwindigkeit, die große Freiheit aber bleibt ihnen versagt, wie die spätere Entwicklung zeigt.

1979 aber ist auf jeden Fall die Geburtsstunde eines neuen »neuen China« – und gerade deshalb auch der Beginn des Untergangs des alten Maoismus im Westen. Innerhalb der nächsten fünf Jahre lösen sich fast alle maoistischen K-Gruppen in ganz Europa auf, gehen in den neuen grünen Parteien oder in der sozialistischen Linken auf oder zerstreuen sich schlicht in alle Winde. Die Sinologen an den Unis beschäftigen sich wieder mit Wissenschaft, der Kulturbetrieb verschweigt schamhaft seine Ausflüge in den maoistischen Irrsinn. In den westlichen Verlagen erscheinen Abrechnungen mit der Kulturrevolution, deren Autoren zugleich mit ihrer eigenen maoistischen Lebensphase brechen. Wer früher Han Suyins Hagiografien verschlang, liest nun das Buch der maoistischen Renegaten Claudie und Jacques Broyelle – das Dokument einer einzigen Enttäuschung.[66]

Die maoistische Szene Westeuropas verflüchtigt sich in kurzer Zeit wie ein Spuk. Aber ihre Mythen leben trotzdem weiter: die Geschichten über den »Langen Marsch«, die »neuen Menschen« im »neuen China«, den »großen Sprung nach vorn«, den »Steuermann« Mao. Sie verbinden sich bruchlos mit dem neuen Narrativ der Verwestlichung (»Karl Marx und Coca-Cola«), der »mutigen Öffnung nach außen«, der »pragmatischen« Kommunisten, der »Reformpolitik ohne Scheuklappen«. Was nicht zum neuen China-Bild passt, beispielsweise der brutale Überfall chinesischer Truppen auf Vietnam im Januar 1979, blendet man einfach aus. Die nachmaoistische Führung der KP Chinas bedient die neue Storyline genauso geschickt wie vorher die alte, das Land verliert nichts von seiner Anziehungskraft.

Auch Gerhard Flatow beschwört in einem Brief an die linksradikale Zeitschrift *Arbeiterkampf* noch einmal seine »kritische Sympathie« für die Volksrepublik China und weist die Behauptung zurück, er folge nur aus kommerziellen Motiven dem jeweils neuesten Linienschwenk in Beijing.[67] Was unter dieser »kritischen Sympathie« zu verstehen ist, bleibt jedoch unklar. Auch ihn quälen bei manchen Parolen Deng Xiaopings (»Egal ob die Katze schwarz oder weiß ist, Hauptsache sie fängt Mäuse«) ideologische Bauchschmerzen. Er merkt, dass es um eine grundsätzliche Wende in der chinesischen Politik geht. Aber trotzdem bleibt er im Grunde loyal zu dem Land, das zu seiner sentimentalen Heimat geworden ist und dessen Propagierung zu seiner Lebensaufgabe. Er will abwarten, wie es weitergeht, und empfiehlt seinen Genossen, es genauso zu halten.

Es sind gleiche mehrere äußere Anlässe, die Flatow 1979 zunächst einmal eher in Chinas Vergangenheit zurückführen. Ein sehr langes, später jedoch niemals veröffentlichtes Interview mit seinem alten Weggefährten Fritz van Briessen, einem früheren deutschen China-Korrespondenten und Diplomaten, bringt die Erinnerung an das Shanghai und Chongqing der frühen Jahre zurück.

Am 10. Juli 1979 trifft Flatow in Ratingen den jungen Harvard-Historiker William C. Kirby, der sich für seine Erinnerungen an die Far Eastern Branch des Otto-Wolff-Konzerns in den dreißiger Jahren interessiert. Gleichzeitig sieht Flatow in diesen Monaten auch das Buchmanuskript seines alten Freundes Otto Hamburger durch, der in seinem kleinen Privatdruck *Hai Tung* die Geschichte seines Unternehmens in Shanghai zwischen 1945 und 1950 und danach in London dokumentiert.

Und schließlich trifft er am 14. November auf einer Düsseldorfer Veranstaltung mit Rudi Dutschke und dem DDR-Dissidenten Rudolf Bahro sogar einen Mann aus seinen fernen roten Studententagen 1932 in Frankfurt wieder: den inzwischen weltberühmten Sinologen Karl August Wittfogel, der seit seiner Emigration in die USA mit seiner Theorie von der »asiatischen Despotie« zum scharfen Kritiker Chinas geworden ist.

Es ist fast so, als schlösse sich durch diese Kette von Begegnungen für Flatow ein Kreis. Sie bestärken ihn in seinem alten Plan, seine persönlichen Erinnerungen an die Zeit in China aufzuschreiben. Einige Schreibmaschinenseiten gibt es schon, angefertigt als Gedächtnisstütze für sein Gespräch mit Fritz van Briessen, in verschiedenen Fassungen und Vollständigkeitsgraden auch von Pan Xiaoming abgetippt und an einige wenige enge Freunde verteilt. Unsystematisch und undatiert, voller sachlicher Fehler, Auslassungen und Erinnerungslücken – aber trotzdem ein Schatz an Anekdoten und Bemerkungen über China, ohne die dieses Buch wahrscheinlich niemals entstanden wäre.

Bevor sich Flatow jedoch richtig an die Arbeit macht, soll es endlich noch einmal für mehrere Wochen nach China gehen. Vielleicht ein letztes Mal. Um zu schauen, was dort wirklich passiert. Um ganz alte chinesische Freunde wiederzutreffen und die Geschwister seiner Frau zu besuchen, was nach dem Beginn der Öffnungspolitik wieder ohne Probleme möglich scheint. Und um danach zu entscheiden, wie er sich künftig am besten für die Volkrepublik einsetzen kann.

Vor dem Jahreswechsel 1979/80 verfasst Flatow noch einen Leserbrief für die *Beijing Review*, der in der Ausgabe vom 28. Januar 1980 erscheint, und verteidigt darin den höchst fragwürdigen chinesischen Umgang mit Menschenrechten.[68] Eine Art von Eintrittskarte für die Gespräche mit offiziellen Repräsentanten des Regimes, die sich der Deutsche erhofft. Dann packt der 69-jährige mit seiner Frau die Koffer im heimischen Ratingen und fliegt nach Hongkong. Ein Passfoto, offenbar für die Reise angefertigt, zeigt einen Mann mit kurzen grauen Seitenhaaren und Glatze, einer dicken Hornbrille und starrem Blick in die Kamera. Die dunklen Pupillen blitzen entschlossen, eher abweisend und gar nicht altersmilde.

Doch die Reise endet schon in der Kronkolonie. Gerhard Flatow stirbt am 31. März 1980 völlig überraschend an einem Herzschlag. Pan Xiaoming begräbt seine Asche in Hongkong.

Von seinem Tod nimmt außerhalb seiner Familie so gut wie niemand Notiz. Die letzten maoistischen Genossen – zwei Handvoll von jugendlichen Mitkämpfern in Ratingen – erfahren erst Monate später von seinem Ableben und veröffentlichen am 7. August 1980 einen knappen Nachruf. Keine Tageszeitung erinnert an Gerhard Flatow – nicht in Deutschland und schon gar nicht in China. Durch die zehn Jahre in der sektiererischen K-Gruppen-Szene hat sich Flatow von den bürgerlichen China-Freunden in der Bundesrepublik nach und nach isoliert. Gleichzeitig hat er sich von den neuen Drehscheiben der politischen Macht in der Volksrepublik weit entfernt. Die Zeit ist am Ende über einen Mann hinweggegangen, dessen ganzes erwachsenes Leben mit China verbunden war.

Flatow war nach seiner Ankunft in China zunächst nur einer von vielen deutschen Geschäftsleuten. Zwischen 1940 und 1950 verwandelte sich der Kaufmann Schritt für Schritt in eine Ausnahmefigur an der Schnittstelle zwischen großem Geschäft, chinesischer Politik und Geheimdiensten. Am Ende seiner fünfjährigen Haft verließ Flatow die Volksrepublik als überzeugter Anhänger Maos. Seine große Zeit kam 1957 und endete 1964. In diesen acht Jahren verschafften ihm seine Stellung als Leiter des Ostasien-Büros des bedeutendsten deutschen Konzerns im China-Geschäft, als persönlicher Vertrauter des zentralen politischen Strippenziehers der deutschen Industrie, Otto Wolff von Amerongen, als Führungskraft der ersten prochinesischen Lobbyorganisation in der Bundesrepublik und als enger Weggefährte der KP Chinas mit zahlreichen direkten Kontakten nach Beijing einen einmaligen Einfluss. Damals war Flatow der wichtigste Einflussagent der Chinesen in Westdeutschland – und weil die Bundesrepublik für Beijing das Schlüsselland für die wirtschaftliche und politische Eroberung Westeuropas war, eben auch eine ihrer wichtigsten Schachfiguren auf europäischer Bühne.

Die KP Chinas zeigte sich in ihrer ganzen Geschichte überaus geschickt darin, bloße Weggefährten in gelenkte Einflussagenten zu verwandeln. Gerhard Flatow war nach allen vorliegenden Informationen kein Spion, der Geheimakten nachjagte, aber erfüllte die herkömmliche Definition des Einflussagenten: eine herausgehobene gesellschaftliche Stellung in jeder nur erdenklichen Weise zu nutzen, um die Interessen eines anderen Staats – in diesem Fall Chinas – zu befördern. Bei den besonders nützlichen Einflussagenten verbinden sich nach der Definition des renommierten Sicherheitsexperten Angelo Codevilla eigene Interessen aufs Engste mit denen einer fremden Macht. Menschen dieses Schlags ließen sich niemals völlig steuern, sondern verfolgten ihre eigenen Motive und Präferenzen. Gerade das mache sie aber besonders wertvoll. All dies trifft auf Gerhard Flatow zu.

In seiner Hochzeit Ende der fünfziger und Anfang der sechziger Jahre stellten beide Seiten die Weichen für die rapide Entwicklung der deutsch-chinesischen Wirtschaftsbeziehungen, die schließlich in einer weltweit einmaligen Partnerschaft der Industrien mündeten und das Reich der Mitte heute zum wichtigsten deutschen Investitionsstandort im Ausland machen. Ohne Männer wie Flatow, die in dieser Phase die politischen Widerstände in der Bundesrepublik überwanden und das Narrativ vom »neuen China« gegen das alte antikommunistische Feindbild »Rotchina« durchsetzen konnten, wäre diese schnelle Entwicklung nicht möglich gewesen.

Mit seiner Entlassung durch Otto Wolff von Amerongen und seiner Enttarnung durch die britische Kolonialmacht in Hongkong verlor Flatow seine alte Rolle. Doch die aufziehende Kulturrevolution verschaffte ihm ab 1965 eine zweite Chance, sich für die KP Chinas nützlich zu machen. Die Chinesen erklärten den Export des Mao-Kults in alle Welt und die Schaffung von neuen kommunistischen Parteien damals zur Hauptaufgabe ihrer Außenpolitik und überfluteten Westeuropa mit Mao-Bibeln und anderem Propagandamaterial. Flatow schaltete sich nach seiner Übersiedlung nach Luxemburg als einziger Deutscher in das entstehende europäische Netzwerk der neuen maoistischen Gruppen ein, konnte sich dort jedoch am Ende nicht als wichtiger Vertrauensmann der Chinesen etablieren.

Als Gründungsmitglied der maoistischen KPD/ML in der Bundesrepublik begann der Marsch in die Bedeutungslosigkeit. Flatow blieb zwar in den »roten Jahren« (so der Historiker Gerd Koenen) der bestvernetzte Mann in der deutschen China-Szene, aber er konnte diese Rolle niemals mit seiner »Parteiarbeit« in den sektiererischen, sich ständig spaltenden und gegenseitig bis aufs Messer bekämpfenden K-Gruppen verbinden. Für die KP Chinas wurden die maoistischen Anhänger in Deutschland nach der Aufnahme der diplomatischen Beziehungen 1972 und vor allem nach dem Tod Maos 1976 und dem endgültigen Abschied von der Kulturrevolution immer unwichtiger.

Die neuen Einflussagenten, die an die Stelle der Maoisten traten, unterscheiden sich stark von Männern wie Flatow. Sie prägt ein anderer

Hintergrund, ein anderer Habitus, eine andere Rolle, eine ganz andere Geschichte. Den Typus »Old China Hand« gibt es kaum noch, Maoisten gleich gar nicht. Aber eines bleibt bis heute gleich: Nur wer alle Windungen und Wendungen der chinesischen Politik klaglos nachvollzieht und sich niemals kritisch äußert, immer Entschuldigungen findet für den Horror ihrer Herrschaft, qualifiziert sich als »alter Freund« und kann auf Belohnung hoffen.

EPILOG

Das heutige Netzwerk der KP Chinas in Deutschland

Wie kann man schnellstens fünf Millionen Schutzmasken aus China beschaffen? Auf dem Höhepunkt der Corona-Epidemie ging im April 2019 im kleinen Saarland die große Verzweiflung um. Eine Maskenpflicht war bereits verkündet, jeder Saarländer sollte kostenlos fünf Exemplare des Mund-und-Nase-Schutzes erhalten, aber sie waren weltweit ausverkauft und nirgends zu bekommen. Für Abhilfe sorgte ein Mann, der in Deutschland damals bereits vom Radarschirm verschwunden war, in der Volksrepublik China aber bis heute Geschäfte macht und als wichtiger Mann gilt: Rudolf Scharping. Der ehemalige SPD-Vorsitzende und Bundesverteidigungsminister nutzte seine »guten Drähte«, wie die Saarlandwelle damals stolz meldete, und die Aktion Maskenschutz rollte erfolgreich an.

Scharping gilt in China schon seit geraumer Zeit als »Lao Pengyou« – als alter Freund. Die Chinesen verschafften seiner Beratungsfirma RSBK Geschäfte, Scharping verschaffte ihnen im Gegenzug politischen Einfluss. Zum Beispiel, wenn es um das Lieblingsprojekt des chinesischen Staats- und Parteichefs Xi Jinping geht: die Milliarden-Initiative zum Bau einer »neuen Seidenstraße« zwischen China und Westeuropa. Im Oktober 2019 versammelten sich auf Einladung Scharpings im Frankfurter Hotel Marriott gleich drei prominente SPD-Politiker, um mit einer extra angereisten Delegation chinesischer Provinz-Funktionäre entsprechende Pläne zu debattieren: Staatsminister Nils Annen aus dem Auswärtigen Amt, Finanzstaatssekretär Jörg Kukies und der politische Tausendsassa Sigmar Gabriel, früher Außenminister und ebenfalls SPD-Chef. Nicht erwünscht waren in Frankfurt dagegen die deutschen Medien. Man wollte unter sich bleiben, nichts sollte nach außen dringen.

Scharping preist die Politik der Führung in Beijing lieber auf SPD-Veranstaltungen oder in Interviews mit chinesischen Staatsmedien. Die

Initiative für die »neue Seidenstraße« sei eine »große Chance« für deutsche Unternehmen, unsere Wirtschaft solle doch bitte »in Afrika und weltweit mit China kooperieren«, das Reich der Mitte sei »keine Bedrohung« für den Westen und es gebe auch keine Hinweise, dass China deutsche Investoren »auslutsche«.

Selbst der Bundesverband der Deutschen Industrie (BDI) sieht das seit einiger Zeit etwas differenzierter. Der China-Lobbyist Scharping dagegen bereist das Land unermüdlich, macht dort gute Geschäfte und vermittelt vor allem Kooperationen mit deutschen Partnern. Deren politischer Vorteil für die chinesische Seite erschließt sich oft erst bei genauerem Hinsehen. So engagiert sich Scharping beispielsweise seit Jahren für eine enge Partnerschaft zwischen der Stadt Xuchang (über vier Millionen Einwohner) und dem Lahn-Dill-Kreis (gerade einmal 253 000). Insgesamt 16 Mal ließ sich der umtriebige Senior allein in der Stadt in Zentralchina blicken. In Mittelhessen liefen offizielle Vertreter Chinas umgekehrt ähnlich häufig auf. Für sie bot eine Kooperation lange Zeit einen besonderen politischen Leckerbissen: Den Wahlkreis Lahn-Dill vertritt die SPD-Abgeordnete Dagmar Schmidt im Bundestag, die bis zur Bundestagswahl 2021 als Vorsitzende der wichtigen Deutsch-Chinesischen Parlamentariergruppe amtierte.

Die chinesische Partei- und Regierungsführung arbeitet in Deutschland immer noch wie zur Zeit Gerhard Flatows am systematischen Ausbau ihres politischen Einflusses – sogar mit noch höherem Einsatz von Propagandamitteln und noch mehr Geld als früher. Seit sich der Konflikt mit den USA gefährlich verstärkt, gilt Deutschland als Schlüsselland, um die Europäer auf die Seite Chinas zu ziehen. »Die chinesische Führung mobilisiert ihr gesamtes Netzwerk in Deutschland in einem Maße, wie wir es in der Vergangenheit noch niemals gesehen haben«, hört man immer wieder besorgt aus Berliner Sicherheitskreisen.

120 chinesische Diplomaten arbeiten in Deutschland (Stand 2020), so viele wie aus keinem anderen Staat. Zum Vergleich: Für Japan sind in Deutschland gerade einmal 35 auf Posten. Hinzu kommen Hunderte von Vertretern offizieller China-Verbindungsbüros. Chinesische Provinzen pflegen die organisierte Zusammenarbeit mit deutschen Bundesländern, chinesische Städte mit deutschen Kommunen, chinesische Kulturämter mit deutschen Museen und Theatern. Der große Unterschied dabei: Die deutschen Partner arbeiten autonom, die chinesischen Part-

ner folgen den zentralen Weisungen ihrer Regierung und einem großen politischen Plan. Ein echter Dialog auf Augenhöhe ist deshalb unmöglich, die Vorstellung eines Wandels durch Annäherung naiv.

Die Botschaft überwacht zugleich ihre 150000 eigenen Staatsbürger in Deutschland, organisiert sie in verschiedensten Vereinen (»Junge Chinesische Unternehmer«, »Chinesische Studentenvereinigung«) und hält sie zu »patriotischem Auftreten« an. Die weltweit tätige Organisation »Reporter ohne Grenzen« meldete, Beijing bilde Tausende seiner Auslandsstudenten aus, in ihren Gastländern chinesische Propaganda zu verbreiten. Wer sich ausdrücklich verweigert, wird bedroht.

Viele Diplomaten beschäftigten sich weiterhin mit dem, was seit Maos Zeiten unter den Begriffen »Volksdiplomatie« und »Einheitsfrontarbeit« läuft. Um die Botschaft am Märkischen Ufer in Berlin gruppieren sich in konzentrischen Kreisen staatliche Propagandabüros, offene und verdeckte Pro-Beijing-Organisationen und die Vereinigungen »alter China-Freunde«. Mit den klassischen Mitteln wie häufigen Reiseeinladungen nach China, aber auch modernster Kampagnentechnik in den sozialen Medien bemüht sich die Führung in Beijing um die Verbreitung ihrer Weltsicht in allen Bereichen unserer Gesellschaft.

Als 2018 in Hongkong Proteste gegen die Abschaffung von demokratischen Rechten aufflammten, explodierte die Zahl von Twitter-Konten, die chinesische Propaganda verbreiteten. Twitter entdeckte und sperrte bis August 2019 allein 900 solcher Accounts. Insgesamt handele es sich um mehre Netzwerke mit insgesamt 200000 Konten, hieß es. Und dieses Muster wiederholte sich in der Corona-Krise: Als erste Hilfslieferungen aus China im seuchengeplagten Norditalien und später in Deutschland ankamen, erschienen kurz darauf auf Twitter die immer gleichen Texte (»Danke China«). Experten fanden heraus, dass gut die Hälfte dieser Tweets von künstlichen Bots stammen. Den eigenen Bürgern verbietet das Land den Zugriff auf Facebook und Twitter.

Offiziell bietet die Volksrepublik China in Deutschland acht deutschsprachige Websites an. Vier Generalkonsulate, ein Büro der staatlichen Nachrichtenagentur Xinhua und ein Kulturzentrum bringen die Sichtweise der KP Chinas unters Volk. Sie finanziert 19 sogenannte Konfuzius-Institute, die offiziell für die Förderung der chinesischen Sprache und Kultur zuständig sind, aber auch die Lehrpläne deutscher Hochschulen im Sinne Beijings beeinflussen. Immer noch existieren 14 Ortsvereine und Nachfolgegruppen der Gesellschaft für Deutsch-Chinesische Freundschaft (GDCF), die einst von maoistischen K-Gruppen zur Propaganda für das »sozialistische China« gegründet worden waren und wo Flatow und Pan Xiaoming Mitglieder waren. Die *Beijing Rundschau*, die ich in den siebziger Jahren unter dem Titel *Peking Rundschau* als junger Maoist selbst per Luftpost abonniert hatte, erscheint jetzt zeitgemäß als Online-Angebot.

Selbst eine winzige »Bruderpartei« pflegen die Chinesen immer noch in Deutschland wie einst die KPD/ML Gerhard Flatows. Die 1968 als inoffizielle Nachfolgerin der verbotenen Moskau-KPD gegründete Deutsche Kommunistische Partei (DKP) lag einst streng auf sowjetischem Kurs und wurde bis zur Wende 1989 mit Millionen Mark aus der DDR finanziert und gesteuert. Bis zum Untergang der DDR polemisierte sie unermüdlich gegen China, jetzt bezeichnen diese deutschen Kommunisten die KP Chinas als »befreundete Partei im Sinne des proletarischen Internationalismus«.

Die DKP verfügt nach Angaben des Verfassungsschutzes nur noch über 2800 Mitglieder und brachte es bei der Bundestagswahl 2017 nicht einmal auf 0,1 Prozent der Stimmen. Trotzdem halten die Chinesen sie für nützlich genug, um ihrem Vorsitzenden einen großen Bahnhof in Beijing zu bereiten. 2019 durfte die DKP einen Aufruf von 230 anderen prochinesischen Kräften aus aller Welt unterschreiben, der die KP Chinas mit höchstem Lob für ihre Rolle bei der Bekämpfung der Corona-Pandemie überschüttete. Und dabei selbstredend kein Wort verlor über die verheerenden wirtschaftlichen Folgen der »Null-Covid-Politik« Xi Jinpings und die brutalen Polizeistaatsmethoden, mit denen sie gegen die Bevölkerung durchgesetzt wurde. An der Seite der DKP findet sich auch der letzte DDR-Staatsratsvorsitzende Egon Krenz, der auf Kosten der Chinesen auf Tour durchs Land geht.

Wie beim Aufbau von Flatows Deutscher China-Gesellschaft (DCG), in der sich zahlreiche ehemalige prominente Nazis tummelten, sind die Chinesen auch heute bei der Auswahl ihrer Weggefährten nicht wählerisch. Es reicht, an einigen wichtigen Punkten die Positionen der Chinesen zu vertreten – und sich vor allem jeglicher Kritik in heiklen Fragen zu enthalten. Von ganz links bis zur extremen Rechten spannt sich das Netz von »China-Freunden« deshalb auch heute. Einige Politiker der

AfD setzen sich ganz besonders für das Regime in Beijing ein – und erhalten dafür umgekehrt viel Zuspruch aus China.[1]

Warum sammelt die große Volksrepublik, heute der wichtigste Handelspartner Deutschlands nach den USA und eine geopolitische Supermacht erster Güte, immer noch Sympathisantengruppen aller Art ein wie in den Zeiten ihrer größten Isolierung, als sie mit Männern wie Flatow mühsam um Einfluss ringen musste? Weil die KP Chinas über all die Jahrzehnte hinweg die Erfahrung gemacht hat, dass sich kleine Anhängerscharen in unterschiedlichen gesellschaftlichen Bereichen am Ende zu einem großen politischen Gewicht addieren. Vor allem dann, wenn es keine organisierte Gegenkraft gegen die chinesische Propaganda gibt. Und die existierte über die letzten vier Jahrzehnte hinweg kaum in Deutschland, weil die Faszination des chinesischen Wirtschaftserfolgs die totalitäre Politik des Landes überschattete. Eine ideologische und politische Auseinandersetzung fand nicht statt.

In den fünfziger und sechziger Jahren, der Zeit des Kalten Krieges, bewegten sich die »China-Freunde« am Rand der großen Politik. Heute agieren sie im Zentrum. Als positive Vorbilder gelten in Beijing der frühere Bundeskanzler Helmut Schmidt, der direkt nach dem Tiananmen-Massaker 1989 als erster westlicher Politiker zu einem Tête-à-Tête mit dem damaligen Staatsführer Deng Xiaoping reiste. Oder der frühere bayerische Ministerpräsident Franz Josef Strauß, der die Politik Chinas in Tibet lobte und den dort hoch verehrten Dalai Lama als Symbol einer »reaktionären Mönchsherrschaft« verdammte. Auch Ex-Kanzler Gerhard Schröder, lange Zeit Wladimir Putins wichtigster Gefolgsmann in der Bundesrepublik, legte sich wiederholt für China ins Zeug. Er habe »keinerlei Informationen« über die Straflager für Zehntausende von Uiguren in der Provinz Xinjiang und halte die chinesische Führung für »sehr verantwortungsbewusst«.[2]

Am stärksten und erfolgreichsten aber bemüht sich China um Einfluss in der deutschen Wirtschaft. Die chinesische Propaganda bearbeitet sie mit regelmäßigen bezahlten Sonderbeilagen in den wirtschaftsnahen Printmedien, mit zahlreichen Gastkommentaren des jeweiligen Botschafters und mit Schreiben an die Verbände, die aus Sicht Beijings der Belehrung bedürfen. Der frühere Botschafter Shi Mingde bemühte sich um die Spenden deutscher Unternehmen für den Aufbau eines »Informationsportals«, das ein »besseres China-Bild vermitteln« sollte.

Hinter den Kulissen setzt die chinesische Botschaft gleichzeitig Unternehmen unter Druck, die sich kritisch oder auch nur neutral über die Volksrepublik äußern.

Die Chinesische Handelskammer in Deutschland sucht emsig den Kontakt zu deutschen Konzernen, um sie vor allem für Xi Jinpings Projekt einer »neuen Seidenstraße« einzuspannen. »Viele Wirtschaftstreibende im Westen dienen mittlerweile als Sprachrohre Beijings und leiten die Botschaften der KP Chinas an ihre Regierungen und die heimische Öffentlichkeit weiter. Sie raten davon ab, die ›Beziehungen zu China zu beschädigen‹, und warnen davor, dass Äußerungen, die dem Regime in Beijing missfallen, Vergeltungsmaßnahmen auslösen können«, schreiben die China-Wissenschaftlerin Mareike Ohlberg und ihr Ko-Autor Clive Hamilton in ihrem 2020 erschienen Buch *Die lautlose Eroberung*.[3]

So wie in den fünfziger und sechziger Jahren arbeiten die Chinesen auch heute mit Zuckerbrot und Peitsche, um die deutsche Wirtschaft auf ihrer Linie zu halten. Nur eines hat sich geändert: Waren Bestrafungsaktionen zu den Zeiten Flatows noch eine eher seltene und fast immer lautlose Angelegenheit, so droht die Volksrepublik heute immer offener und mit großem Getöse. Selbst die kleinsten Abweichungen vom chinesischen Wunschkurs können zu großen Schäden in deutschen Unternehmen führen. Diese Erfahrungen mussten zum Beispiel Daimler und Adidas machen, die in den vergangenen Jahren bei gesteuerten Social-Media-Kampagnen in China zur Zielscheibe von Boykottaktionen wurden. Ihre Umsätze brachen massiv ein.

Die deutschen Autokonzerne und der Chemieriese BASF gehören zu den größten internationalen Investoren in China. Sie spielen heute eine ähnliche Rolle wie der Otto-Wolff-Konzern in den fünfziger Jahren und erwirtschaften fast die Hälfte ihrer Gewinne in dem Riesenreich. Die chinesische Führung erwartet von ihnen im Gegenzug politisches Wohlverhalten und kann sich damit in der Regel auch durchsetzen. Zugleich bestimmen diese Firmen durch ihre systematische Lobbyarbeit in Berlin und ihr öffentliches Auftreten in sehr hohem Maße das China-Bild in der gesamten deutschen Wirtschaft.

So gehört der BASF-Chef Martin Brudermüller zu den vehementesten Apologeten Xi Jinpings und tritt mit zahlreichen Interviews immer wieder für ein verstärktes Engagement der deutschen Wirtschaft in

China ein. Das Regime bedankt sich dafür mit einer Sonderbehandlung für die BASF und auch für Brudermüller persönlich – ähnlich, wie sie einst Gerhard Flatows Chef Otto Wolff von Amerongen und sein Konzern genießen durften.

Die Methoden der chinesischen Kommunisten sind sich über viele Jahrzehnte erstaunlich ähnlich geblieben. Wiederholt sich die damalige Geschichte? Gibt es vielleicht heute in den inneren Korridoren eines deutschen Konzerns sogar einen zweiten Gerhard Flatow? Wahrscheinlich nicht. Und wenn doch, dann wäre es eine andere Geschichte.

LEBENSLAUF GERHARD FLATOW

1. Dezember 1910	Berlin	Geburt von Gerhard Ludwig Flatow
Mai 1929–April 1932	Hamburg München Berlin Frankfurt	Jura-Studium ohne Abschluss
Frühjahr 1933	Positano	Flucht aus Deutschland zu seiner Familie nach Italien
Sommer 1934	Shanghai	Übersiedelung nach China und Aufnahme der Tätigkeit für den Otto-Wolff-Konzern
März 1937	Shanghai	Ankunft seines Bruders Dieter in China
1938	Hongkong	Übersiedlung nach Hongkong und Wiederbegegnung mit seiner späteren Ehefrau Wu Mei
1. Juni 1939	Hongkong	Heirat mit Wu Mei
September 1939	Chongqing	Nach Ausbruch des Zweiten Weltkriegs Flucht aus Hongkong nach Chongqing
Februar 1940	Chongqing	Übernahme der Geschäftsführung für den Otto-Wolff-Konzern in China
November 1941	Shanghai	Arbeit für den Geheimdienst der nationalistischen Kuomintang

Mai 1943	Shanghai	Geburt seines einzigen Sohns Michael
Sommer 1945	Shanghai	Eintritt in die private Handelsfirma Fu Sze Company seiner Frau Wu Mei und seines Bruders Dieter
November 1945	Shanghai	Beendigung der Geheimdienstarbeit für die Kuomintang
1946	Murnau Köln	Erste Reise zurück nach Deutschland zum Besuch seiner Mutter und zur Kontaktaufnahme mit dem neuen Konzernchef Otto Wolff von Amerongen
Herbst 1948	Shanghai	Trennung von seiner Frau Wu Mei
Herbst 1949	Shanghai	Erste Geschäfte mit staatlichen Handelsorganisationen nach der Machtübernahme der Kommunisten
Oktober 1949	Tianjin	Übersiedlung nach Tianjin und Kontakt zum britischen Geheimdienst
11. Oktober 1951	Tianjin	Verhaftung und Verhör durch die chinesischen Kommunisten und anschließendes Straflager
November 1954	Shanghai	Flatows geschiedene Frau Wu Mei und sein Bruder Dieter verlassen China
September 1956	Tianjin	Freilassung ohne Gerichtsurteil
13. November 1956	Tianjin	Heirat mit 2. Ehefrau »Mary« Shen Ping und Rückkehr nach Deutschland
7. September 1957	Hamburg	Mitbegründer der Deutschen China-Gesellschaft
August 1958	Beijing	Erste China-Reise nach seiner Freilassung aus dem Straflager

Januar 1959	Köln	Direktor des neu gegründeten China-Büros des Otto-Wolff-Konzerns
1960–1962	Beijing Hongkong Tokio Manila	Rege Geschäftsreisen durch ganz Asien
1962		Scheidung von seiner Frau »Mary« Shen Ping
2. April 1963	Köln	Heirat mit 3. Ehefrau Pan Xiaoming
Oktober 1964	Hongkong	Verweigerung einer Aufenthaltsgenehmigung durch die britischen Kolonialbehörden wegen »Sicherheitsrisiko« und Verdacht der Geheimdienstarbeit für China
1965	Köln	Beendigung der Tätigkeit für den Otto-Wolff-Konzern
1966–1967	Luxemburg	China-Geschäfte für den Rohstoffhändler Société des Minerais
Februar 1968	Düsseldorf	Gründung einer privaten China-Handelsgesellschaft mit zwei deutschen Partnern
31. Dezember 1968	Hamburg	Mitbegründer der maoistischen KPD/ML
1969–1979	Ratingen	Rege Tätigkeit für maoistische Gruppen und prochinesische Organisationen
31. März 1980	Hongkong	Plötzlicher Tod auf dem Weg in die Volksrepublik China

ZEITTAFEL: FLATOWS CHINA

1934	Japaner setzen den gestürzten chinesischen Kaiser Pu Yi auf den Thron ihres Marionettenstaats Mandschukuo in Nordchina
1934–35	Langer Marsch Maos nach Nordchina auf der Flucht vor der Nationalarmee Chiang Kai-sheks
1937	Angriff der Japaner auf der Marco-Polo-Brücke in der Nähe Beijings löst chinesisch-japanischen Krieg aus
9. November 1937	Japaner nehmen Shanghai ein, halten sich jedoch an die Exterritorialität der ausländischen Konzessionen
13. Dezember 1937	Beginn des japanischen Massakers von Nanjing
1938	Chinas Regierung zieht sich nach Chongqing zurück
12. August 1938	Bündnis zwischen chinesischen Nationalisten und Kommunisten gegen die Japaner
Dezember 1938	Zhou Enlai trifft in Chongqing ein als Vertreter der KP Chinas und bildet Einheitsfront mit den Nationalisten
7. Dezember 1941	Angriff der Japaner auf US-Flotte in Pearl Harbour
Dezember 1941	Japaner internieren Amerikaner und Briten in Shanghai
1943	Zhou Enlai verlässt Chongqing, Bündnis mit den Nationalisten zerbricht

8. Mai 1945	Kriegsende in Europa: Deutsche in China werden danach interniert und repatriiert
2. September 1945	Kapitulation Japans
27. Mai 1949	Kommunisten ziehen nach Sieg über Chiang Kai-shek unter Führung Maos in Shanghai ein
1. Oktober 1949	Mao ruft nach der Flucht der Kuomintang-Armeen auf die Insel Taiwan in Beijing die Volksrepublik China aus
25. Juni 1950	Beginn des Koreakriegs
Oktober 1950	Chinesische Truppen greifen als »Freiwillige« in den Koreakrieg ein
27. Juli 1953	Waffenstillstand in Korea am 38. Breitengrad
1958	Mao ruft zum »Großen Sprung nach vorn« in der Industrie und Landwirtschaft auf
1959	Große Hungersnot in China
1960	Offenes Zerwürfnis zwischen China und der Sowjetunion
1962–63	Kampf »zweier Linien« zwischen Mao und seinem Widersacher Liu Shaoqi um richtigen Kurs der Wirtschaft und der Partei
Juni 1963	KP Chinas eröffnet mit der »Polemik über die Generallinie« Propagandaschlacht gegen die Sowjetunion
1966	Mao ruft Kulturrevolution aus und stürzt seine innerparteilichen Kritiker
28. Juli 1968	Mao empfängt die Führer der Roten Garden zum letzten Mal in Beijing
2. März 1969	Militärische Gefechte zwischen China und UdSSR am Grenzfluss Ussuri
11. Oktober 1972	Aufnahme diplomatischer Beziehungen mit der Bundesrepublik
1973–74	Pragmatiker um Deng Xiaoping kehren mit Hilfe von Ministerpräsident Zhou Enlai in ihre Ämter zurück

8. Januar 1976	Zhou Enlai stirbt
7. April 1976	Deng Xiaoping wird auf Druck der radikalen sogenannten Viererbande um Maos Ehefrau wieder aus allen Ämtern entlassen
9. September 1976	Mao stirbt
6. Oktober 1976	Verhaftung der »Viererbande«. Deng Xiaoping übernimmt die faktische Führung der Partei
1977	China verbreitet die »Theorie der drei Welten« und erklärt die Sowjetunion zum Hauptfeind
Dezember 1978	Deng setzt auf der 3. Plenartagung des ZK der KP Chinas umfassende Wirtschaftsreformen, Öffnung nach außen und Ein-Kind-Politik durch
Februar 1979	Angriff Chinas auf Vietnam
1980	Deng entmachtet die letzten Maoisten in der Partei und stellt die »Viererbande« vor Gericht

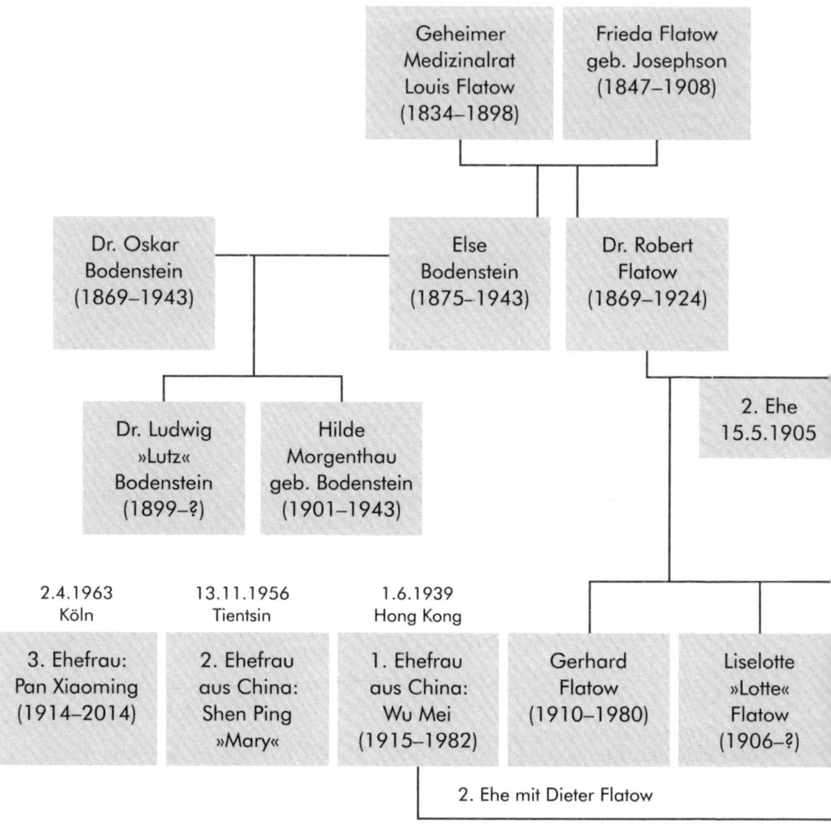
Geheimer Medizinalrat Louis Flatow (1834–1898)
Frieda Flatow geb. Josephson (1847–1908)
Dr. Oskar Bodenstein (1869–1943)
Else Bodenstein (1875–1943)
Dr. Robert Flatow (1869–1924)
2. Ehe 15.5.1905
Dr. Ludwig »Lutz« Bodenstein (1899–?)
Hilde Morgenthau geb. Bodenstein (1901–1943)
2.4.1963 Köln
13.11.1956 Tientsin
1.6.1939 Hong Kong
3. Ehefrau: Pan Xiaoming (1914–2014)
2. Ehefrau aus China: Shen Ping »Mary«
1. Ehefrau aus China: Wu Mei (1915–1982)
Gerhard Flatow (1910–1980)
Liselotte »Lotte« Flatow (1906–?)
2. Ehe mit Dieter Flatow

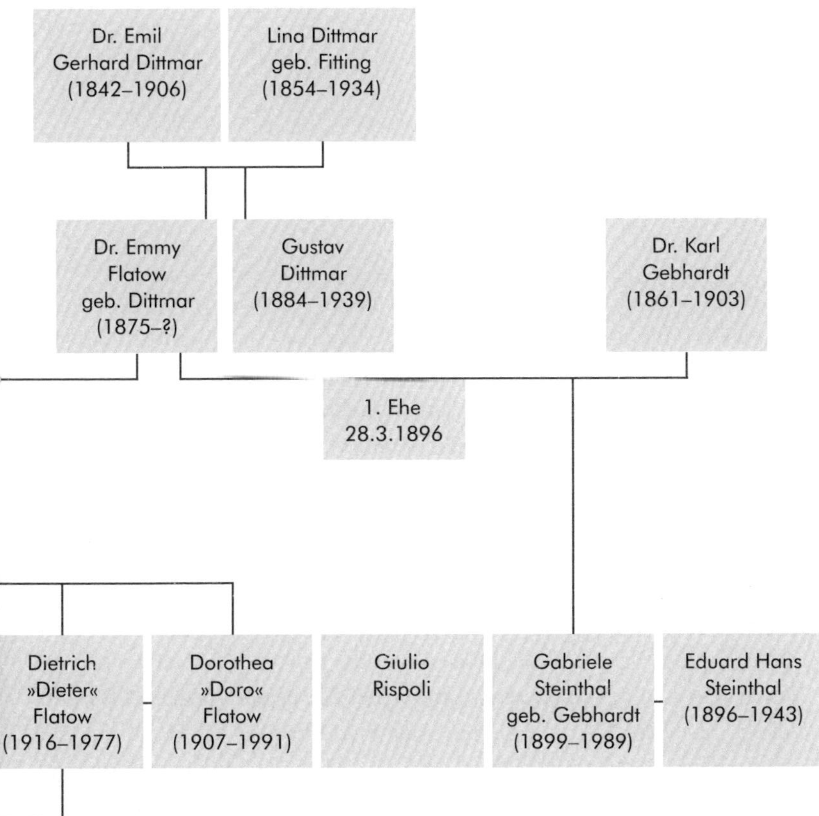
Dr. Emil Gerhard Dittmar (1842–1906)
Lina Dittmar geb. Fitting (1854–1934)
Dr. Emmy Flatow geb. Dittmar (1875–?)
Gustav Dittmar (1884–1939)
Dr. Karl Gebhardt (1861–1903)
1. Ehe 28.3.1896
Dietrich »Dieter« Flatow (1916–1977)
Dorothea »Doro« Flatow (1907–1991)
Giulio Rispoli
Gabriele Steinthal geb. Gebhardt (1899–1989)
Eduard Hans Steinthal (1896–1943)

DANK

Der Autor bedankt sich bei Michael Flatow für zahlreiche wertvolle Hinweise, interessante Fotos und vor allem die unveröffentlichten Memoiren seiner Mutter Wu Mei; bei Tianshu Xie für die Übersetzung der Memoiren von Wu Mei; bei Dr. Ursula Ballin für die unveröffentlichten Memoiren von Manfred Wilhelm – und bei seinem Sohn Andreas für mehrere wichtige Hinweise zur Biografie seines Vaters und ein wichtiges Foto aus der Zeit; bei S. E. für die in seinem Besitz befindlichen Fragmente der unveröffentlichten Lebenserinnerungen Gerhard Flatows; bei Helge Flatow-Kaminsky für zahlreiche Hinweise auf das Leben Pan Xiaomings; bei N. N. für die unermüdliche Hilfe bei den Recherchen über Flatows »maoistische Phase« und die packenden persönlichen Erinnerungen an ihn sowie seine zahlreichen Verbesserungsvorschläge für dieses Buch; bei Dietmar Kesten vom MAO-Projekt für Hunderte von Dokumenten, einen regen Austausch und seine persönlichen Erinnerungen an Gerhard Flatow; bei Erika Schaldach für ihre persönlichen Erinnerungen an die Gründung der ersten deutschen maoistischen Partei, der KPD/ML; bei Dr. Thomas Kampen für seine Hinweise auf Anna Wang; bei Dieter Klauth und Otmar Herzig für die wertvollen Angaben über den Lebenslauf Gerhard Flatows und ihre Eindrücke aus der gemeinsamen Zeit im KABD; bei Martin und Christoph Gurk für ihre Hilfe bei der Rekonstruktion der »Düsseldorfer Jahre« Gerhard Flatows; bei Dr. Helmut Müller-Enbergs für wertvolle Hintergrundinformationen; bei Jenny Fichman für ihre Unterstützung bei der Suche nach wichtigen Akten der Firma Otto Wolff im Archiv der Hoover Institution in Kalifornien; bei Renate Jährlich für den Zugang zum Studeo-Archiv und wertvolle Hinweise auf die China-Deutschen in Shanghai; bei Urban Markus für die Hinweise zum Leben von Karl Heinz Markus; bei Johannes Büttner für das Gespräch über Gerhard Flatow; bei Rolf Stolz für seine persönlichen Erinnerungen an Gerhard Flatow und seinen Briefwechsel mit ihm; bei Bettina Clever über ihre Informationen über Pan Xiaomings Briefwechsel mit dem Museum für Ostasiatische Kunst in Köln; bei Inge Jahnke über ihre persönlichen Erfahrungen in der maoistischen Szene Hamburgs. Bei Volker Scharnefsky von den Berlin-Sammlungen, bei Heidrun Fink vom Deutschen Literaturarchiv Marbach, bei Jan Baucke vom Archiv des Liberalismus, bei Peter Crämer vom Archiv der Konrad-Adenauer-Stiftung, bei Jürgen Schröder (†) vom MAO-Projekt, bei Klaus Jürgen Schmidt, bei Marina Cvelijo vom *Handelsblatt*, bei Christina Kunkel vom Archiv des Instituts für Zeitgeschichte, bei Peter Weispfennig von der MLPD, bei Prof. Dr. Jürgen Link von der Ruhr Universität Bochum, bei Mena-Keona S. Nokes-Drake von den National Archives in Washington, bei Martin Kroeger vom Politischen Archiv des Auswärtigen Amts, bei Wolfgang Rabus vom Archiv der Daimler AG, bei Irene Friedl von der Universitätsbibliothek der LMU München, bei Janine Aures von der Universitätsbibliothek der Goethe-Universität Frankfurt, bei Kerstin Hermann vom Stasi-Unterlagen-Archiv in Berlin, bei Dr. Michael Dietzsch von der Bitburger Holding, bei Dr. Eduard Koegel, bei Prof. William Kirby, bei Franziska Galek von der Akademie der Künste in Berlin, bei Lilli Pöttrich von der GDCF Düsseldorf.

Liu Zhengrong hat sich die Mühe gemacht, mein Buch auf sachliche Fehler gegenzulesen und darüber hinaus kritische Hinweise zum Inhalt zu geben, wofür ihm mein besonderer Dank gilt. Genauso wie für unseren nun schon seit fast 20 Jahren anhaltenden Dialog über China. Für eventuell trotzdem noch vorhandene Fehler trage ich jedoch allein die Verantwortung.

Um aus einem Manuskript ein Buch zu machen, braucht man professionelle Hilfe. Mein Dank gilt daher meiner Literaturagentin Bettina Querfurth, meinen Lektoren Waltraud Berz und Thorsten Schulte sowie dem gesamten Team des Campus Verlags.

Und last but not least danke ich ganz besonders meiner ganzen Familie, die sich über sechs Jahre lang meine Geschichten über Gerhard Flatow und seine Zeitgenossen mit großer Geduld angehört hat.

ANMERKUNGEN

1. Wie ein junger Kommunist aus sehr gutem Hause in China landet

1 Gisèle Freund, Fotografien zum 1. Mai 1932, Katalog der Ausstellung, Museum für Moderne Kunst, 1995
2 Gerhard Flatow, Lebenslauf (o. D.), im Besitz der MLPD
3 Studentenakte Gerhard Flatow, Universitätsarchiv Frankfurt am Main, UAF Abt. 604, Nr. 4617
4 Gerhard Flatow, Selbstzeugnisse (o. D.)
5 Gottfried Schwabe, Margarete – Auf der Suche nach meiner Mutter, 2004
6 Genealogie Online, My Heritage, eigene Recherchen
7 Der Arzt Dr. Otto Frankfurter widmet ihm 1903 dankbar eine buddhistische Statue, die sich heute im Besitz der Familie Dietzsch befindet
8 Dr. Joseph Chapiro, Brief an Gerhart Hauptmann vom 15.5.1927, Joseph Chapiro, Gerhart Hauptmann, Briefwechsel 1920–1936, Göttingen 2006
9 Caroline Thonger, The Banker's Daughter, 2007
10 Traueranzeige vom 18. Oktober 1924
11 Wu Mei, Erinnerungen an Dieter, unveröffentlichter Privatdruck auf Chinesisch, 1978
12 Schiffsregister Norddeutscher Lloyd
13 Tagesspiegel vom 21. Juli 2014 zum Jubiläum des Arndt-Gymnasiums
14 Dahlemer Blätter Nr. 10/11 vom Januar/Februar 1929
15 Studienbücher und Anmeldekarten der Studentenakte in Frankfurt, Universitätsarchiv Frankfurt am Main (siehe 3); Studentenverzeichnis LMU München Sommer-Halbjahr 1930; Wikipedia-Eintrag Hans Nawiasky; Uli Boldt, Leben und Werk von James Goldschmidt, Studienarbeit, 1991
16 Tobias Strautmann, 1931 – Debt, Crisis and the Rise of Hitler, 2019
17 Gerhard Flatow, a. a. O.
18 Studentenakte Gerhard Flatow, a. a. O.

19 Studentenakte Gerhard Flatow, a.a.O.; LAGIS Hessen; Genealogie Online
20 Toni Oelsner im Gespräch mit Mathias Grefrath, Die Zerstörung einer Zukunft, 1989
21 Emil Carlebach, Am Anfang stand ein Doppelmord, 1988
22 Studentenakte Gerhard Flatow, a.a.O.
23 Der Funke (linkssozialistische Zeitung) vom 26. Juni 1932
24 Joseph Dunner, Zu Protokoll gegeben, München 1971
25 Studentenakte Gerhard Flatow, a.a.O.
26 Rundschreiben des ZK des KJVD, zitiert nach: Nachrichtensammelstelle im Reichsministerium des Inneren vom 10. März 1932 (Bundesarchiv)
27 Thomas Kampen, From East to West and West to East: Chinese communists in Germany and German communists in China, Paper o.D.
28 »Die KPD und die chinesische Revolution«, www.karovier.wordpress.com
29 Eike Hennig, Hessen unterm Hakenkreuz, 1983
30 Aktennotiz des Polizeipräsidenten in Frankfurt, Wittfogel Papers, Hoover Institution Archives
31 Wu Mei, a.a.O.
32 Heide-Marie Wollmann, »Deutschsprachige Schriftsteller in Positano 1933–19452«, in: Exil N.2/1986
33 Stefan Andres, Positano – Geschichten aus einer Stadt am Meer, 1984
34 Brigitte Kralovitz-Meckauer, Summary of My Life, 2007
35 Dieter Richter in: In Fuga dalla storia, Katalog zur Ausstellung, 2005
36 Gespräch mit Michael Flatow, dem einzigen Sohn Gerhards, in Hamburg 2018
37 Otto Wolff an Paul Beeck am 6. Januar 1936, Aktenbestand der Firma Otto Wolff im RWWA-Archiv
38 New York Times vom 22. Januar 1940
39 Ursula Dietzsch-Kluth, Ein Sandkorn im Getriebe der Zeitgeschichte, 2004

2. Wie man das nützliche Handwerk geheimer Geschäfte lernt

1 Deutsche Shanghai Zeitung vom 8.9. und 26.9.1934, Staatsarchiv Berlin
2 Eines der wenigen Fotos von Beeck findet sich in der Far Eastern Review vom Januar 1937
3 Gerhard Flatow, a.a.O.; zur Kaufkraft: eine fünfköpfige chinesische Familie konnte damals mit 100 Silberdollar in Shanghai gut leben
4 Ebenda

5 Ebenda
6 Oskar Trautmann an das Auswärtige Amt in Berlin, 31. Dezember 1934, Fernschreiben 1152, Politisches Archiv des Auswärtigen Amts
7 William C. Kirby, Germany and Republican China, 1984
8 Danylow/Soenius 2005, Otto Wolff, 2005
9 Abstract of Agreement, Henry Morgenthau Papers 1936, National Archives USA
10 Zitiert nach: William C. Kirby, a.a.O.
11 Otto Wolff, Fünfzig Jahre, Festschrift 1954
12 Gerhard Flatow, a.a.O.
13 Ebenda
14 Adressbuch der Deutschen in Ostasien (ADO), Ausgabe 1935/36; Gerhard Flatow, a.a.O.
15 Die Lebensdaten Otto Hamburgers finden sich in seiner Flüchtlingsakte vom 22. November 1947, die in den Arolsen Archives aufbewahrt wird
16 So berichtet der mittellose jüdische Emigrant Hanns Eisenstadt nach einem Besuch bei Otto Hamburger, siehe: Steve Hochstadt, Shanghai Jewish Oral History Collection, Bates
17 Brief Otto Hamburger an Jürgen Kuczynski in London vom 4. Mai 1937, Berlin-Sammlungen (ZLB)
18 Gerhard Flatow, a.a.O.
19 Brief des deutschen Militärberaters in China, General Alexander von Falkenhausen, an das Auswärtige Amt vom 25. Dezember 1934, Projekt zur Digitalisierung deutscher Dokumente in russischen Archiven (Deutsch-Russisches Archivprojekt)
20 William C. Kirby, a.a.O.
21 Gerhard Flatow 1979 im Gespräch mit William C. Kirby, zitiert nach den Anmerkungen des Buchs, a.a.O.
22 Adolf v. Hänisch, Jebsen & Co., 1970
23 Erwin Wickert, Mut und Übermut, 1991
24 Werksfoto 47594, Archiv der Daimler AG
25 Zitiert nach: Karl Drechsler, »Deutschland-China-Japan«, 1964
26 Memorandum of Understanding vom 12. März 1936, National Archives USA
27 Brief Rudolf Siedersleben vom 4.9.1936, Otto Wolff Papers, National Archives USA
28 Aktenvermerk für Rudolf Siedersleben vom 25. September 1936, ebenda
29 Stammbuch im Besitz von Helge Flatow-Kaminski, dem Adoptivsohn von Gerhard Flatows letzter Ehefrau Pan Xiaoming
30 Brief von Doro Flatow-Rispoli an den Schriftsteller Armin T. Wegner vom 16. März 1937, Deutsches Literaturarchiv Marbach

31 Wu Mei, a.a.O.
32 Gerhard Flatow, a.a.O.
33 Erwin Wickert, John Rabe, 1997
34 Brief Oskar Trautmann an das Auswärtige Amt vom 27. Januar 1937, Politisches Archiv des Auswärtigen Amts
35 Brief der Far Eastern Branch an Rudolf Siedersleben vom 5. August 1937, Firmenunterlagen Otto Wolff im RWWA-Archiv Köln
36 Telegramm vom 21. August 1937, ebenda
37 Brief Otto Wolffs vom 4. Januar 1938, ebenda
38 Brief des Reichswirtschaftsministers vom 22. September 1937, ebenda
39 Aktennotiz Siedersleben nach einem Gespräch mit der Dresdner Bank in Berlin am 10. Dezember 1937, ebenda
40 Brief Erich Michelsen an Rudolf Siedersleben vom 18. Oktober 1937, ebenda
41 Gerhard Flatow, a.a.O.
42 Wu Mei, a.a.O.
43 Fotos im Besitz von Michael Flatow
44 Wu Mei, a.a.O.
45 Otto Wolff Papers, National Archives USA, Washington; Who is Who in Asia, Hong Kong 1960
46 Gerhard Flatow, a.a.O.
47 Vertrauliche Aktennotiz vom 8. Mai 1939, Otto Wolff Papers, National Archives USA
48 Bericht der Finanzabteilung der amerikanischen Militärregierung für Deutschland (OMGUS) vom 4. März 1947, Schweizer Nationalarchiv
49 Brief Far Eastern Branch vom 22. Juni 1939, Otto Wolff Papers, National Archives USA, Washington
50 Brief Far Eastern Branch vom 5. Juli 1939, ebenda
51 Brief Far Eastern Branch vom 13. Juli 1939, ebenda
52 Brief Far Eastern Branch vom 17. Juli 1939, ebenda
53 Brief Far Eastern Branch vom 25. Juli 1939, ebenda
54 Wu Mei, a.a.O.

3. Wie sich ein Kaufmann in einen Spion verwandelt und wieder zurück

1 Gerhard Flatow, a.a.O., und Wu Mei, a.a.O.
2 Brief Otto Hamburger an Jürgen Kuczynski in London vom 4. Mai 1937, Berlin Sammlungen (ZLB)
3 Ebenda

4 Akten des Konsulats Chongqing im Politischen Archiv des Auswärtigen Amts, zitiert nach: Mechthild Leutner, China in a Global Context, 2018
5 Gerhard Flatow, a. a. O.
6 Graham Peck, Two Kinds of a Time, 2008
7 Gerhard Flatow, a. a. O.
8 Benno Lombard, Archiv der Universitätsbibliothek der LMU in München
9 Gerhard Flatow, a. a. O.
10 Ebenda
11 Ebenda
12 Gerhard Flatow, a. a. O.
13 Schreiben des Auswärtigen Amts an die Firma Otto Wolff vom 31. Januar 1940, Otto Wolff Papers, National Archives USA
14 Schreiben an die Otto Wolff Far Eastern Branch vom 21. März 1940, ebenda
15 Schreiben an die Otto Wolff Chungking Branch vom 9. Mai 1940, ebenda
16 Siehe Anträge auf Erteilung einer Devisengenehmigung 1942, ebenda
17 Telegramm an die Firma Otto Wolff Köln vom 20. Dezember 1940, ebenda
18 Aktenvermerk der Firma Otto Wolff Berlin vom 31. Dezember 1940, ebenda
19 Gerhard Flatow, a. a. O.
20 Ebenda
21 Wu Mei, a. a. O.
22 Gerhard Flatow, a. a. O.; New York Times vom 30. April 1940
23 Wu Mei, a. a. O.
24 Gerhard Flatow, a. a. O.
25 Ruth Werner, Sonjas Rapport, 1977
26 Maik Hamburger, Mein Vater Rudolf Hamburger, Sinn und Form 6/2012
27 Emily Hahn, China to Me, 1944
28 Ebenda
29 Eduard Koegel, Dissertation, Zwei Poelzig-Schüler in der Emigration: Rudolf Hamburger und Richard Paulick zwischen Shanghai und Ost-Berlin, 2006
30 Ebenda
31 Rudolf Hamburger, Zehn Jahre Lager, 2013
32 Otto Hamburger, Hai Tung, Privatdruck London 1980
33 Siehe zum Beispiel die Akte Rudolf Hamburger des britischen Geheimdienstes in den National Archives, in der zahlreiche Gespräche mit Otto Hamburger zu finden sind

34 Stephen R. MacKinnon, Oris Friesen, China Reporting, 1987
35 Charles Drage, The Amiable Prussian, 1958
36 Hsi-Huey Liang, China, the Sino-Japanese Conflict und the Munich Crisis, 2013
37 Nele Glang, Dissertation, Back-Channel Diplomacy and the Sino-German Relationship 1939–1945, 2014
38 Uwe Klußmann, Von Hitlers Haudrauf zu Stalins Spion, Spiegel Online 2012
39 Freda Utley, The China Story, 1951
40 Charles Drage, a.a.O.
41 Ebenda
42 Ebenda
43 Ludwig A. Fabel, My Life, 2017
44 Gerhard Flatow, a.a.O.
45 Ludwig A. Fabel, a.a.O.
46 Wolf Schenke, Siegerwillen und Unterwerfung, 1988
47 Anna Wang, Archiv der Universitätsbibliothek der LMU, 1979
48 Lois Wheeler Snow, Edgar Snows China, 1981
49 Anna Wang, Ich kämpfte für Mao, 1964
50 Gerhard Flatow, a.a.O.
51 Ebenda
52 Ebenda
53 Ebenda
54 Ebenda; Wu Mei, a.a.O.; Foto Flatows bei Wolf Schenke, Mit China allein, 1971
55 Milton Miles, zitiert nach: Frederic Wakeman, Spymaster – Dai Li and the Chinese Secret Service, 2003
56 Ebenda
57 Report by the Second Secretary of Embassy in China, John S. Service, 1944, CIA Archives
58 Ebenda
59 Gerhard Flatow, a.a.O.
60 Lebenslauf Gerhard Flatow, a.a.O.
61 Schilderungen von Pan Xiaoming gegenüber ihrem Adoptivsohn Helge Kaminski-Flatow
62 CIA-Report vom 14. September 1948, CIA Archives
63 Gerhard Flatow, a.a.O.
64 Milton Miles, World War II Database
65 Lebenslauf Gerhard Flatow, a.a.O.
66 Alfred Dreifuss, Shanghai – eine Emigration am Rande, 1979
67 Gerhard Flatow, a.a.O.

68 Alfred Dreifuss, a.a.O.
69 Gerhard Flatow, a.a.O.
70 Wu Mei, a.a.O.
71 Shanghai Telephone Directory von 1947
72 Otto Hamburger, Hai Tung, 1980

4. Wie man mit den chinesischen Kommunisten heimlich Handel treibt

1 Gerhard Flatow, a.a.O.
2 Wu Mei, a.a.O.
3 Erklärung Otto Wolff Freiherr Taets von Amerongen, National Archives USA
4 CIA-Report vom 27. September 1951, CIA Archives
5 Gerhard Flatow, a.a.O.
6 Gespräch mit Helge Flatow-Kaminsky in Düsseldorf
7 Gerhard Flatow, a.a.O.
8 Ebenda
9 Briefwechsel Otto Wolff von Amerongen und Gerhard Flatow 1950, Otto Wolff Firmenarchiv Köln
10 Otto Hamburger, a.a.O.
11 E-Mail seines Neffen an den Autor vom 17. November 2017
12 Otto Hamburger, a.a.O.
13 Aktenvermerk vom 29. Mai 1951, Geheimdienstakte Barbara Taylor, National Archives Great Britain
14 Brief Otto Wolff von Amerongen an Gerhard Flatow vom 6. Dezember 1949, Otto Wolff Firmenarchiv Köln
15 Brief Otto Wolff von Amerongen an Chang Shi Kang vom 5. Dezember 1949, ebenda
16 Brief Otto Wolff von Amerongen an die Firma E. Ott & Co. vom 6. Dezember 1949, ebenda
17 Gerhard Flatow, a.a.O.
18 Wu Mei, a.a.O.
19 Wolfgang Franke, Im Banne Chinas – Autobiographie eines Sinologen 1950–1998, 1999
20 Manfred Wilhelm, Unveröffentlichte Erinnerungen; Brief Lutz Bodenstein an seinen Onkel Theodor Sternberg in Tokio vom 8. Oktober 1940, in: Anna Bartels-Ishikawa: Post im Schatten des Hakenkreuzes, Berlin 2000, List of Jews in Tientsin vom 20. Juli 1946, Arolsen Archives
21 Manfred Wilhelm, ebenda

22 Brief Manfred Wilhelm an die Demag AG in Duisburg vom 28. Januar 1950, Robert McCann Papers, Hoover Institution
23 Brief Manfred Wilhelm an die Demag AG in Duisburg vom 15. Mai 1950, ebenda
24 Brief Gerhard Flatow an Alexander Huenges (Auslandsabteilung Otto Wolff) vom 2. März 1950, Otto Wolff Firmenarchiv Köln
25 Manfred Wilhelm, a.a.O.
26 Brief Manfred Wilhelm an seinen Kollegen Wolfram Haenisch bei Frazar Federal vom 5. März 1950, Robert McCann Papers, Hoover Institution
27 Gerhard Flatow, a.a.O.
28 Möglicherweise der britische Kriegsheld und MI6-Offizier Steven MacKenzie, der nach dem Kriegsende in Westdeutschland und danach in Hongkong stationiert war, siehe: Nachruf The Times vom 25. Januar 2014
29 CIA-Report vom 17. März 1949
30 CIA-Report vom 30. Oktober 1950
31 Gerhard Flatow, a.a.O.
32 Ebenda
33 Telegramm Gerhard Flatow an die Auslandsabteilung, Otto Wolff Firmenarchiv Köln
34 Brief Manfred Wilhelm an den Geschäftspartner Adorjan vom 11. November 1950, McCann Papers, Hoover Institution

5. Wie ein deutscher Maos Gefängnis als überzeugter Maoist verlässt

1 Wilhelm Dunsing u.a. in: Erinnerungen, Archiv des Studienwerks Deutsches Leben in Ostasien (STUDEO) im Wolfgang-Müller-Haus Kreuth; Gerhard Flatow, a.a.O.
2 Brief Wolfram Haenisch (Vertreter von Frazar Federal in Kalifornien) an Geschäftsfreunde vom 20. Februar 1951, Robert McCann Papers, Hoover Institution
3 Brief Wolfram Haenisch an Carlowitz & Co. vom 27. November 1950, Robert McCann Papers, Hoover Institution
4 CIA-Report vom 13. August 1951
5 Brief Otto Wolff von Amerongen an die Fu Sze Company vom 23. Februar 1951, Otto Wolff Firmenarchiv Köln
6 Brief Gerhard Flatow vom 13. März 1951 an Otto Wolff von Amerongen, Otto Wolff Firmenarchiv Köln
7 China Pictorial, Mai 1951
8 Brief Gerhard Flatow vom 15. Mai 1951, Otto Wolff Firmenarchiv

9 Aktenvermerk Otto Wolff von Amerongen vom 10./11. Mai 1951, Otto Wolff Firmenarchiv
10 Brief Gerhard Flatow vom 15. Mai 1951, Otto Wolff Firmenarchiv
11 Robert McCann Papers, Hoover Institution
12 CIA-Report vom 17. Juni 1958
13 Lally Rinell, Last One Out, 1951
14 Übersicht des Ost-Asiatischen Vereins, zitiert nach: Ching Chung Cham, Trade without Flag, 2006
15 Renmin Ribao vom 1. Oktober 1952, zitiert nach: Thomas N. Thompson, China's Nationalization of Foreign Firms: The Politics of Hostage Capitalism 1949–57, 1979
16 Manfred Wilhelm, a. a. O.
17 Ebenda
18 Vortrag Gerhard Flatow im Mai 1960 in Bremen, zitiert nach: Christine Maiwald, Das schwierige schöne Leben, 2021
19 Wilhelm Dunsing, a. a. O.
20 Robert J. Lifton, Thought Reform and the Psychology of Totalism. A Study of Brainwashing in China, 1953
21 Jean Pasqualini, Prisonier de Mao, 1973
22 Wilhelm Dunsing, a. a. O.
23 Friedrich-Wilhelm Schlomann, Paulette Friedlingstein, Die Maoisten. Pekings Filialen im Ausland, 1970; Pu Yi, Vom Kaiser zum Bürger, Beijing 1965; Pu Yi, Der letzte Kaiser von China, Beijing 1966
24 Wilhelm Dunsing, a. a. O.
25 Lebenslauf Gerhard Flatow, a. a. O.
26 Congressional Record US Senate vom 31. Januar 1952, Records of the US Senate
27 Manfred Wilhelm, a. a. O.
28 E-Mail von Andreas Wilhelm (Sohn von Ruth und Manfred Wilhelm) vom 10. Juli 2018
29 Brief Wolfram Haenisch an Floyd Spielman vom 29. Dezember 1953, McCann Papers, Hoover Institution
30 Gerhard Flatow, a. a. O.
31 Ebenda
32 Brief Dr. Kurt Walters an das Auswärtige Amt vom 16. Oktober 1952, Politisches Archiv des Auswärtigen Amts Berlin
33 Brief des Auswärtigen Amts an Dr. Kurt Walters vom 24. Oktober 1952, ebenda
34 Brief des Auswärtigen Amts an Dr. Kurt Walters vom 29. Januar 1954, ebenda
35 Wu Mei, a. a. O.

36 Brief von Dieter Flatow an seine Familie vom 14. Mai 1955, im Privatbesitz von Michael Flatow
37 Brief des Internationalen Komitees des Roten Kreuzes an Dieter Flatow vom 17. Mai 1956, zitiert nach: Christine Maiwald, Das schwierige schöne Leben, 2021
38 Gespräch mit Michael Flatow am 25. Juli 2017 in Hamburg
39 Gespräch mit Dr. Michael Dietzsch am 29. Juni 2017 in Bitburg, der Sohn von Ursula Kluth (siehe Kapitel 1) traf Gerhard Flatow Anfang der sechziger Jahre in Köln
40 Gespräch mit Michael Flatow am 25. Juli 2017 in Hamburg
41 Gerhard Flatow, a. a. O.
42 Nachruf in der Zeitschrift »Die Achtziger Jahre«, Zentralorgan der Marxisten-Leninisten Deutschlands, vom 4. September 1980. Digitalisat des Originals bei: www.mao-projekt.de
43 Der Autor verdankt diesen Hinweis Lilli Pöttrich, einer Düsseldorfer Freundin Pan Xiaomings. Gemeint sind: Klaus Mäding, Strafrecht und Massenerziehung in der Volksrepublik China, 1979; Edith Bone, Seven Years Solitary, 1957
44 Mail Martin Gurk vom 20. Januar 2019 (Sohn von Otmar Gurk, der Ende der sechziger Jahre eine gemeinsame Handelsfirma mit Flatow gegründet hatte – siehe Kapitel 8)
45 Lebenslauf Gerhard Flatow, a. a. O.
46 Telegramm Gerhard Flatows an Otto Wolff von Amerongen vom 27. September 1956, Otto Wolff Firmenarchiv Köln
47 Aktenvermerke der DDR-Botschaft über beide Gespräche vom 21. Oktober 1956, Politisches Archiv des Auswärtigen Amts
48 Aktennotiz Otto Wolff von Amerongen vom 12. November 1956, ebenda
49 Familienbuch Gerhard Flatow im Besitz von Helge Kaminsky-Flatow
50 Gespräch mit Dr. Michael Dietzsch am 29. Juni 2017 in Bitburg

6. Wie mitten im Kalten Krieg Deutschlands Rotchina-Lobby entsteht

1 Manfred Wilhelm, a. a. O.
2 Aktenvermerk Herbert Mutzke, Otto Wolff Firmenarchiv Köln, o. D.
3 Brief Herbert Mutzke vom 29. Januar 1957, Otto Wolff Firmenarchiv Köln
4 Brief Adolf Friis vom 27. September 1957 an Herbert Mutzke, Otto Wolff Firmenarchiv Köln
5 Brief Willy Haenisch an den Chrysler-Manager Palmer vom 22. August 1958, Robert McCann Papers, Hoover Institution

6 So Vertreter der chinesischen Botschaft in Osterberlin im Gespräch mit Vertretern der DDR-Gesellschaft für kulturelle Verbindungen mit dem Ausland am 12. April 1956, Aktennotiz im Politischen Archiv des Auswärtigen Amts
7 Wolf Schenke, Siegerwille und Unterwerfung, 1988
8 Wolf Schenke, Neue Politik, Ausgabe 25 vom 20. August 1956
9 CIA-Report über die chinesischen Freundschaftsgesellschaften im Ausland, o. D.
10 Maurice Piraux, Les relations entre la Belgique et La Republique Populaire de Chine, 1979
11 Gründungserklärung der Deutschen China-Gesellschaft vom 7. September 1957, CIA Archives
12 CIA-Report vom 16. September 1952
13 CIA-Report vom 20. November 1958
14 Firmenchronik Claus Rickmers o. J.
15 Brief Michael Jebsen vom 3. Dezember 1957, zitiert nach: Dieter v. Hansemann, Jebsen & Co., Festschrift o. J.
16 Aktenvermerk des China-Arbeitskreises des BDI über die Sitzung der Deutschen China-Gesellschaft in Dortmund am 10. Mai 1958, Otto Wolff Firmenarchiv Köln
17 CIA-Report vom 28. November 1958
18 CIA-Report vom 5. Dezember 1958
19 CIA-Report vom 20. November 1958
20 CIA-Vermerk vom 14. Mai 1959
21 Artur Axmann, Erinnerungen des letzten Reichsjugendführers, 1995
22 Ebenda; CIA-Report vom 6. Mai 1959
23 Aktenvermerk Herbert Mutzke für Otto Wolff von Amerongen vom 9. Mai 1958, Otto Wolff Firmenarchiv Köln
24 Telegramm Gerhard Flatow an Otto Wolff Abteilung II vom 20. August 1958, Otto Wolff Firmenarchiv Köln
25 Eckart Spoo, Zeitschrift Ossietzky 16/2008
26 Aktenvermerk Herbert Mutzke vom 30. August 1958, Otto Wolff Firmenarchiv Köln
27 Hausmitteilung Otto Wolff von Amerongen vom 5. Januar 1959; Hausmitteilung Friedrich Graf von der Schulenburg (Generalbevollmächtigter Otto Wolff von Amerongens) vom 26. Februar 1959, Firmenarchiv Köln
28 Manfred Wilhelm, a. a. O.
29 Ebenda
30 Schriftverkehr mit Otto Wolff von Amerongen April–Mai 1959, Otto Wolff Firmenarchiv Köln

31 Aktenvermerk Gerhard Flatow vom 17. Oktober 1959, Otto Wolff Firmenarchiv Köln
32 Aktenvermerk Herbert Mutzke vom 22. September 1959, ebenda
33 Rundschreiben der Schweizerischen Bundesanwaltschaft zur Telefonkontrolle diplomatischer Vertretungen vom 28. März 1957, Schweizerisches Bundesarchiv (Dodis)
34 Gerhard Flatow, a.a.O.; CIA-Report vom 28. November 1958; Gespräch mit Helge Kaminsky-Flatow
35 Rundschreiben der DCG 2/1959, Stadtarchiv Dortmund
36 DCG-Rundbrief 6/1959
37 Ebenda
38 Rundschreiben der DCG 2/1959, 6/1959 und 7/1959
39 Einladung der DCG vom Juli 1959
40 CIA-Report vom 13. April 1959
41 DPA-Meldung vom 12. Februar 1959
42 CIA-Report vom 13. April 1959
43 Protokoll der DCG-Jahresversammlung 1960
44 So der Titel einer chinesischen Aufsatzsammlung, die Anfang der sechziger Jahre in zahlreichen Übersetzungen in aller Welt Verbreitung findet
45 Brief der Legation de Suisse en Chine vom 26. Juni 1956, Schweizerisches Bundesarchiv (Dodis)

7. Wie man für Otto Wolff Geschäfte macht und Politik für die Chinesen

1 Undatiertes Foto im Privatbesitz von Andreas Wilhelm (Sohn von Manfred Wilhelm und Ruth Wang)
2 Jahresbericht des Ostasien-Büros vom 5. September 1960 für den Zeitraum zwischen dem 1. März 1959 und dem 29. Februar 1960, Otto Wolff Firmenarchiv Köln
3 Brief Adolf Friis an Otto Wolff von Amerongen vom 5. Oktober 1960, Otto Wolff Firmenarchiv Köln
4 Brief S.Y. Chen an Gerhard Flatow vom 18. Februar 1960, Otto Wolff Firmenarchiv Köln
5 Aktenvermerk Flatows für Otto Wolff von Amerongen vom 2. Mai 1960, Otto Wolff Firmenarchiv
6 Brief Hermann W. Breuer an seine Verwandte Nele vom 7. Mai 1960 im Archiv von Christine Maiwald; Christine Maiwald, Das schwierige schöne Leben, 2021
7 Manfred Wilhelm, a.a.O.

8 Informationen von Andreas Wilhelm, Mail vom 10. Juli 2018; Manfred Wilhelm, a.a.O.

9 Informationen von Andreas Wilhelm, ebenda

10 Familienbuch im Besitz von Helge Kaminsky-Flatow

11 Brief Pan Xiaoming an den Direktor des Museums für Ostasiatische Kunst in Köln vom 12. März 1973; 2005 stellt das Museum das angekaufte Werk von Zhang Daqian »Vornehmer Herr an einem Bach« in einer Sammelausstellung der chinesischen Malerei des 20. Jahrhunderts mit dem Titel »Den Himmel in der Pinselspitze« aus, siehe Katalog-Nummer 19, Seite 54

12 Ernst Majonica, Deutschland-Union-Dienst vom 14. April 1961

13 Ernst Majonica, Echo der Zeit vom 30. März 1958

14 Ernst Majonica, Das politische Tagebuch 1958–1972, 2011

15 Brief Wolf Schenke an die Mitglieder der DCG vom 10. September 1962

16 Ernst Majonica, Das Politische Tagebuch 1958–1972, 2011

17 Andreas Bracher, Zur Frühgeschichte der Deutschen China-Gesellschaft, DCG-Mitteilungen 4/1989

18 Protokoll der DCG-Mitgliederversammlung vom 17. Juni 1961

19 So der britische Kommunist Michael Shapiro, der seit 1950 für die KP Chinas in Beijing arbeitet

20 Neues Deutschland vom 7. Januar 1961

21 Brief Gerhard Flatow an Kunrat Freiherr von Hammerstein-Equord vom 23. Juli 1964, Bestand Hammerstein-Equord, Institut für Zeitgeschichte München

22 Ebenda

23 Mitteilung der ZPKK der KPD vom 13. November 1964, Bundesarchiv

24 Selbstzeugnisse Gerhard Flatow; Brief Gerhard Flatow an Kunrat Freiherr von Hammerstein-Equord vom 26. Juni 1964, Bestand Hammerstein-Equord, Institut für Zeitgeschichte München

25 Siehe zum Beispiel: Brief Gerhard Flatow an Otto Wolff von Amerongen vom 21. Februar 1962, Otto Wolff Firmenarchiv Köln

26 Selbstzeugnisse Gerhard Flatow

27 Brief Gerhard Flatow an Otto Wolff von Amerongen vom 5. September 1960, Otto Wolff Firmenarchiv Köln

28 Brief Gerhard Flatow an Adolf Friis vom 26. Februar 1960

29 Aktenvermerk Gerhard Flatow vom 8. Juni 1961, Otto Wolff Firmenarchiv Köln

30 Brief Gerhard Flatow an Otto Wolff von Amerongen vom 7. Februar 1962

31 Aktennotiz Gerhard Flatow vom 8. März 1963, Otto Wolff Firmenarchiv Köln

32 Brief Gerhard Flatow an Otto Wolff von Amerongen vom 21. November 1962, Otto Wolff Firmenarchiv Köln

33 So der chinesische Außenminister Chen Yi, zitiert nach: Der Spiegel, Ausgabe 23/1964

34 Otto Wolff von Amerongen, Der Weg nach Osten, 1992

35 Mitteilung Gerhard Flatow an Otto Wolff von Amerongen vom 3. Juni 1961

36 Exportstatistik der Daimler-Benz AG für die Otto Wolff Automotive Ltd. Hongkong 1948–1979, Daimler-Benz Firmenarchiv Stuttgart

37 Brief Schweizer Botschafter in Beijing an die Handelsabteilung des Eidgenössischen Volkswirtschaftsdepartements in Bern vom 30. Mai 1963, Schweizerisches Bundesarchiv (Dodis)

38 CIA-Report, ohne Datum

39 Gespräch Liu Shaoqi mit dem Schweizer Boschafter, Vertraulicher Bericht vom 18. Juli 1963, Schweizerisches Bundesarchiv (Dodis)

40 Diktat Gerhard Flatow für Otto Wolff von Amerongen vom 26. Mai 1963, Otto Wolff Firmenarchiv Köln

41 CIA-Report vom 28. Oktober 1953

42 Congressional Records House of Representatives vom 8. Juli 1965, National Archives USA

43 Today in Chinese History vom 14. Dezember 2017, www.todayinchinesehistory.com

44 Hausmitteilung Friedrich Graf von der Schulenburg an Otto Wolff von Amerongen vom 23. Juli 1964, Otto Wolff Firmenarchiv Köln

45 Leserbrief Gerhard Flatow in der Zeitung Arbeiterkampf vom 9. Juli 1979, zitiert nach dem Original im Archiv des Hamburger Instituts für Sozialforschung

46 ZPKK der KPD unter Berufung auf »interne« Informationen (= Hauptverwaltung Aufklärung der DDR) vom 13.11.1964, Bundesarchiv

47 Manfred Wilhelm, a.a.O.

48 Brief Gerhard Flatow an Kunrat von Hammerstein-Equord vom 23. Juli 1964, Bestand Hammerstein-Equord, Institut für Zeitgeschichte München

49 Brief Friedrich Graf von der Schulenburg an Otto Wolff von Amerongen vom 10. August 1964, Otto Wolff Firmenarchiv Köln

50 Manfred Wilhelm, a.a.O.; Aktennotiz Graf von der Schulenburg vom 18. März 1965, Otto Wolff Firmenarchiv Köln

51 Aktennotiz Friedrich Graf von der Schulenburg vom 16. November 1964, Otto Wolff Firmenarchiv Köln

52 Aktennotiz Friedrich Graf von der Schulenburg vom 18. März 1965, Otto Wolff Firmenarchiv Köln

53 Brief Gerhard Flatow an Kunrat von Hammerstein-Equord vom 23. Juli 1964, Bestand Hammerstein-Equord, Institut für Zeitgeschichte München

54 Leserbrief Gerhard Flatow in der Zeitung Arbeiterkampf vom 9. Juli 1979, zitiert nach dem Original im Archiv des Hamburger Instituts für Sozialforschung
55 Manfred Wilhelm, a.a.O.
56 Protokoll der DCG-Jahresversammlung vom 6. November 1965
57 Alle Angaben nach der Kaderakte Anneliese Wang, die im Archiv der Humboldt-Universität liegt
58 Ebenda

8. Wie in Europa ein merkwürdiges Netz von Maoisten und Industriellen entsteht

1 Bernard Thomas, 20th Century Man, Forum Luxemburg Nr. 321, 2012
2 Lebenslauf Gerhard Flatow, a.a.O. (dort spricht Flatow von 1964, was jedoch ein Irrtum sein muss); Manfred Wilhelm, a.a.O.
3 Bernard Thomas, a.a.O.
4 Brief Henry Leir an A. Doak Barnett vom 18. Juli 1968, in: Tom Palmer (= Henry Leir), La Grande Compagnie de Colonisation, Worcester 1981
5 DCG-Rundbrief vom 15. April 1966
6 DCG-Rundbrief vom 11. Februar 1967
7 DCG-Rundbrief vom 4. Dezember 1966
8 Editorial der Renmin Ribao, abgedruckt in der Peking Review 37/1963
9 Lebenslauf Gerhard Flatow, a.a.O.
10 Willi Dickhut, Was geschah danach?, 1990
11 Peking Rundschau 1/1964 vom 22. September 1964
12 Peking Review vom 13. Oktober 1967
13 Bulletin de Documentation, Presseamt der Regierung Luxemburgs, Oktober 1979
14 Building Bridges to Europe and the World, Leo Magazine, Juni 2019
15 www.industrie.lu
16 Xinhua-Meldung vom 21. April 1989
17 Brief Gerhard Flatow an N.N. vom 21. Januar 1976 – mit freundlicher Genehmigung des Empfängers zitiert
18 Problems of Communism, 1/1964
19 CIA-Report vom Juni/Juli 1966
20 René Luzern, Die chinesisch-kommunistischen Gruppen in Westeuopa, Schweizerische Monatshefte, Band 46, 1966/67
21 Yiber Marku, Dissertation Lingnan University 2017
22 Schlomann/Friedlingstein, Die Maoisten. Pekings Filialen in Westeuropa, 1970

23 Le Maitron, Dictionnaire biographique, mouverment ouvrier, mouvement social, o.J.
24 Interview Henri Lederhandler mit Veronique Lemberg, Regards 773 vom 5. März 2013
25 Schlomann/Friedlingstein, a.a.O.; China Daily vom 22. April 2011,
26 Manfred Wilhelm, a.a.O.
27 China Daily, a.a.O.
28 René Luzern, a.a.O.
29 Ernst Aust, Rede zum 10-jährigen Bestehen des »Roten Morgen« im Juni 1977, Mao-Archiv
30 Brief Franz Strobl an Ernst Aust vom 29. November 1967, ebenda
31 Willi Dickhut, Was geschah danach?, a.a.O.
32 Information der ZPKK und des Sicherheitskollegiums an das Politbüro der KPD vom 25. Februar 1964, Bundesarchiv
33 CIA-Report vom 24. Januar 1951
34 Der Kommunist, Zeitschrift der Vereinigung Revolutionärer Arbeiter Österreichs, Juli 1967, Mao-Archiv
35 Ma Jisen (von 1952 bis 1969 chinesische Diplomatin), The Cultural Revolution in the Foreign Ministry of China, 2004
36 Günther Nollau, Das Amt, 1978; Witali Korjanow, Internationale Abteilung der KPdSU, November 1963, FBI-Archiv
37 Brief Ernst Aust an Hans Kolbe vom 13. November 1968, MAO-Projekt
38 Ebenda
39 Günther Ackermann, Interview mit der Internet-Plattform Kommunisten-Online vom 23. Dezember 2004
40 Gisela Erler, Mitbegründerin des Trikont Verlags, o.D.
41 Berliner Extra-Dienst vom 3. Mai 1973 über den China-Laden am Savigny-Platz
42 Der Geheimbericht landet über den FBI-Agenten Morris Childs in den USA, siehe: FBI-Report vom 8. Dezember 1967
43 Tom Buchanan, East Wind: China and the British Left, 2012
44 Brief Otto Hamburger an Jürgen Kuczynski vom 4. Mai 1937, Berlin Sammlungen (ZLB)
45 Vermerk des britischen Geheimdiensts vom 22. Dezember 1953 über ein Gespräch mit Otto Hamburger, Akte Rudolf Hamburger, National Archives; es handelt sich um Barbara Taylor, die Schwester seines Freundes Jürgen Kuczynski, der später in der DDR ein führendes SED-Mitglied war
46 www.the48groupclub.com
47 CIA-Report vom 23. Mai 1956
48 Brief Joseph Needham an Derek Bryan vom 17. Juli 1967, SACU-Papers

49 Beitrag des deutschen Kommunisten und KABD-Mitglieds Hans Schneider, The Marxist, 24/1973
50 Brief Gerhard Flatow an Günther Jacob vom 3. Oktober 1978 – mit freundlicher Genehmigung des Empfängers zitiert
51 FBI-Report vom 20. November 1963
52 FBI-Report vom 29. Januar 1964
53 FBI-Report vom 8. März 1966
54 Bericht Abe Chapman, Funktionär der Kommunistischen Partei der USA, o. D., Solo Papers FBI-Archiv
55 George Thomson, From Marx to Mao Tse-tung, 1971
56 Julia Lovell, The Uses of Foreigners in Mao-Era China, Royal Historical Society, 2015
57 Robert Loh (mit Humphrey Eavans), Escape from Red China, o. O. 2017
58 Kursbuch 9/1967
59 Wolfgang Franke, Im Banne Chinas – Autobiographie eines Sinologen 1950–1998, Bochum 1999
60 Joachim Schickel, Große Unordnung, große Ordnung, Bücherei Oberbaum, Berlin 1978
61 Joachim Schickel, Gespräche mit Carl Schmitt, Berlin 1993
62 Christian Jacobs, Mehr als eine Projektion, Maoismus in Frankreich in den 1960er und 1970er Jahren, 2020. Die Buchhandlung Le Phénix verwandelt sich nach ihrer maoistischen Phase in eine ernsthafte China-Buchhandlung, geht 2015 aber in einer seltsamen Wendung in chinesischen Staatsbesitz über, um von nun an wieder als Propagandazentrum der VR China zu dienen
63 Robert Alexander, Maoism in the Developed World, 2001; Histoire du PCMLF, www.lesmaterialistes.com
64 Christoph Bourseiller, Un pro-chinois nomme Georges Freche, www.christophebourseiller.fr; CIA-Report o. D.; René Luzern, Die chinesisch-kommunistischen Gruppen in Westeuropa, Schweizer Monatshefte 7/1966
65 Christian Jacobs, Maoismus in Frankreich, 2020
66 Zum Beispiel am 26. Februar 1971 auf einer Veranstaltung im Salle Lancry, vgl. Robert Mencherini, biografische Notiz über Jacques Jurquet, www.christophebourseiller.fr
67 Robert Alexander, a. a. O.
68 Bertel Nygard, Kommunistisk Arbejdskreds 1960–80, www.danmarkshistorien.dk; Werner Heuzeroth im Gespräch mit Helmut Müller-Enbergs, 1986, MAO-Projekt
69 The Wall Street Journal vom 3. Dezember 2004; Der Spiegel vom 6. Dezember 2004; Jon Rognlien, Den store ml-boka, 2009
70 Le Conseil Fédéral Suisse, Ausweisungsbeschluss vom 2. Mai 1967, Schweizerisches Bundesarchiv (Dodis)

71 Dominique Kirchner Reill, Mao's Little Red Book, 2014
72 Nuova Unità, Dezember 1964
73 Fabio Matteini, Lavorare per la rivoluzione, 2016
74 Yiber Marku, Dissertation Lingnan University 2017
75 Elidor Mehilli, From Stalin to Mao – Albania and the Socialist World, Cornell University Press 2017
76 The Worker, Organ der britischen CPGB-ML, Juni 1969
77 Cagdas Ungor, Reaching the Distant Comrade, Dissertation State University New York, 2009
78 FBI-Report vom 3. Februar 1965
79 FBI-Report vom 14. Februar 1967
80 Vertraulicher Bericht der Schweizerischen Bundesanwaltschaft vom 12. Februar 1968, Schweizerisches Bundesarchiv (Dodis)
81 Lilli Pöttrich, Drachenpost, 2014; Roter Pfeil, 7/8 1973
82 Gerhard Flatow, Incoming Passenger Card vom 18. Dezember 1967; Selbstdarstellung der Firma Heine Brothers Australia o. D.; From Moscow with a Mission, The Australian, 9. September 2019
83 Bernard Thomas, a. a. O.
84 Handelsregister-Eintrag HRB 11167 vom 15. Februar 1968
85 Erinnerungen von Christoph und Martin Gurk, den beiden Söhnen Otmar Gurks, Mailwechsel mit dem Autor im Januar 2019
86 Ebenda
87 Ebenda
88 Ebenda
89 Erinnerungen zur Geschichte der ML-Bewegung, Werner und Ruth Heuzeroth in einem Gespräch mit Helmut Müller-Ensberg am 10. November 1984. Der Autor dankt Dietmar Kesten vom MAO-Projekt für dieses seltene Schlüsseldokument zur Entstehungsgeschichte des deutschen Maoismus
90 Mail von Erika Schaldach an den Autor vom 1. März 2018
91 Erinnerungen von Christoph und Martin Gurk, ebenda
92 Handelsregister-Eintrag HRB 11167 vom 10. April 1972
93 Aufruf der Humanistischen Union vom September 1978

9. Wie eine Bruderpartei der KP Chinas erblüht und schnell wieder verwelkt

1 Dietmar Kesten, Geschichte der KPD/ML, MAO-Projekt (Online-Archiv). Der Großteil der KPD/ML-Schriften dieser Jahre finden sich im Archiv des MAO-Projekts als Digitalisate, z. B. alle Ausgaben der Parteizeitung »Roter Morgen« aus den Gründungsjahren. Der Verfasser dankt Dietmar

Kesten und dem leider viel zu früh verstorbenen Jürgen Schröder für zahlreiche Hinweise auf interessante Quellen, ohne die dieses Kapitel nur schwer zu schreiben gewesen wäre. Vor allem vom steten Gedankenaustausch mit Dietmar Kesten habe ich über viele Jahre sehr profitiert.

2 Aktennotiz der moskautreuen KPD vom 20. September 1966, ZPKK der KPD, Bundesarchiv

3 Der Autor dankt Erika Schaldach für diese Information

4 Dietmar Kesten, a.a.O.

5 Werner Heuzeroth in: Erinnerungen zur Geschichte der ML-Bewegung, Werner und Ruth Heuzeroth im Gespräch mit Helmut Müller-Ensberg am 10. November 1984, MAO-Projekt

6 Schluss mit den Lebenslügen!, Broschüre des KPD/ML-Mitglieds »Pauli« vom Dezember 1984, MAO-Projekt

7 Der Autor dankt Erika Schaldach für diese Information

8 Bericht der ZPKK der KPD, o.D., Bundesarchiv

9 Schlomann/Friedlingstein, a.a.O.

10 Bericht des britischen Geheimdienstes MI5 vom 17. Juli 1951 und CIA-Report vom 12. Oktober 1971

11 Autobiografische Angaben Inge Jahnke in: SDS Hamburg (Website)

12 Muriel Seltman, What's left? What's right? 2010; Schlomann/Friedlingstein, Ebenda

13 CIA-Report vom 9. Dezember 1967, 24. Januar 1968 und 18. Juni 1968

14 Telefonat mit Inge Jahnke am 25. September 2020

15 Berliner Extra-Dienst vom 7. August 1968; Handelsregister Amtsgericht Bonn HRB 1741

16 CIA-Report vom 28. Juni 1973

17 Dongfeng, Ausgabe 01/1972

18 Friedrich-Wilhelm Schlomann unter Berufung auf Geheimdienstinformationen im Tagesspiegel vom 9. September 1972

19 Brief des Zentralkomitees der KPD/ML an das Zentralkomitee der KP Chinas vom 21. Juli 1977, MAO-Projekt

20 Werner Heuzeroth, a.a.O.

21 Der Bericht über die Albanien-Reise landet prompt bei der illegalen Führung der moskautreuen KPD in Ostberlin, siehe: Mitteilung von ZPKK und Sicherheitskollegium an Politbüro und Sekretariat (der KPD) vom 3. Januar 1968, Bundesarchiv

22 Dietmar Kesten, a.a.O.

23 Bericht der Ortsgruppe Freiburg der KPD/ML, 1971, MAO-Projekt

24 Werner Heuzeroth, ebenda

25 Klaus Jürgen Schmidt über ein Gespräch mit Lisa Niebank, Mail vom 25. Mai 2020

26 Gerd Genger in einer Mail an den Verfasser vom 26. September 2020

27 Brief Flatow an Willi Dickhut vom 13. Dezember 1977, zitiert nach: Mitteilungen Nr. 5 der ZL/ZKK des KABD vom 8. Januar 1979

28 Rolf Stolz, Mail an den Verfasser vom 23. Februar 2018

29 JW-Dienst Armin Neliba vom Juli 1970

30 Dietmar Kesten, a. a. O.

31 Roter Morgen vom August 1970; Der Junge Bolschewik vom Oktober 1970, MAO-Projekt

32 Klassenkampf 12/1970

33 Der KABD benennt sich 1992 in MLPD um und existiert als einzige maoistische Gruppe in der Bundesrepublik noch heute

34 So behauptet zumindest Gerhard Stamer in einem Diskussionspapier aus dem Jahr 1972, der zur Führung der KPD/ML in Hamburg zählte und für die Maoisten als Betriebsrat auf der Werft HDW Furore machte

35 Siehe zum Beispiel »Roter Morgen« 4/1969 (digitalisiert im MAO-Projekt)

36 Flugblatt der KPD/ML Ortsgruppe Köln vom Herbst 1969

37 Der Spiegel vom 15. Oktober 1972

38 CIA-Übersicht über das Projekt Catomic (= Beobachtung der chinesischen Diplomaten in Bonn), 1972/73

39 Enver Hoxha, Imperialism and Revolution, Tirana 1979

40 CIA-Analyse »The Failure of Maoist Ideology in Foreign Policy«, 1971

41 Berliner Extra-Dienst vom 21. November 1978

42 CIA-Report vom 12. Oktober 1970

43 George Thomson, Von Marx zu Mao Tsetung, Stuttgart, Verlag Neuer Weg, 1978

44 Rote Fahne, Zentralorgan des KABD, 7/73

45 Roter Pfeil, Zeitung der Studentengruppen des KABD, 7/8 1973

46 Bilzer, Güngerich, Grothe-Jung, Forschungsbericht zum Projekt Friedenswoche 73 in Berlin (West), TU Berlin

47 Liberal, 10/1972 vom Oktober 1972

48 Der Autor bedankt sich für den Hinweis bei Jan Baucke vom Archiv des Liberalismus, E-Mail vom 24. Februar 2021

49 Rundschreiben des KBW in Hamburg, zitiert nach: Rebell 1/1975

50 Unter dem Roten Banner, Zeitung des Kommunistischen Studentenbundes (KSB) vom 27.10.1974

51 Stand Ende 1975 laut Übersicht der Zentralen Leitung des KABD vom 25.12.1975

52 Helmut Modau (Pseudonym), Nachruf auf Gerhard Flatow, Aufsätze zur Diskussion 9/10 1980

53 Der Verfasser verdankt dieses Psychogramm weitgehend mehreren Gesprächen und einem ausführlichen Mailwechsel über viele Monate mit Günther Jacob, der bis 1976 zum Funktionärskörper des KABD gehörte und bis zum Tod Flatows in engem Gedankenaustausch mit ihm stand.
54 Willi Dickhut, Was geschah danach? a.a.O.
55 Martin Kasprik, Rote Fahne, Herbst 2012
56 Brief Gerhard Flatow an Günther Jacob vom 21. Januar 1976
57 Die Führung Chinas segelt im Wind von rechts!, August 1977
58 Wu Mei, a.a.O.
59 Geschichte der MLPD, Band II, 1986
60 Brief Flatow an Willi Dickhut vom 6. August 1977, zitiert nach: Mitteilungen Nr. 5 ZL/ZKK des KABD vom 8. Januar 1979
61 Gerhard Flatow, Schreiben an die Redaktion der Roten Fahne vom 11. Dezember 1977, zitiert nach: Geschichte der MLPD, ebenda
62 Brief Gerhard Flatow an Günther Jacob vom 24. Oktober 1978
63 Briefe Gerhard Flatow an Günther Jacob vom 3. Oktober 1978, 26. November 1978 und 11. Januar 1979
64 Brief Gerhard Flatow an Günther Jacob vom 3. Oktober 1978
65 Vertrauliche Mitteilungen der ZL und der ZKK des KABD 1–14, 1978/79, MAO-Projekt
66 Claudie und Jacques Broyelle, Zweite Rückkehr aus China, Berlin 1977
67 Arbeiterkampf vom 9. Juli 1979
68 Beijing Review, 4/1980

Epilog: Das heutige Netzwerk der KP Chinas in Deutschland

1 Zum Beispiel der AfD-Bundestagsabgeordnete Peter Felser, Vize-Vorsitzender der Deutsch-Chinesischen Parlamentariergruppe
2 Zitiert nach Thorsten Benner: »Die romantischen Jahre sind vorbei«, Zentrum Liberale Moderne, 18.12.2018
3 Clive Hamilton, Mareike Ohlberg, Die lautlose Eroberung, München 2020

QUELLEN UND LITERATUR

Unveröffentlichte Quellen

Flatow, Gerhard, Selbstzeugnisse (Fragmente von Erinnerungen, o. D.)
Flatow, Gerhard, Lebenslauf (o. D.), im Besitz der MLPD
Wilhelm, Manfred, Erinnerungen (o. D.)
Wu Mei, Erinnerungen an Dieter (Privatdruck in chinesischer Sprache 1978)

Gespräche und E-Mails

Büttner, Johannes, 2019
Dietzsch, Michael, 2017
Flatow, Michael, 2018
Flatow-Kaminsky, Helge, 2017–19
Gurk, Christoph und Martin, 2019
Jacob, Günther, 2016–22
Jahnke, Inge, 2020
Kesten, Dietmar, 2016–22
Klauth, Dieter, 2019
Schaldach, Erika, 2018
Schmidt, Klaus Jürgen, 2020
Stolz, Rolf, 2021–22
Wilhelm, Andreas, 2018

Eingesehene Archive

Archiv der Daimler AG
Archiv der Goethe-Universität in Frankfurt (Universitätsarchiv Frankfurt am Main)
Archiv der Humboldt Universität in Berlin
Archiv der Konrad-Adenauer-Stiftung
Archiv der Universitätsbibliothek der LMU in München

Archiv des Hamburger Instituts für Sozialforschung
Archiv des Instituts für Zeitgeschichte München
Archiv des Liberalismus der Friedrich-Naumann-Stiftung
Archiv des Museums für Ost-Asiatische Kunst Köln
Archiv des Studienwerks Deutsches Leben in Ostasien (STUDEO)
Arolsen Archives
Berlin-Sammlungen (ZLB)
Bundesarchiv
CIA Archives
Deutsches Literaturarchiv Marbach
Deutsch-Russisches Archivprojekt
FBI Archives
Hoover Institution Archives
Landesarchiv Hessen (LAGIS)
Les Maoistes (Online-Archiv Frankreich)
Les Materialistes (Online-Archiv Frankreich)
MAO-Projekt (Online-Archiv)
My Heritage
National Archives Australia
National Archives Great Britain
National Archives USA
Otto Wolff Firmenarchiv Köln
Politisches Archiv des Auswärtigen Amts
Records of the US House of Representatives
Records of the US Senate
Rheinisch-Westfälisches Wirtschaftsarchiv Köln (RWWA)
Schiffsregister Norddeutscher Lloyd
Schweizerisches Bundesarchiv (Dodis)
Shanghai Jewish Oral History Collection Bates
Staatsarchiv Berlin
Stadtarchiv Dortmund
Stasi-Unterlagen-Archiv Berlin
The Second Historical Archives of China
World War II Database (Online-Archiv)

Literatur

Alexander, Robert, Maoism in the Developed World, Westport 2001
Alley, Rewi, Living in China, Beijing 1979
Amerongen, Otto Wolff v., Der Weg nach Osten, München 1992
Andres, Dorothee, Carpe Diem, Bonn 2009

Andres, Stefan, Lieber Freund, lieber Denunziant, München 1977
Andres, Stefan, Positano – Geschichten aus einer Stadt am Meer, München 1984
Axmann, Artur, Erinnerungen des letzten Reichsjugendführers, Erlangen 1995
Bao, Ruo-Wang, Gefangener bei Mao, Frankfurt 1975
Barnett, A. Doak, Chinese Communist Politics in Action, Washington 1969
Bartels-Ishikawa, Anna, Post im Schatten des Hakenkreuzes, Berlin 2000
Bettina, Elizabeth, It Happened in Italy, Nashville 2009
Bilzer/Güngerich/Grothe-Jung, Forschungsbericht zum Projekt Friedenswoche 73, Berlin o. D.
Blanchette, Jude D., Chinas New Red Guards, Oxford 2019
Boldt, Uli, Leben und Werk von James Goldschmidt, Studienarbeit, München 1991
Brady, Anne-Marie, Making the Foreign Serve China, Oxford 2003
Brandt, Heinz, Ein Traum, der nicht entführbar ist, Frankfurt 1967
Briesen, Fritz van, China, Stuttgart 1972
Broyelle, Claudie und Jacques, Zweite Rückkehr nach China, Berlin 1976
Buchanan, Tom, East Wind: China and the British Left, Oxford 2012
Carlebach, Emil, Am Anfang stand ein Doppelmord, Röderberg/Köln 1988
Castonier, Elisabeth, Stürmisch bis heiter, München 1964
Chapiro, Joseph; Hauptmann, Gerhart, Briefwechsel 1920–1936, Göttingen 2006
Chaussy, Ulrich, Rudi Dutschke, München 2018
Ching, Chung Cham, Trade without Flag, Masterarbeit University of Hongkong, Hongkong 2006
Danylow, Peter; Soenius Ulrich S., Otto Wolff, München 2005
Deutsche China-Gesellschaft, Eine Brücke nach Fernost, o. O. 1997
Dickhut, Willi, Was geschah danach, Essen 1990
Dickhut, Willi, Briefwechsel, Essen 1984
Dietze, Sascha, Die Ideologie der MLPD, Münster 2010
Dietzsch-Kluth, Ursula, Ein Sandkorn im Getriebe der Zeitgeschichte, Norderstedt 2004
Drage, Charles, The Amiable Prussian, London 1958
Drechsler, Karl, Deutschland-China-Japan, in: Schriften des Instituts für Geschichte. Deutsche Akademie der Wissenschaften zu Berlin, First Series, Allgemeine und deutsche Geschichte, Number 25, Berlin 1964
Dreifuss, Alfred, »Shanghai – eine Emigration am Rande«, in: Werner Mittenzwei, Eike Middell, Alfred Dreifuss (Hg.): Kunst und Literatur im antifaschistischen Exil 1933–1945 in sieben Bänden. Bd. III: Exil in den USA, Berlin 1979
Dunner, Joseph, Zu Protokoll gegeben, München 1971
Dutschke, Rudi, Die Tagebücher 1963–79, Köln 2003

Eberstein, Bernd, Der Ostasiatische Verein 1900–2000, Hamburg 2000
Enzensberger, Hans Magnus, Hammerstein oder der Eigensinn, München 2008
Fabel, Ludwig A., My Life, o. O. 2017
Fabritzek, Uwe G., Gelber Drache – Schwarzer Adler, Gütersloh 1973
Franke, Wolfgang, Im Banne Chinas – Autobiographie eines Sinologen 1950–98, Dortmund 1999
Freyeisen, Astrid, Shanghai und die Politik des Dritten Reiches, Würzburg 2000
Freund, Gisèle, Fotografien zum 1. Mai 1932, Katalog der Ausstellung, Museum für Moderne Kunst Frankfurt, Frankfurt 1995
Grefrath, Matthias, Die Zerstörung einer Zukunft, Frankfurt 1989
Glang, Nele, Back Channel Diplomacy, Sheffield 2014
Gries, Thomas Michael, Was geblieben ist, Norderstedt 2013
Hänisch, Adolf v., Jebsen & Co., Apenrade 1970
Hagenmeyer, Jürgen, 50 Jahre Haus Rissen, Hamburg 2004
Hahn, Emily, China to Me, Philadelphia 1944
Hamburger, Otto, Hai Tung, London 1980
Hamburger, Rudolf, Zehn Jahre Lager, München 2013
Hansemann, Dieter v., Jebsen & Co., Apenrade o. D.
Haus Rissen, China – Dritte Weltmacht, Hamburg 1969
Hamilton, Clive; Ohlberg, Mareike, Die lautlose Eroberung, München 2020
Hennig, Eike, Hessen unterm Hakenkreuz, Frankfurt 1983
Heufelder, Jeanette Erazo, Der argentinische Krösus, Berlin 2017
Hinzelmann, Hans H., Chinesen und Fremde Teufel, Hamm 1950
Hochstadt, Steve, Shanghai-Geschichten, Berlin 2007
Hooper, Beverly, Foreigners under Mao, Hongkong 2016
Hoxha, Enver, Imperialism and Revolution, Tirana 1979
Jacobs, Christian, Mehr als eine Projektion, Magisterarbeit FU Berlin, 2020
Jaspers, Anke; Michalski, Claudia; Morten, Paul (Hg.), Ein kleines rotes Buch, Berlin 2018
Jünger, Ernst, Briefwechsel mit Stefan Andres, Stuttgart 2007
KABD, Die Führung Chinas segelt im Wind von rechts!, Essen 1977
Kampen, Thomas, From East to West and West to East, Paper o. D.
Kirby, William C., Germany and Republican China, Stanford 1984
Kirchner-Reill, Dominique, Mao's Little Red Book, Cambridge 2014
Koegel, Eduard, Zwei Poelzig-Schüler in der Emigration, Weimar 2006
Kralovitz-Meckauer, Brigitte, Summary of My Life, Köln 2007
Kranzler, David, Japanese, Nazis and Jews, New York 1976
Krechel, Ursula, Shanghai fern von wo, Salzburg 2008
Lagercrantz, Olof, China-Report, Frankfurt 1972
Langguth, Gerd, Die Protestbewegung in der Bundesrepublik, Köln 1976
Langguth, Gerd, Protestbewegung, Köln 1983

Leutner, Mechthild, Bundesrepublik Deutschland und China 1949–95, Münster 1995
Leutner, Mechthild, Deutschland und China 1937–1949, Münster 1998
Leutner, Mechthild, China in Global Context, Münster 2018
Liang, Hsi-Huey, »China, the Sino-Japanese Conflict and the Munich Crisis«, in: Diplomacy & Statecraft, London 1999
Lifton, Robert J., Thought Reform and the Psychology of Totalism, New York 1953
Link, Jürgen, Bangemachen gilt nicht, Oberhausen 2008
Ljau, Gai-Lung, Eine kurze Geschichte des chinesischen Volksbefreiungskrieges, Berlin 1957
Lovell, Julia, The Uses of Foreigners in Mao-Era China, Cambridge 2015
Lüthi, Lorenz M., The Sino-Soviet Split, Princeton 2008
Ma, Jisen, The Cultural Revolution in the Foreign Ministry of China, Ann Arbor 2004
Machetzki, Rüdiger, Deutsch-Chinesische Beziehungen, Hamburg 1983
MacKinnon, Stephen R.; Friesen, Oris, China Reporting, Berkeley 1987
Maiwald, Christiane, Das schwierige schöne Leben, Hamburg 2021
Maitron, Jean (Hg.), Le Maitron, Dictionnaire biographique, mouvement ouvrier, mouvement social, o. J.
Majonica, Ernst, Bonn – Peking, Stuttgart 1971
Majonica, Ernst, Das politische Tagebuch 1958–72, Düsseldorf 2011
Marku, Yiber, Shifting Alliances, Cambridge 2017
Matteini, Fabio, Lavorare per la rivoluzione, Mailand 2016
Mauger, Peter, Erziehung und Ausbildung in China, Essen 1977
Meckauer, Brigitte, Die Zeit mit meinem Vater, Köln 1982
Meckauer, Walter, Gassen in Fremden Städten, Berlin 1959
Mehilli, Elidor, From Stalin to Mao – Albania and the Socialist World, Ithaca 2017
Nollau, Günther, Das Amt, Gütersloh 1978
Ohne Autorenangaben: Adressbuch der Deutschen in Ostasien, Stuttgart 1935/36
Ohne Autorenangaben: Adressbuch der Deutschen in Ostasien, Stuttgart 1953
Ohne Autorenangaben: Otto Wolff, Fünfzig Jahre, Festschrift, Köln 1954
Ohne Autorenangaben: Firmenchronik Claus Rickmers, Hamburg o. D.
Ohne Autorenangaben: Geschichte der MLPD, Band I, Essen 1985
Ohne Autorenangaben: Geschichte der MLPD, Band II, Essen 1986
Palmer, Tom, La Grande Compagnie de Colonisation, Worcester 1981
Pasqualini, Jean, Prisonier de Mao, Paris 1973
Peck, Graham, Two Kinds of a Time, Washington 2008
Piraux, Maurice, Les relations entre la Belgique et la Republique Populaire de Chine, CRISP 1979

Price, Ruth, The Lives of Agnes Smedley, Oxford 2004
Pu Yi, Vom Kaiser zum Bürger, Beijing 1965
Pu Yi, Pu Yi – Der letzte Kaiser von China, Beijing 1966
Reiss, Tom, The Orientalist, New York 2008
Richter, Dieter, Fuga dalla storia, Katalog zur Ausstellung, Positano 2005
Rinell, Lally, Last One Out, o. O. 1951
Rispoli, Guilio, Positano, Positano 1982
Rognlien, Jon, Den store ml-boka, Oslo 2009
Roll, Christian, Straße des Glücks, Norderstedt 2002
Schenke, Wolf, Reise an der Gelben Front, Oldenburg 1940
Schenke, Wolf, China im Sturm, Hamburg 1949
Schenke, Wolf, Der Anti-Schlamm, Hamburg 1959
Schenke, Wolf, Mit China allein, Hamburg 1971
Schenke, Wolf, Siegerwillen und Unterwerfung, Hamburg 1988
Schickel, Joachim, China – Deutschlands Partner, Frankfurt 1974
Schickel, Joachim, Große Mauer, große Methode, Frankfurt 1976
Schickel, Joachim, Große Unordnung, große Ordnung, Berlin 1978
Schickel, Joachim, Gespräche mit Carl Schmitt, Berlin 1993
Schlomann, Friedrich-Wilhelm; Friedlingstein, Paulette, Die Maoisten, Bonn 1970
Schmidt, Klaus Jürgen, Wie ich lernte, die Welt im Radio zu erklären, Bremen 2020
Schmitt-Englert, Barbara, Deutsche in China 1920–50, Großheirath 2012
Schnell, René, Briefe aus Shanghai 1946–52, Zürich 2000
Schwabe, Gottfried, Margarete – Auf der Suche nach meiner Mutter, Würzburg 2004
Seltman, Muriel, What's Left, What's Right, Market Harborough 2014
Stoiber, Rudolf, Der Spion, der Hitler sein wollte, Wien 1989
Tausig, Franziska, Shanghai Passage, Wien 2007
Strautmann, Tobias, 1931: Debt, Crisis and the Rise of Hitler, Oxford 2019
Thompson, Thomas N., China's Nationalization of Foreign Firms: The Politics of Hostage Capitalism 1949–57, University of Maryland 1979
Thomson, George, From Marx to Mao Tse-tung, London 1971
Thonger, Caroline, The Banker's Daughter, Cardiff 2007
Ungor, Cagdas, Reaching the Distant Comrade, Binghamton 2009
Utley, Freda, The China Story, Chicago 1951
Wakeman, Frederic, Spymaster – Dai Li and the Chinese Secret Service, Berkeley 2003
Wang, Anna, Ich kämpfte für Mao, Hamburg 1964
Werner, Ruth, Sonjas Rapport, Berlin 1977
Wheeler Snow, Lois, Edgar Snow's China, New York 1981

Wickert, Erwin, Mut und Übermut, Stuttgart 1991
Wickert, Erwin, John Rabe, Stuttgart 1997
Yu, Maochun, OSS in China, New Haven 1996

Periodika

Arbeiterkampf
Aufsätze zur Diskussion
Beijing Review/Peking Rundschau
Berliner Extra-Dienst
China Daily
China Pictorial
Dahlemer Blätter
Der Funke
Der junge Bolschewik
Der Spiegel
Der Tagesspiegel
Deutsche Shanghai-Zeitung
Deutschland-Union Dienst
Die Achtziger Jahre
Diplomacy & Statecraft
Dongfeng
Drachenpost
Echo der Zeit
Exil
Far Eastern Economic Review
Far Eastern Review
Forum Luxemburg
Funke
Internationale Politik
Klassenkampf
Kursbuch
Leo Magazine
Liberal
Mitteilungen der Deutschen China-Gesellschaft
Neue Politik
Neues Deutschland
New York Times
Nuova Unità
Ossietzky
Problems of Communism

Rebell
Regards
Renmin Ribao
Revolutionärer Weg
Roter Pfeil
Roter Morgen
Rote Fahne (KABD)
SACU-Papers
Schweizer Monatshefte
Sinn und Form
The AustralienTimes
The Anti-Imperialist Review
The Marxist
The Wall Street Journal
The Worker
Unter dem Roten Banner
Xinhua
Zeitschrift für Geopolitik